Foodservice Industry Management

항노화·웰빙 로하스 전략의

외식산업서비스관리론

이정자 저

세계적인 고령/초고령 사회 추이는 건강한 삶의 질 추구를 라이프스타일화했고 외식산업에서 항노화·힐링은 행복의 가치관과 사회적 책임에 코드가 되고 있다.

백산출판사

어머니를 염려하고 그 평생 업적을 존중해 주는
아들 대식과 딸 선아의 사랑과 성원에 감사하며…

머리말

대학에서 본격적으로 외식사업경영을 강의하고 초기 황무지에서 미력이나마 저술과 연구에 정진한 지 어언 40여 년이 지났다. 정말로 기쁨이 감사하는 토양에서 잘 자란단 말씀(히브리서 12:18~29)이 새롭게 느껴지는 때이다.

이 분야에 대한 사회적 이해가 별무하던 학창시절 외식경영관리 이론과 실제를 두루 학이시습(學而時習)하며 외식현장에서의 인턴실습 경력을 축적하던 시절에 대한 향수는 그나마 무언가를 추구하려던 성의와 감사의 연속으로 좋은 토양이 되었기에 다행이라 생각한다.

평생 관광 · 호스피탤리티 교육자로서 초기 한국 호텔 · 외식 · 관광경영에 있어서 실무계와의 연계로 이루어졌던 이론 · 실무 연구들이 어느 정도 발전되면서 학 · 관 · 산 간의 기여목표들이 달성되어 왔다는 회고와 평가도 조심스레 해볼 만한 단계이다.

1981년 봄, 한국 외식경영사상 최초의 전문서인 졸저 『호텔식음료원가관리』의 출간은 이후 12판의 인쇄기록을 수립하며 많이 읽고 참고하는 서적으로 포지셔닝된 건 당시 사계 환경의 소산이었거니와 개척기 학자로서 대부분 최초의 작업이었던 저술과 연구성과가 이러한 과정과 역할을 다했다는 데 대한 다소의 자부심과 위로는 허용되지 않을까 기대해 본다.

이제 글로벌 대지에 제대로 깊게 뿌리를 내리면서 국내외에서 괄목할 발전을 일궈온 한국의 학 · 연 · 산 · 관 외식사업경영계의 업적은 실로 다대하고 명실공히 세계적 경쟁역량을 다투고 있다. 산업의 고도화와 라이프스타일의 변화에 수반된 다양한 형식과 내용의 수준 높은 외식 · 식품산업의 수요추세는 외식 전문인력의 저변 확대로 이어져 비약적인 한국 외식산업서비스의 글로벌 경쟁역량 강화에 기여해 왔다.

또한 세계적인 고령/초고령 인구추이는 건강하게 나이 드는 항노화(anti-aging)와 치유(healing)가 행복한 삶의 질 추구에 필수요건시되면서 개인이나 외식산업의 미룰 수 없는 주요 가치가 되었고 이 시대에 즈음한 사회적 책임의 새로운 코드가 되고 있다. 이제 식품재료나 식음료의 인체에 대한 영향은 더 이상 전문 약·의학자의 소관사항에 국한되지 않는다. 이처럼 제 영역의 경계를 허무는 다학제적 협업(collaboration)과 융합 추세는 비약적인 4차 산업혁명적 변화의 흐름을 통하여 외식산업 성공의 대전제 혹은 새로운 사업기회로 급부상되고 있다.

이 책은 외식산업의 시대사적 조명으로 인식된 학문과 실무계 공동의 주요 논제들을 각 장의 주제로 내놓고 있다. 이 분야 이해관계자라면 누구나 협력과 경쟁 양 차원에서 기본적 이해와 고구를 요하는 사안들이기에 마음에 두고 정리해 보았다.

한국 외식산업의 이론과 실무발전이 그러했듯 모든 일에는 단계가 있다. 창의력과 혁신의 아이디어 모색과 실천 대응 및 적용의 실무의지와 자세도 식생활 트렌드와 시대코드를 알고 접근할 때 지속가능한 생활의 질과 장기적 경쟁우위 및 경영성과 향상이 기대될 수 있을 것이다.

외식산업서비스란 깊이와 형체를 알기 힘든 가변적 상황의 현장대응과 타인 배려 및 헌신의 집적체(know-how)를 향한 정신적·육체적·기술적 노력을 요하는 전문 지식기반(knowledge-based)의 감정노동이다. 개별적인 정보 마이닝(mining)과 학습으로 외식소비자는 물론 이해관계자 모두를 만족시킬 지식과 정보로 무장된 직무수행을 요하며 그 위에 축적된 행복 DNA역량 발휘까지 기대되는 고도의 인간관계 역량을 요한다.

다행히도, 개인 보유의 인적자원 잠재역량은 고갈을 모르는 무한자원이다. 이것을 개발하고 활용하면 더 가치 높고 귀한 자원들이 더욱 샘솟으며 여전히 쓰임새를 기다리는 특별한 자원이기에 모든 이들의 소망이 살아 숨쉬게 해준다. 두드리고 고구하는 누구에게나 개발을 허용하는 착한 잠재력이 인적자원이다.

노력과 준비에는 시간을 요하나 성과와 성공은 순식간에 다가선다. 그러므로 저자는 이런 복합적인 학습과 과업 수행과정, 그 자체가 전략적 역량 육성에 중요하다고 보고 독자 스스로 흥미 자극과 동기유발에 관심 갖도록 권장하는 자세로 내용을 새롭게 편성해 보았다.

봄을 향한 랩소디(rhapsody)처럼 무언가를 소망하면서 이 책을 두루 읽고 또 읽으며 실력과 자신감을 키워줄 오감과 사색의 감성을 자유롭게 일깨우시기 바란다.

2016년 1월

봄내(春川)의 강원대학교 연구실에서

저자 이정자

차례

제1편 외식서비스업의 이해

제1장 외식산업의 이해

제2장 메뉴의 분류와 식사의 종류

제2편 외식서비스의 트렌드

제3편 외식서비스관리의 실제

제4편 외식산업의 경영전략

제11장 외식 · 식품산업의 경쟁전략

제12장 외식사업 프랜차이징과 경영형태

제 1 편

외식서비스업의 이해

제1장 외식산업의 이해

제2장 메뉴의 분류와 식사의 종류

제3장 서비스 특성과 관련이론

제1장

외식산업의 이해

제1절 외식사업의 개념과 이해

1. 외식의 개념

외식(eating out 혹은 dining out)이란 외부에서 산업적으로 생산하고 상품화해 판매하는 식음료를 일정한 장소 혹은 기타 장소에서 이용하는 총체적 식생활의 양식을 말한다.

그러므로 외식이란 가정에서 취사를 통해 음식을 마련하지 아니하고 음식점 등에서 음식을 구매해서 이루어지는 식사형태를 말한다(「외식산업진흥법」 제2조). 이러한 외식 소비자들을 대상으로 영업활동하는 것을 외식사업 혹은 외식서비스업이라고 한다.

현대인들에게 그것도 특히 도시민들에게는 외식이란 식생활의 일부로 정착되고 있기 때문에 시간이나 장소를 불문하고 별로 제한도 수반되지 않는 일반 상품의 구매에서처럼 외식은 편하고 친근한 일상적인 개념이 되고 있다. 어느 정도의 경제력, 자유시간, 지식·문화 수준, 전문성 등으로 젊은 세대나 이런 생활을 누리는 계층에게는 이러한 라이프스타일이 더욱 심화되는 추세이다. 시간이나 장소적 제한 없이 가격지불로 언제든지 식음료를 구매해 이용할 수 있다는 것은 이제 평범한 일이 되었다.

다양화를 추구하는 외식소비시장의 변화에 따라 점차 더 많은 종류의 외식사업이 창업됨으로써 외식업은 가일층 다양화된 영업활동을 전개하고 있다. 남성은 물론 여성의 경제활동 참여는 물론 기타 사회활동으로 외부에서 생활하는 시간이 증가되면서 가정식으로 식사해야 한다는 인식도 실제적인 가능성도 점차 약화되고 있으며 실제로 가정에서 지출하는 식비의 절반 정도가 외식비로 지출되는 형편에 이르고 있다.

현대인의 식생활에서 외식은 식생활의 주요 부분으로 확실히 포지셔닝되고 있다.

이상과 같은 관점에서 외식은 다음과 같은 특성들로 개념화될 수 있다.

1) 전통적 가정 생산의 장소적 제한을 넘어선 식사의 형태

과거에는 식사 준비가 가정에서 이루어졌고 준비 및 제공 책임은 주로 여성의 몫이었다. 그러나 산업사회에서 여성이 주요한 경제활동 인구로 참여하고 기여함으로써 여성의 사회적 지위 향상은 물론이고 여성에 대한 전통적 노동관이나 사조도 변화되었다. 여성이 실제로 가사노동에만 전념할 만한 충분한 시간이 허용되지 않는 여건에서 외식은 하나의 적응책으로서 불가피한 전통적 가정식의 대안이자 새로운 식문화를 형성하게 된 것이다.

2) 동시 다발적인 다양한 식음료 이용이 가능한 식사

언제든지 주문으로 일시에 다양한 식음료의 대량 구매도 가능해진 외식산업의 발전은 곧 외식수요를 중심으로 한 식사의 산업화시대를 열게 되었다.

3) 외식소비자의 경제성(예산)에 부합되는 선택사양 기회가 확대 부여된 식사

외식사업은 규모나 종류 및 상품 면에서 다양화되고 있으므로 외식소비자들에게 큰 선택폭을 제공하고 있다.

4) 음식의 재료비가 아니라 외식상품 구매대금 지불을 요하는 식사

과거의 식비 지출은 주로 가정식의 식재료비였던 데 비해 현대인들은 가정식이 아니라 빈번해진 외식비의 소비형태로 식사가 이루어지고 있다.

5) 외식소비자의 권리 및 편익 중심의 서비스로 인식되고 행해지는 식사

이렇듯 대규모화되는 시장은 고객추구 가치 제공을 중심으로 치열한 외식산업의 시장경쟁을 불가피하게 만들고 있다. 고객은 외식업소와 메뉴에 대한 평가에 있어 물리적 환경, 만족도 등 자신이 추구하는 가치 중심의 선택속성을 중시하며 이를 통한 구매 또는 재구매 의사결정을 하게 된다.

6) 전략적 · 자율적인 시간 활용에 따른 성과 잠재력을 확대시키려는 목적의 식사

가족들이 둘러앉아 가정식을 즐기는 전통적인 모습은 생활의 여유와 삶의 가치 추구에 중요한 측면이다. 그러나 근로생활에서 성공적인 직무수행을 위한 시간에 쫓기는 상황에서 현대인들은 가정식의 준비나 식사에 할애할 시간적 여유가 허용되기 어렵다. 이런 여건에서 오히려 외식을 통하여 시간을 전략적으로 활용하는 편이 삶의 질 제고에 더 가치가 있을 것이란 기대를 하면서 가정식보다는 외식을 결정하게 될 경우가 허다하다. 현대인들은 더 나은 삶의 질을 위해서 시간을 금전 이상으로 중요한 가치로 조명하면서 시간을 덜 희생시킬 수 있는 식사로 외식을 선택한다고 볼 수 있다.

2. 외식과 외식시장의 분류

식사는 가정에서 하는 내식과 외부에서 이루어지는 외식으로 대별된다.

내식과 외식의 판정은 주로 음식의 소비장소보다는 생산장소를 기준으로 하고 있다.

내식 혹은 집밥은 다시 순내식 혹은 내식적 내식이나 외식적 내식으로 구별된다. 내식적 내식은 음식준비와 식사가 모두 가정에서 이루어지는 식사이고 가정에서 준비된 음식이지만 외부에서 식사하면 외식적 내식이라고 한다.

반대로 음식생산과 식사가 모두 외부에서 이루어지면 외식, 순외식, 혹은 외식적 외식이라고 하지만 외부에서 생산된 음식을 구매하여 가정에서 식사하면 역시 생산장소 기준에 의해서 내식적 외식이라고 한다.

여기서 외식적 내식과 내식적 외식은 순가정식도, 그렇다고 순외식도 아닌 중간형의 식사로 어떤 사람들은 이것을 중간식이라고도 한다. 그러나 이 말은 '점심'이라는 의미의 중식과 혼동될 여지가 있으므로 그냥 중간형이라고 표현하는 것이 더 낫다고 생각한다.

이처럼 외식이란 가정에서 식사하는 내식 중심의 가정식과 구별하여 표현된 용어로 가정 밖에서의 식생활을 총칭하는 말이다. 이런 분류를 통하여 식사는 모두 내식, 외식 및 중간형의 세 가지 유형으로 분류할 수 있다. 또한 이들은 곧 전체의 식품시장 또는 외식시장을 구성하는 각각의 세분시장들이라고 하겠다.

[표 1.1] 외식시장의 분류

<table>
<tr><th rowspan="2"></th><th>식사</th><th colspan="3">외식시장의 세분화</th><th colspan="3">내 용</th></tr>
<tr><th>대별</th><th>시장</th><th>명칭</th><th>세부명칭</th><th>생산</th><th>식사장소</th><th></th></tr>
<tr><td rowspan="4">식생활</td><td rowspan="2">내식
(집밥)</td><td>시장1</td><td rowspan="2">내식</td><td>순내식</td><td rowspan="2">가정
생산</td><td>가정에서 식사함</td><td>외식과 구별된 순내식(가정식)</td></tr>
<tr><td rowspan="2">시장2</td><td>외식적 내식</td><td>외부에서 식사함</td><td rowspan="2">가정/사업자 등 식사준비 주체의 구분 없이 가정식의 연장선에서 봄</td></tr>
<tr><td rowspan="2">외식</td><td rowspan="2">외식</td><td>내식적 외식</td><td rowspan="2">외부
생산</td><td>가정에서 식사함</td></tr>
<tr><td>시장3</td><td>순외식</td><td>외부에서 식사함</td><td>가정(내)식과 구별된 순외식</td></tr>
</table>

외식소비자들이 그중 어떤 형식의 식사를 선택하든 그 과정에서는 음식의 선택(메뉴선정)과 전달과정에서 인적인 서비스를 요한다. 이러한 외식 소비자(시장)에 대한 생산, 제공 등 서비스 수행을 중심으로 한 사업이 외식업 또는 외식서비스업이다.

산업사회의 성장발전으로 급증된 노동력 수요는 가족성원들의 근로생활로 인해 가정식 준비의 시간적 여유를 허용하지 않는 동시에 가정의 가용소득을 높여 가속적인 외식소비 촉진으로 성장을 거듭한 외식사업은 거대한 현대산업 형성에 기여해 왔다. 이제 외식산업의 서비스 대상은 특정 계층을 넘어 총인구에 대한 개념으로 변모하고 있다.

외식산업의 양적 팽창이 초래한 치열한 경쟁전은 고유 기능들을 통한 외식소비자의 가치추구에 몰입한 경영전략을 개발하도록 촉진해 오고 있다. 현대 외식사업은 소비자의 라이프스타일에 호소하면서 심신이 건강하고 행복한 삶의 질을 지향한 건전한 사회구현에 실질적으로 공헌하고 있다.

3. 소비자 라이프스타일의 변화와 외식동기

1) 외식동기에 의한 식사의 기능 분류

외식(eating-out)은 사람들의 생물학적 욕구에 의한 동기나 사회적 욕구 충족의 동기에서 이루어지게 된다.

외식을 통하여 사람들은 배고픔(허기)을 해소하거나 영양을 보충하는 등 신체의 생물학적 욕구에 기여하기도 하지만 사람들과 만나 사업, 기타 다양한 볼일을 처리하는 등 인간관계 지향적 활동을 즐기고 수행하기 위한 사회적 동기 충족을 목적으로 하는 식사도 한다.

창업에 앞서 외식사업 투자나 사업기획 등 경영의사 결정에서는 이들 중 어떤 시장을 표적화해서 어떤 속성들을 추구하는 데 치중한 사업을 운영할 것인지를 기본적으로 선택해야 한다. 생리적 동기의 시장을 '먹는 시장(eating market)'이라 하고 사회적 동기의 시장을 '식사시장(dining market)'이라 하는데 이들 중의 선택은 가장 기본적 결정요소가 된다.

생리적 욕구의 외식소비자들이라면 주로 저렴한 가격과 신속한 서비스가 제공되는 패스트푸드점, 중규모의 레스토랑, 테이크아웃점(take-out), 자동차에 탑승한 채로 음식주문과 공급이 되는 드라이브 스루(drive-through), 배달전문 식당 등 다양한 형태의 사업구조나 사업형태를 평가하고 고려해 볼 일이다. 사회적 목적에 중심을 둔 시장(dining market)의 고객들은 공적 · 사적인 미팅, 대화, 사교를 즐기려는 사회적 욕구를 충족시킬 수 있는 품질의 식사내용과 식당 및 식사를 선호할 수 있다.

비교적 건강에 좋은 고급품질의 식재료를 사용한 고품질의 식사와 서비스가 제공되는 고급식당(fine dining)과 고급 캐주얼 레스토랑(upscale restaurant) 등을 이용하는 외식소비자들로 형성된 시장섹터를 이루는 소비자들이 여기에 속한다(Powers & Barrows, 1999).

2) 외식경영과 외식 소비자의 라이프스타일

여성의 사회진출과 산업의 고도화로 초래된 국민소득 증대, 서구화된 식문화 등 사회경제적 환경의 변화는 일반 가정의 내식품질 제고를 일으키는 한편 외식 빈도를 대폭 증가시켜 외식산업의 급성장 및 다양화에 배경이 되었다. 2012년 국내 외식 · 식품산업은 약 133조 원(국내총생산의 약 10%)에 달하는 성장발전을 시현하고 있으며 그중 외식산업과 식품산업이 점하는 규모는 각각 외식 약 68조 원과 식품 약 65조 원에 달한다(강병오, 2013).

외식산업의 양적인 팽창은 그만큼 치열한 시장경쟁을 초래해 이런 환경에 적응하고 고객의 긍정적 시장 반응을 통하여 경쟁우위를 점유하려는 외식 · 식품업계의 마케팅 경쟁 또한 심화되는 양상이다. 급변하는 경쟁환경과 이에 수반된 사회경제적 트렌드 변화는 외식소비자의 라이프스타일을 변모시키고 그들이 선호하는 식재료나 입맛을 다르게 만들고 있다. 이에 따른 시장대응 형태로 등장하는 새로운 유형의 외식점포와 맛은 당연한 결과이며 최근 TV에서 빈번히 만나는 요리계 스타들은 국내외에서 이런 흐름을 촉진 · 주도하고 있다.

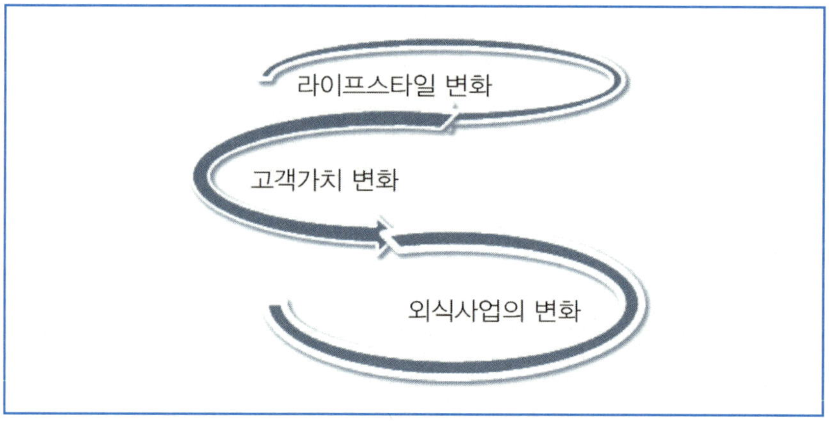

[그림 1.1] **외식소비자 라이프스타일 변화의 영향**

외식기업은 표적으로 하는 시장에서 제품과 서비스를 외식소비자의 생활양식과 눈높이에 맞추기 위한 전략의 수립과 시행을 요한다. 세분화된 시장요구에 부합하는 메뉴, 서비스, 시설 개발, 이미지는 소비자 만족을 향한 지속가능한 경영전략이 될 것이다.

특히 시장세분화의 그룹화 방식으로 심리적 변수를 이용한 고객의 라이프스타일이 자주 이용되는 것(Kotler, Bowen & Maken, 1996)도 이 생활양식이 소비자의 재화 및 서비스 구매와 소비행위에 영향을 미치는 변수(속성)로 작용되기 때문이다. 레스토랑이나 메뉴 선택행동은 그들 특유의 라이프스타일에 대한 만족 추구가 표출된 행태이기에(박영석 · 김태희, 2005) 식당메뉴, 서비스, 이미지와 물리적 환경에 있어서 라이프스타일 추종은 성공적인 외식사업 성과요인들 중 하나로 중시된다.

제2절 외식산업의 발전(이정자, 1981)

1. 현대 외식산업시장의 발전

현대 산업사회의 발전은 사회적 복잡성과 함께 여성인력의 근로참여를 촉진하면서 가계소득 증가로 전에 없던 다양한 식사의 형태들을 유발시켜 왔다.

여성 인재의 기용방안 강구가 새로운 기업경쟁 환경으로까지 인식되면서 기존의 대여성 근로관이나 여성의 사회적 지위에 대한 변화 바람도 거세다.

기업경쟁의 중심이 물재로부터 인적자원 경쟁으로 전환되면서 직원들이 선호하는 좋은 직장 만들기에 대한 경영사조 변화를 수반하면서 기업조직 간 인력경쟁도 치열해지고 있다. 종래와는 달리 소수집단, 사회 약자계층에 대한 인식 변화가 내부 종업원의 잠재력 개발과 처우개선이 내외부적 과시가 아닌 내부역량의 질적 추구를 동기화하고 있다. 새로이 변화하는 환경이 기업혁신의 배경이 되면서 일하기 좋은 직장, 근로조건 향상은 창조적 기업문화를 향한 신경쟁 역량이 되고 있다.

혁신적 여성인력 양성을 위한 멘토링, 리더십역량 개발, 경력관리 프로그램 개발 및 운영에 의한 여성역할의 구조적 진화는 워킹 맘(working mom)의 근로생활 질과 성과를 유도한 결과 여성 CEO의 유리천장(glass ceiling)도 점차 깨지고 있다. 거스를 수 없는 글로벌 사회의 인력 다양성 추세는 전통 여성관의 쇄신을 초래하면서 기회균등이나 관련 대응전략으로 전환되고 있다. 여성은 가정소비 및 외식에도 의사결정 주체로서 기업마케팅이 중시할 주요 고객이며 정보원으로 가사노동 전담 등 종전 근로관 혁파가 이루어지고 있다.

이상과 같은 요인들이 식사준비 시간단축, 피로회복 등으로 인한 잠재 외식소비자들을 양산하는 배경을 조성하였다.

편안하고 행복한 삶의 질 추구는 다양한 맛과 멋이 어우러진 식사체험을 향한 외식산업의 지속가능한 외식사업과 식사형태의 개발과 부침을 거듭하면서 산업의 경쟁을 더욱 격화시킬 전망이다.

2. 현대 외식산업의 발전

1) 초기의 발전

외식의 역사는 고객을 성인남성으로 제한했던 기원전 512년 이집트의 공공 식사장(public eating house)으로 거슬러 올라갈 정도로 오래되었다. 비록 다양한 메뉴는 없었지만 나중에는 부모동반 어린이나 숙녀까지 입장허용이 되면서 대중화되었다. 그러다가 고대 로마시대에 와서는 AD 63년에 이어 79년 베수비어스(Vesuvius) 화산 분출로 용암으로 매몰되었다가 발굴된 나폴리(Napoles) 근처 휴양도시 허르쿨라네움(Herculaneum)의 유적지에서는 휴양관련 시설들과 함께 스낵바, 연쇄운영업체로 보이는 카운터 형식의 테이블이나 술, 빵집 등의 유물들이 발굴되었고 완벽한 주방시설들이 흔히 보일 정도로 발달되었던 당대 외식문화의 면모를 찾아볼 수 있다. 발굴된 식기 · 탁자 · 화덕 · 카운터 등 다양한 상업시설을 통하여 확연한 외식사업 운영의 흔적들을 찾아볼 수 있다.

▲ 피자구이 데크같이 완벽한 베이킹 화덕

▲ 발굴유적지, 허르쿨라네움

2) 현대 외식사업의 성장발전

(1) 초기 외식제품과 서비스의 발전

초기 외식사업의 발전은 제품이나 서비스 모두가 주로 유럽 대륙에서 이루어져 차츰 종교적인 망명자 등을 통하여 미국으로 전파되었고 급속히 발전되기에 이르렀다.

(2) 최초의 레스토랑 명칭 사용

1974년 프랑스인 장 밥티스트 질베르 파이팔(Jean Baptiste Gilbert Paypalt)의 종교적 미국 망명으로 '레스토랑'이란 용어가 처음 소개되면서 '쥴리안(Zulien's Restaurant)'이란 식당이 운영되었다. 버섯, 치즈퐁뒤 등의 요리들이 메뉴로 나왔고 18세기엔 프랑스인 신교도가 Boston에 프랑스식 식당을 개점해 초기 외식업의 요리와 메뉴에 큰 영향을 미쳤다.

(3) 최초의 본격적인 미국식당 델모니코

1927년 미국 최초의 본격적인 미국식 식당으로 뉴욕에서 가족경영 형태로 개점된 델모니코(Delmonico's)는 1년 전 보스턴 케임브리지에서 개업했던 유니언 오이스터하우스(Union Oyster House)와 경쟁하면서 1827~1923년간 4대에 걸친 패밀리 경영을 통하여 체인사업(9개 사업체) 형태로 크게 발전됐다.

그러나 1932년경 외식시장의 변화된 니즈는 과자, 초콜릿 등 단조로운 메뉴취급 외식업소에 대해 외식소비자들이 식상해 하면서 점차 다양성(로트트, 구운 고기 등)을 지닌 메뉴들에 의한 본격적인 외식업소를 찾았고 식당건물도 단층보단 이층건물을 선호하던 시기였다. 델모니코(Delmonico's)는 가일층 서비스 혁신을 통하여 새로운 시장요구에 부응했다. 이처럼 미국을 거쳐 세계의 식음료 산업발전에 공헌해 온 델모니코의 경영혁신과 관리내용은 종전과는 확실히 차별화된 것들이었다.

(4) 외식업계 발전에 대한 Delmonico's의 공헌

델모니코 식당(Delmonico's)이 현대의 미국 외식업사회와 세계의 업계 발전에 기여한 바는 절대적인 것이다. 이는 상상을 초월할 다양한 메뉴, 초기 형태의 고객만족 경영, 규모의 경제 실현 및 마케팅 도구화에 착안된 메뉴제작 등 현대 외식서비스의 효시가 된 혁신적인 경영마인드에서 찾아볼 수 있다. 이것을 요약하면 다음과 같다.

① 영어와 불어가 병기된 메뉴판의 인쇄 제작
② 다양한 메뉴품목의 생산과 서비스: 수프 12종, 오드볼(hors d'oeuvres) 32종, 쇠고기 46종, 송아지고기 · 양고기 20종, 가금류 47종, 수렵한 야생육류요리 32종, 생선 · 갑각류 · 바다거북 · 뱀장어 등 46종, 야채 및 계란요리 51종, 과자 · 케이크 19종, 기타 29종 등 총 334종.
③ 대량 매출에 의한 경영성과의 향상: 원가절감 효과에 초점을 둔 규모의 경제 실현
④ 고객만족 경영의 시도: 고객의 즐거움을 추구하기 위한 식당 내 특별 쇼프로그램 운영

3) 현대 외식산업의 형성과 미국식 식당

완전한 형태의 미국식 식당은 1840년 Antonin's와 1898년의 Louis Sherry에 의한 식당 Recdtor's의 개업으로 시작되었지만 시간경과와 경제발전으로 형성된 외식산업의 급속한 발전과 경쟁력은 외식업의 대형화를 초래하면서 동시에 미국을 현대 외식사업 프랜차이징의 본산으로 만들었다.

그만큼 미국 외식업계의 노하우는 전 세계에 확산됨으로써 업계 선도력을 통하여 사업기회를 창출 · 장악하기에 이르렀다. 다양한 형태와 종류의 외식업종들은 많지만 대부분 미국식 경영방식에 기초해 운영될 정도로 시장점유율, 실제 운영에서의 영향력은 절대적이다.

대부분의 패스트푸드점, 커피숍, 패밀리 레스토랑이 미국 외식브랜드로 영업하고 있음을 쉽게 접할 수 있다. 장소, 규모, 서비스방식 면에서 드라이브 인, 카페테리아, 백화점, 공항, 박물관, 체육관, 고속도로, 항공기내, 학교 외 급식장소를 막론한 셀프서비스로 카운터서비스, 테이블서비스 등 다양한 형태로 자문, 계약, 합작투자, 위탁경영 등 관계에 의해 영향을 미치고 있다.

3. 현대 외식소비 트렌드 및 외식업의 변화

외식사업은 외식 수요자들의 라이프스타일 변화에 따라 소비패턴이 변화되면서 ① 간편성 ② 차별성 ③ 다양화 속에서도 ④ 건강, 안전 및 감성을 추구하고 있다.

한때 인기가 높았던 '마르쉐' 등도 1980년대 프랑스에서 유행되던 소량 다품종 요리 선호추세로 이루어진 식사인 데커스타시옹(degustation)을 중심으로 한 식사의 구조적 변화와 소비성향을 도입해서 개발된 외식업종의 한 사례였다고 하겠다. 이는 동일한 공간 내에서 한번에 여러 가지 요리를 통한 복합적인 식사체험을 해보려는 새로운 형식의 요리와 서비스의 통합 및 협업(collaboration)을 중심으로 창출된 초기적인 ⑤ 동시다발적 체험수요에 대한 대응책으로 나온 것이라고 볼 수 있다. 그 안에서 또한 ⑥ 친숙해지고 있는 외국 민속요리 등을 통한 이국적 감성을 느끼고 참신성(newness)을 맛보려는 수요 발생, ⑦ 자연주의, 복구주의가 추가되는가 하면 ⑧ 주로는 건강, 행복, 삶의 질을 중심으로 한 실리와 감성을 겸하여 추구하려는 심리를 앞세운 친환경 웰빙 · 로하스가 대세로 자리 잡고 있다.

이러한 외식소비 트렌드의 변화들은 당연히 메뉴의 내용과 구성 및 수를 바꾸면서 메뉴를 가지고 사업하는 외식업의 업종 변화를 야기하는 배경으로 작용되고 있다.

요컨대 현재 세계적인 외식업계의 변화는 이상과 같은 외식소비자들의 욕구와 소비추세에 대한 대응책으로 나온 결과들이라 하겠다.

제3절 외식산업의 특성 이해

일단의 외식활동과 관련된 산업군을 외식산업이라 한다. 종래에는 외식산업이 요식업, 접객업, 음식점업 등으로 불렸으나 외식수요의 대중화를 기반으로 한 외식산업의 성장과 확대된 시장규모 및 질적인 음식과 서비스 제공, 분위기 연출, 가치창출 등 다양한 상품생산과 서비스 제공 개념으로 발전을 거듭해 왔다. 외식산업은 또한 제조업과 서비스산업이 복합된 복합산업의 성격을 띠고 있다. 성공적인 외식사업의 관리를 통한 소비자,

경영자 및 자본주 등 관련 이해집단을 중심으로 사회에 기여하려면 이 산업의 특성 이해를 통하여 간단없는 약점 보완과 문제점 해결이나 극복 등의 혁신노력을 경주하면서 경쟁강점은 더욱 차별성을 기함으로써 경쟁력 있게 관리해야 할 필요성이 커지고 있다.

1. 외식서비스산업의 특성

외식서비스산업의 특성은 상당부분 서비스의 특성과 제조업으로서 외식업이 지닌 특성에 의한다.

1) 생산 · 판매 및 소비의 동시성으로 서비스 접점이 중시되는 인적의존도 높은 서비스업

외식서비스의 다양한 특성들 중에도 특히 서비스에 시간여유를 허용하지 않기 때문에 고객과의 서비스 접점(service encounter)이 중시되며 최일선 서비스종사원들의 역할이 결정적인 서비스 요소로 중시되는 사업이다.

서비스접점이란, 고객과 접촉하는 순간(moments of truths)을 말하며 그 순간 고객과의 상호작용 결과 고객이 인지하는 서비스품질은 사업에 중요한 영향을 미친다. 또한 생산과 서비스에서 전적으로 기계설비에 의존한 자동생산이 어렵다는 점에서도 인적 의존도가 높다.

2) 제조업, 유통업, 서비스업 성격의 복합산업으로서의 외식서비스산업

외식산업은 제조업, 유통업, 서비스업 성격의 복합산업으로 다각적 성질을 가지고 있다.

외식사업은 본질적으로 제조업적 특성을 지닌 서비스사업이지만 사업규모가 확대되면서 사업장 외부의 산업 구매자나 최종 소비자에 대해서 식음료상품을 유통시키는 일을 동시에 수행하고 있기도 하다.

3) 입지 의존적인 입지산업으로서의 특성

외식산업은 호스피탤리티산업 공통의 입지 의존성이 경영성과에 미치는 영향이 커서 사업성공의 가장 으뜸이 되는 조건으로 고려되고 있다.

외식사업 투자의 타당성 분석과 상권 분석에 있어서도 입지는 우선 고려대상이므로 식음료상품의 내용과 품질특성 등의 계획안들이 입지관련 제 측면에서 조명되고 입지에 부합되도록 한다.

4) 인간관계 중심 고감도 서비스 연출의 서비스산업

외식산업은 고객, 직원, 경영자 간 인간관계 중심의 고감도 서비스연출 산업이다.

외식은 식음료, 서비스인력, 외식장소의 분위기와 형식이 서로 잘 조화되고 소통되는 가운데 고객 중심적으로 지향하려는 이미지나 성향이 강화됨으로써 이들 간 커뮤니케이션이 촉진될 때 오해 불식과 호의적인 반응이 기대된다. 소비자들의 추구가치 실현이란 기준에서 갖게 되는 사전기대는 그들에게 부각된 사업체의 이미지와 메시지가 뚜렷할 때 그 충족을 향한 5감 동원 감성만족이 활성화될 것이기 때문이다.

5) 매뉴얼 작업에 수반된 시간과 공간의 제약

외식사업은 표준화, 단순화, 전문화 시스템을 중심으로 한 인적인 매뉴얼 사업으로 발전된 기술을 이용한 기계화와 자동화에 한계가 따르므로 생산과 서비스에 따른 노동력과 허용된 시간적 제약이 크다. 특히 고품질의 인적서비스와 분위기를 앞세운 사업대세를 거스를 수 없다는 측면에서 이런 특성은 경쟁력 있는 사업경영에 어려움으로 작용될 때가 많다. 더구나 외식사업은 부패성이 강한 상품들을 취급하므로 관리의 효율 없이는 원가고요인을 극복하기도 어렵다는 점에서 시스템화된 과정공유도 매우 유익한 결과를 초래할 수 있다.

6) 영세규모의 사업에 개별 맞춤형 서비스경영 노하우

외식사업은 규모의 경제 실현과 수직적 시장통합의 수단으로 프랜차이징이나 경영계약 등 경영형태에 의한 통합구조 내 편입수단의 제공 또는 수용의 기법 도입이 일반화되고 있다. 우리나라 전체 프랜차이징의 상당비율이 외식분야에서 체결되고 있으며 이것은 현대 외식사업운영의 현저한 추세라고 하겠다. 대부분 영세하고 사업경영에 경험도 전무한 상태에서 회원사는 본사가 개발 · 축적한 노하우를 표준화된 서비스로 제공받는 계약체결을 통하여 신속한 습득이 가능하다. 이런 시스템을 통하여 특정 세분시장을 겨냥한 전문인력 양성과 자본조달 등으로 본사의 브랜드파워 수혜 가능성을 확보하고 신속한 시장진입과 경험체제에 돌입하게 되는 것이다.

7) 고객경험지향적인 체험경제 시대의 외식서비스산업

외식업은 전통적으로 중시되던 유형재와 그 품질, 서비스, 청결성(QSC : Quality, Service, Cleanliness)뿐만 아니라 분위기, 시간, 가치(ATV: Atmosphere, Timing, Value) 등 가치부가적 요소들을 더욱 강조하는 산업으로 제공시간의 최적화와 분위기 연출, 메뉴와 가격관리 등에 주력하고 있다. 외식산업 경영에 있어서 업계, 학계 및 연구계, 실무계 중시의 공통관심사 혹은 과제라면 이런 특성들과 불가분의 관계에 있다.

2. 외부지향적 외식사업전략

외부지향적 외식사업전략은 조직이 외부환경에 대해 융통성 있게 대응하기 위한 선택으로 이해될 수 있다.

조직성숙도 제고로 조직원들의 기업경쟁력을 위한 내부 협력정신 발휘 및 공생관계 구축으로 조직/구성원의 동반발전성과를 기대할 수 있을 것이다. 기업의 협력관계는 시장점유율 증대와 수익증대를 첫째 목표로 한 경영진과 전 종업원 간 협력과 외부 이해관계자로의 협력확장에서 추구될 수 있다. 또한 치열한 경쟁과 협력의 글로벌 세계에 대한 균형감각이나 불균형 해소를 통한 글로벌 경쟁력 형성과 동시에 글로벌 경영에서 제기되는 문제점의 보완, 해결, 경쟁역량의 강화 등을 향한 지속가능한 혁신전략을 요한다.

이미 세계 도처에서 글로벌 경쟁역량을 갖춘 외식브랜드들이 확산/진출을 거듭하고 있다. 어린이나 젊은이들이 선호하는 햄버거, 피자, 케밥 등 속성식품(fast food)들이 인기를 끌어 오는데 콜라와 커피 등 대세로 부상되는 음료수도 늘고 있다. 심지어 전통음료로 주로 차를 즐겨 찾던 중국에서도 이미 많은 젊은이들이 커피를 선호하는 추세이다. 세계에서 대규모 인구를 자랑하는 중국의 거대시장에 대한 외국 커피브랜드와 글로벌 기업들의 관심과 시장경쟁은 더욱 치열해지고 있다(Kaku, R., 1977).

제4절 외식산업의 업종별 분류

외식산업은 음식이나 요리재료별, 음료 및 주류에 대한 중점별, 사업주체별, 규모별, 품격을 중시하는 수준별, 중점 식료나 음료별, 표적고객별, 영리 · 비영리 여부의 구별, 법적 · 제도적 분류에 의해 종류가 다양하게 분류된다. 분류는 또한 사회적 추세나 시장 수요의 패턴을 좇아 또다시 재편되거나 변화되기도 한다. 이런 의미에서 분류는 동태적 환경에 의존된 것으로 장기적 관점에서는 국가나 개인사업자나 현재의 분류체계에 집착하기보다는 유연성 있는 대처가 중요하다. 그러나 단기적으로는 각종 외식사업주나 경영자들이 창업이나 운영 및 납세관련 업무수행에 현행의 법적 · 제도적 측면에 대한 면밀한 검토와 이행을 요한다는 점에 유의해야 한다.

서비스로 구별되는 외식사업의 업태는 셀프서비스에서 테이블 서비스에 이르기까지 다양하다. 그러므로 동일재료나 음식취급 업소라도 업태별로 그 명칭은 달라질 수 있다. 외식사업종의 분류도 주 메뉴의 구성내용 및 품목의 수, 구성내용, 대상고객, 객단가, 실제 창업되는 업소의 실사례 면에서 많은 차이를 보인다.

소비자들의 수요에 따라 새로이 등장하는 인스턴트식품, 도시락, 출장연회, 기타 창의적 형태의 창업점포나 영업사례들은 열거하기 힘들 정도로 많다. 현대 외식산업 환경에서 식음료제품과 서비스 및 원재료 생산 · 공급과 관련된 기업의 시장대응과 고객만족을 향한 경쟁전략 차원에서 다양한 사업 유형의 생성과 소멸은 치열한 경쟁의 장에서 지속적으로 초래될 전망이다.

1. 제도적 측면의 외식업 분류

우리나라 「관광진흥법」상, 「식품위생법」상, 표준산업분류(통계청) 및 표준소득류표상 분류(국세청)에 의한 외식업종 외에 지역관광진흥 차원에서 등장한 지정업소들도 있다.

1) 「관광진흥법」상 관광사업종별 분류

(1) 전문관광식당업

특정 국가 음식제공(한국전통음식, 미국 음식, 기타 등을 제공하는 음식점)의 식당업

① **일반음식점:** 일반음식점 - 관광편의시설업: 한국관광협회 지정

(2) 일반관광식당업

관광객 이용에 적합한 시설을 갖춘 음식점

② **일반관광식당업**

일반음식점으로 관광편의시설업이라고 할 수 있는데 한국관광협회에서 지정함

(3) 관광음식점업

관광객 이용에 적합한 시설을 갖추고 영업을 하는 음식점

③ **한국음식점업:** 유흥주점

기존 요정형태의 음식점업을 말하는데 이것은 관광객 이용시설업으로 시, 도에 등록하는 유흥주점이 이에 속함

④ **관광극장식당업:** 유흥주점

쇼, 음식, 무도를 통합한 서비스를 제공하는 식당업으로 관광객 이용시설업으로 시, 도에 등록하는 유흥주점이 이에 해당함

(4) 외국인 전용 유흥음식점업: 유흥주점

주한 외국인 전용 외국선원에 대한 주류, 음식, 무도 등을 통합한 서비스를 제공하는 음식 점업을 말하며 이 또한 관광객 이용시설업으로서 시, 도에 등록함

2) 「식품위생법」상의 식품접객업 분류

(1) 음식점 영업

① **휴게음식점**

제과점 영업으로 음식류 조리와 판매영업이며 주류판매 영업은 금지됨

② **일반음식점업**

음식류 위주의 조리와 판매영업, 식사와 함께 부수적인 음주판매가 허용됨

(2) 주점 영업

③ **단란주점영업**

주류 위주 판매, 손님의 노래를 부르는 행위 허용

④ **유흥주점영업**

주류 위주 판매, 유흥종사자, 유흥시설, 춤추는 행위 허용

3) 표준산업분류표(국세청)상의 음식점업의 분류

(1) 식당업

① 한식점업

② 중식점업

③ 일식점업

④ 서양식점업

⑤ 음식출장조달업

⑥ 간이체인음식점업

⑦ 기타 달리 분류되지 않는 식당업 영업점

(2) 주점업

① 일반유흥주점업

② 무도유흥주점업

③ 한국식 유흥주점업

④ 극장식 주점업

⑤ 외국인전용 유흥주점업

⑥ 기타 달리 분류되지 않는 주점업

(3) 다과점업

① 제과점업

② 다방업

③ 기타 달리 분류되지 않는 다과점업

4) 기타 외식업의 분류

(1) 호텔 식음료 영업장 분류

호텔의 식음료사업장은 주로 「관광진흥법」이 규정하는 호텔의 시설 및 호텔등급제도의 평가내용과 관련해서 업장이 분류된다. 호텔의 등급, 규모, 서비스 등에 따라 업장의 수나 내용, 운영방식이 다를 수 있지만 관광호텔 등급에 충실한 내용으로 구성되기 때문에 평가에 있어서도 공연한 불이익을 초래할 필요는 없다. 그러므로 호텔 당시 혹은 후에 시설 개보수를 할 경우에도 이런 측면에서 평가에 긍정적인 효과를 내고 고객들도 선호할 수 있는 방식으로 식음료사업장을 분류하고 설치한다고 할 수 있다. 대체로 영업장별로 구분된 업장명칭은 취급 음식과 서비스 수준을 연상하기 쉽도록 명명되지만 업장의 품위, 아름다움, 지역 특성과 연계된 업장 이름들도 외식소비자들이 원하는 이미지 창출에 기여할 것이란 기대감에서 많이 사용된다고 하겠다.

① 주된 음식업장의 분류: 한식당, 일식당, 중식당, 양식당 등 요리 원산지별

② 서비스의 품격별 분류: 정식, 캐주얼 레스토랑 등인데 명칭은 요리 원산지, 고귀한 신분 지향으로 명명됨. 이탈리안, 사천요리 등 요리나 전통 민속명의 이용사례도 많음

③ 커피숍: 접근성이 좋은 로비 근처에 입지하며 체류객보다 외부인 이용이 빈번함

④ 와인 바 및 회원제 클럽: 주로 바 형식의 사교클럽이나 기타 휴게형식 이용

⑤ 극장식당(theater restaurant): 넓은 면적을 요하는 본격적인 쇼 중심 식당

▲ Lady M. Boutique, N.Y.

좌측의 케이크는 밤(marron)으로 만든 달콤한 '밤 케이크(gateau aux marrons)'로 이 점포의 인기메뉴 중 하나이다. 카푸치노 커피나 차를 곁들이면 맛과 더불어 우아한 'Afternoon Tea Time'에 느낄 수 있는 영국 신사·숙녀의 품격을 즐길 수도 있다.

(2) 기타 지역 관광개발과 진흥 및 관광객서비스 차원의 외식업의 분류

지역 관광개발, 또는 외지 방문객 유치증진을 위한 서비스증진 차원의 관리를 도모하기 위해서 지자체장들이 몇 가지의 외식업 분류를 하고 있기도 하다. 즉 시장, 군수 및 구청장 등이 지정하는 모범음식점, 향토음식점 등 외 다양한 형태로 지역현안을 반영한 음식점업들이 생성되기도 했다.

(3) 기타 식음료 서비스나 식당의 분류

분류기준, 격식보다 외식업의 업종별(type of business), 업태별(type of services), 서비스 종류별로 다양하게 분류하고 장소나 목적에 따른 적정한 외식업의 명칭 이용과 제도상의 분포에서 보이는 정형적 분류명칭을 알아보자. 정형적 분류는 사회적 추세나 외식소비자들을 위한 시장지향성을 제한할 수 있으므로 외식업에서 이용하는 모든 업종들을 알아보는 것도 사업경영에 도움이 될 것이다.

<table>
<tr><th>업태별 분류</th><th>업종/업태별</th><th>시장 현황별</th><th>기타 분류</th><th>서비스방법별</th><th colspan="2">명칭별 분류</th></tr>
<tr><td>파인다이닝 레스토랑</td><td>한식</td><td>한식</td><td>축제 식음료</td><td>테이블서비스</td><td>다이닝룸</td><td>그릴</td></tr>
<tr><td>캐주얼다이닝 레스토랑</td><td>양식</td><td>단체급식</td><td>카페테리아 (Cafeteria)</td><td>콘티넨탈 스타일</td><td colspan="2">테마식당</td></tr>
<tr><td>패밀리레스토랑</td><td>중식</td><td>패스트푸드</td><td>뷔페스타일</td><td>아메리칸 스타일</td><td colspan="2">카페테리아</td></tr>
<tr><td>패스트푸드점 (fast food)</td><td>일식</td><td>패밀리식당</td><td>경축/기념일</td><td>에스닉 스타일</td><td colspan="2">델리카티슨</td></tr>
<tr><td rowspan="2">문화적 기관의 외식서비스 (박물관, 스포츠시설)</td><td rowspan="2">기타 민속음식 (ethnic)</td><td rowspan="2">가정식 대체 (replacement) : HMR</td><td rowspan="2">컨벤션/연회</td><td rowspan="2">카운터서비스</td><td colspan="2">드라이브스루 (드라이브인)</td></tr>
<tr><td colspan="2">푸드코트</td></tr>
<tr><td rowspan="2">교통시설관련 서비스</td><td rowspan="2"></td><td rowspan="2">휴게음식점(빙과, 제과, 커피)</td><td rowspan="2"></td><td rowspan="2">셀프서비스</td><td colspan="2">커피숍</td></tr>
<tr><td colspan="2">다이닝카</td></tr>
</table>

2. 분류표를 통한 국내외 외식업종 비교

1) 우리나라의 외식업종 분류표

「식품위생법」상 분류	통계청의 표준산업 분류	국세청의 표준소득률표상 분류
휴게음식점	식당업	음식업
일반음식점	주점업	주점업
단란주점업	다과점업	다과점업
유흥주점업		

2) 미국의 외식업종 분류표

외식사업별 구별		업종/장소/내용별 분류	내용
영리기업 (commercial)	영리기업 (commercial)	외식업	일반, 전문, 소매 및 일반 또는 음주 판매, 숙박업소의 외식, 바, 카페테리아, 패스트푸드, 개인별 주문이나 조직적이거나 기업적인 주문외식업을 핵심으로 하는 케이터링, 편의점, 고속도로, 이동차량, 자판기 등
		위탁외식업	
		숙박업내 외식서비스	
		기타	
제도적 (institutional) 외식서비스	군대급식 (military)	일반식당, 장교클럽과 식당	
	기타 다양한 급식	각급 국·공립 학교, 단체, 기업, 병원, 사회보장관련 고아원, 양로원, 유아원, 재활원, 여타 보건기구, 스포츠관련, 재소자 급식관련	사회적 복지차원의 심신건강, 보건관리, 경제보조, 삶의 질 유지 등 내용 포괄

자료 : NRA

3) 자국음식 중심의 일본 외식업 분류상의 특징

다른 것은 국제적으로 자국요리, 서양요리, 중국요리, 음식점업과 주점이나 기타 등이 공통적으로 외식업 분류에 포함된다. 그런데 일본에서는 일본요리를 세분하고 이 부분에 대한 외식업을 분류표에 별도로 포함시키는 것이 다른 나라 혹은 국제적인 외식업 분류에서와는 차별화되는 특징이라 볼 수 있다. 가령 소바, 우동, 초밥을 별도의 외식산업군으로 분류하고 있다. 이것은 자국 요리를 보호하고 이것이 국제적 경쟁력을 갖도록 하는데 효과적이라고 생각한다.

주스 바(Juice Bar)

상당기간이 경과되었지만 미국 대도시 중심으로 신 경향의 음료 비즈니스로 새로이 등장한 것이 주스 바이다. 주요 메뉴는 신체건강에 특효가 있는 항산화, 항노화에 효능이 있는 아사이베리, 블루베리 등 고품질의 과일이나 채소 등을 주재료로 취급하면서 최근 세계적으로 풍미되는 항노화(anti-aging)힐링(healing) 건강과 웰빙(well-being) 로하스(lifestyle of Health and Sustainability)라는 라이프스타일 코드 추구에 편승한다. 이런 시대사회적 흐름을 반영하여 확대 생산된 형태로 새롭게 탄생된 것이 여러 가지 형식의 바(bar)—주스 바, 초콜릿바 등—로 나오는데 그중 가장 선도적으로 출현되었던 것이 주스 바(juice bar)이다. 기업과 시장의 커뮤니케이션 증진 측면에서도 브랜드 콘셉트를 중시하면서 시장에 포지셔닝하고 있다. 근자에는 동네 슈퍼에서도 주스 바가 증가되는 추세이다.

서비스 유형, 표적고객의 행동특성, 마케팅 전략 등 비즈니스 시스템이 물리적 환경에 내포되게 하려고 한다. 이것은 사람들의 감성·만족을 자극함으로써 기쁨을 얻는 등 고객 지각과 행동에 긍정적인 영향을 주기 위한 이미지나 실내장식에도 차별화를 가해줄 다채로운 색이나 디자인을 통하여 분위기를 연출하는 등 참신하며 생동감 있고 낭만적인 물리적 환경(physical environment) 조성에도 주력하여 식음료 시장의 인기를 모으고 있다.

또한 우리나라나 외국에서도 이런 추세는 관련 상품의 동반수요로 매출 증진을 초래하는 긍정적인 효과도 있어서 건강에 관심을 갖는 일반가정에서도 주스기(juicer) 및 건강재료로 대체하는 구매경향이 증진되고 있다. 식품구매에 있어서 건강 대체품으로의 전환추세는 가령 트렌스 지방, 설탕, 인공조미료 사용 등과 관련된 대체품 개발과 사용을 촉진해 소규모 지방 생산농가나 기타 사업자를 양산하고 농가소득을 제고하는 농업 대안으로 개발될 여지도 있다는 점에서 농업이나 산업정책적 차원에서도 연구해 볼 만한 과제를 제기하고 있다.

3. 외식시장 변화 트렌드와 세분화되는 외식업종

1) 시장변화 트렌드

(1) **안전 먹거리와 건강식에 대한 관심고조 현상**: 친환경재료와 허브활용
(2) **한식의 세계화 및 대중지향 신메뉴(퓨전화 포함) 개발**: 생산/서비스 혁신
(3) **단체급식시장 확대와 보편화**: 지력농산물 소비
(4) **새로운 경영전략**: 대기업화, 과학기술의 접목(SNS 마케팅)

2) 세분시장별 외식사업 업종

법규에 의한 분류가 아니라면 사실 외식사업 업종이나 계층 분류들은 무의미할 수도

있다. 어디서나 필요성이나 수요만 있다면 서비스가 이루어지기 때문이다. 최근의 외식업 트렌드를 보면 한식에서는 정부의 관광 연계 한식 세계화 및 보편화 사업이 추진되고 있다. 전통 맛의 보급과 더불어 꾸준히 진행되는 퓨전화도 원가관리나 신속한 서비스 차원에서 조리법의 간소화와 식사 제공방법 개선 노력이 추진되고 있다. 외식업종 개발의 가능성을 기대하면서 이름을 익혀보는 것도 창의력 개발에 도움이 될 것이다.

(1) **속성식당**(패스트푸드점: fast food)
(2) **전문 식당**
(3) **캐주얼 식당**
(4) **정식 식당**
(5) **카페테리아 식당/간이식당**
(6) **극장 식당**
(7) **교통기관에서의 식사**: 기차, 크루즈, 항공기내식
(8) **패밀리 레스토랑**: 시장요구(가치) 변화에 의한 인기하락
(9) **문화 및 스포츠 관련 외식서비스**: 박물관, 스타디엄, 구장

4. 취급상품 기준의 전문점 분류

우아한 레스토랑보다는 큰 예산 없이 입출입이 용이한 대중적인 식음료업소들이 기존의 업종에서 파생된 새로운 형태로 확대 생산되고 창업되는 경향이다. 같은 시장 내에서도 고급화에 계층은 있지만 취급상품 가격이 저렴하진 않아도 객단가가 높지 않은 업소들을 사람들이 애고하는 게 아닐까?

1) 프랜차이즈 커피점

국내 시장에서는 카페베네, 엔제리너스, 스타벅스, 탐앤탐스커피, 투썸플레이스, 파수쿠찌, 띠아모 등의 브랜드들이 알려지고 있다.

▲ 한국과 미국의 커피전문점은 전문점다운 물리적 환경을 조성하고 있다.

2) 과자점 혹은 케이크점

우리나라에서는 거리 빵집이나 케이크 점포가 서양보다 적어지는 동네상권 약화현상이 현저한 대신에 도시나 지방 어디서도 주로 체인점 형태의 브랜드 제과점들이 성업 중이다. 미국에서 인기 있는 치즈케이크 팩토리(Cheese Cake Factory)는 케이크가 시그니처 상품이지만 식당을 겸한 형태로도 운영된다.

3) 아이스크림점

체인점 형태의 브랜드 아이스크림점(배스킨라빈스31 등)이 인기 있고 국내 브랜드들도 브랜드 점포화(롯데 아이스크림점 등)되는 경향이다. Godiva 초콜릿점에서는 고급화된 초콜릿 아이스크림으로 브랜드파워를 강화하려 한다. 이탈리아의 아이스크림은 과즙에 당밀을 뿌려 먹던 네로 황제의 후예답게 과즙이나 향료를 이용한 달콤하고 컬러풀한 것들이 많고 입맛에도 좋다. 영화 '로마의 휴일'에 나왔던 트레비분수 앞 작은 아이스크림 가게도 온종일 손님들로 붐비는데 역시 많은 과즙향과 색소들이 비치되어 있음이 눈에 띈다.

4) 도넛점

던킨도너츠는 프랜차이징 형태로 세계 각국에서 성업 중인데 취급제품의 다양화 현상은 오늘날 대세를 추종한 결과 혹은 리드하는 것이다. 커피점에서 베이글이나 머핀, 핫도그를 파는 것도 같은 현상이다.

5) 각종 빵류와 음료 관련 점포

친환경 재료와 건강 이미지를 내세운 녹색(green) 지향의 허브티(herb tea)나 녹차(green tea)와 함께 곁들일 수 있는 허브를 넣은 작은 떡, 약과, 녹차 롤케이크나 다양한 케이크 조각이나 녹차나 허브를 넣은 아이스크림 같은 상품을 취급하는 개성 점포(오설록)들이 늘고 있다.

▲ 제과점 형식의 대중적 미팅/휴게장소

6) 후식 카페

초콜릿 바(chocolate bar), 주스 바(juice bar) 등은 바(bar) 형식의 대중적 음료수 중심 점포로 음료수와 함께 어울리는 다른 것들도 함께 취급한다. 이처럼 다양한 형식의 바(Bar) 명칭의 점포들은 현대의 사회경제적인 환경으로 변화되는 젊은이들(특히)의 라이프스타일을 반영하여 원래의 알코올성 음료 취급 전문점인 바(bar)로부터 확대생성된 것으로 볼 수 있다. 대중적인 만남과 잠시 체류 및 휴게장소로 많은 호응을 받으면서 새로운 형식으로 재탄생되고 있다.

7) 중식의 약진

대중적 중식이 주로 동네 상권으로 자리 잡았던 것과는 달리 최근에는 서울 도심권이나 근교권에서 대중식당으로 인기를 모으고 있다. 맛, 가격 면에서 호응을 받고 있을 만한 다양한 메뉴나 상품 패키지를 개발하고 있다는 점에서 찾아오는 가게에서 대중의 입맛과 선호를 따른 적극적인 영업을 시도하고 있다. 이러한 중식의 인기는 라멘 브랜드로 확장되면서 수개의 짬뽕 등 관련 신상품들이 출시되면서 인기가 더욱 높아지는 추세이다.

사례 1 초콜릿 바(chocolate bar)

초콜릿 바의 점포를 보면 단순하고 깨끗한 분위기로 고급스러워 보인다. 그러나 소소한 먹거리가 적을 것 같은 느낌을 주는 면이 있어 오히려 사람들의 왕래가 드물어 보이는 것은 아닐까? 또한 이 때문에 역동성이 저하되는 것은 아닌지?

▲ 초콜릿 바(Chocolate Bar)

사례 2 주스 바(juice bar)

주스 바(juice bar)의 실내구조와 장식은 생기 있는 바쁜 현대인들에게 맞추어져 있다. 실내에 다양하게 구비된 느낌의 크고 작은 상품들도 비교적 누구나 이용하는 데 부담이 적을 것 같은 종류와 가격대의 식음료들을 취급하고 있어서 고객들이 친근감을 가지고 접근할 수 있게 한다.

▲ 주스 바 형식의 쇼핑몰 내 G Bar

8) 치킨전문점

국내에서도 각종 내국 브랜드의 치킨점들이 성업 중이다. 거기다가 외국의 양념이나 허브를 넣은 색다른 향신료 맛이 독특한 치킨들이 도입되어 영업을 하고 있기도 하다(다음 사례 6의 자마이칸 저크치킨 참조).

9) 떡볶이 튀김 · 김밥 전문점

10) 패스트푸드점 스타일의 대중적 파스타점

파스타점이라도 테이블 서비스(table service)가 아니라 카운터 서비스(counter service) 형식의 셀프서비스 중심 패스트푸드점들도 많다. 객단가(unit sales revenue per guest)도 낮으면서 선택여지가 있는 비교적 다양한 파스타 메뉴를 갖추고 있어 저렴한 가격으로 한 끼니의 식사를 간단히 해결할 수 있다는 점에서 대중적으로 애고되는 편이다.

11) 생선 전문점

생선 전문점도 유행을 타기는 다른 식당들과 같다. 우후죽순처럼 창업과 폐업을 거듭하는 외식사업의 부침은 시장과 고객의 권세이지만 때로는 새로운 식음료 개발에 기여하기도 한다. 한동안 유행하던 참치 전문점에 이어 최근엔 전국적으로 연어취급에 대한 관심이 고조되고 있음을 볼 수 있다.

12) 전통시장 내 대중적 점포나 가판대들

우리나라나 외국이나 모두 친환경 안전 먹거리 선호에 대한 동기가 강화되고 있다. 이러한 지역민의 여망은 흔히 지역행정에 반영되고 있다. 지역민과 지역발전의 사회적 관계에 의한 사회적 자본 축적이 강구되는 여건에서 전통시장에서의 먹거리나 재료 구입이 늘면서 자연히 이곳 식음료 매장/가판 매대가 인기를 끌고 있다.

사례 3

시장 내 술집

점포창문을 메뉴판으로 활용한 술집의 물리적 환경(physical environment)이 시장 내 분위기와 묘한 조화를 이루면서 예술성을 강조한 면모로 다가와 와인 고객들의 감성을 자극한다.

▲ 창문메뉴와 시장형 점포의 서비스스케이프(servicescape)

사례 4

복고열풍 감성과 첼시마켓의 성공

현재 우리나라의 고가도고 개발 등에 신 모델이 되고 있는 New York의 하이라인 공원(High Line Park)과 접근성 좋은 입지에서 세계적으로 선풍적인 인기를 모으고 있는 전통 수산시장 "Chealsea Market"이 있다. 시장 안의 다양한 시장형 외식명소들이 세계의 관광객들로 인산인해를 이루며 운영되고 있다. 그 중 해물은 당연히 이곳의 가장 대표적인 상품이다. 매장 두 곳을 살펴보자.

▲ N.Y Chealsea Market 내 전통시장형 해물 판매대

5. 우리나라의 신형 외식점포

사례 5

세계적인 외식의 퓨전화와 메뉴의 창의성은 어디에?

한국 외식 메뉴의 퓨전화가 이끄는 창의력은 어디까지 갈 것인가.

외식사업의 성공은 점점 더 메뉴선정과 식재료 선택 및 요리법과 시장을 읽는 눈에 의존되고 있다. 시장진입 문턱이 비교적 낮아서 수없이 많은 점포들이 창업과 폐업을 거듭하는 곳에서도 이들은 성공의 문을 발견한다.

우리나라의 김밥 메뉴는 초등학교 소풍날에도 빠질 수 없는 한국을 대표하는 대중적인 요리로 가격도 대부분 원재료 가격에 의해 충실하게 결정되는 음식으로 자리를 굳건히 매겨왔다. 그러나 김밥의 진화는 여전하다는 점에서 외식의 발전과 변화 소지는 언제 어디서고 가능한 일임을 새삼 인지할 필요성이 크다. 가령 원재료를 고급화하고 가격을 인상하여 마진을 크게 하는 김밥운영도 시도해 볼 만한 일이다.

한국에 진출한 미국 최대 중식체인사인 Panda Express사의 창업주(Cherng)와 한국 김밥 메뉴의 스쿨푸드 창업자(이상윤)는 새로운 시장을 보는 창의적인 눈에 의기가 투합된 것 같다.

다른 사람이나 업체와는 달리 새롭고 다른 것을 보고 만들어내는 차별성 제작역량이 남다른 시야는 전통과 외국요리의 융합시도에서 비롯되는 외식생산의 지식과 창의적 마케팅에서 오는 것으로 분석해 볼 수 있다.

이제 지역의 입맛에 기초하면서도 색다른 세계의 맛과 융합시키는 콜라보레이션이 없이는 새로운 맛과 향과 멋이 창안되기 어려울지 모른다. 의상디자이너들이 세계의 민속의상으로부터 모티브를 얻듯이 이러한 형태의 메뉴개발과 외식시장에서의 전략의 적중과 사업 성패가 의존되는 시대에 진입한 지는 이미 오래되었다.

사례 6

역시 외국민속형 요리의 한국식 융합 퓨전점이 성공하는가?

사람들의 통행이 분주한 길목에 입지한 점포들은 입지와 새로운 맛의 개발에 성공한 사례들이 많다. 치킨점(TuCan)도 외국 민속형 닭구이와 한국형의 융합화(collaboration)에 성공한 사례가 있다. 메뉴 중 브라질식 치킨(Brazilian chicken)인 오렌지 치킨에 마늘조각을 곁들인 퓨전 푸드(fusion food)와 자메이카식 양념으로 생산되는 육포식 치킨(jerk chicken)으로 인기를 모으고 있다. 자메이카(Jamaica)는 원래부터 다양한 허브 맛을 내는 것으로 유명하고 그 때문에 이름도 올스파이스(allspice)로 명명되었던 향료를 주된 양념으로 사용해서 만드는 자메이카식 육포(Jamaican jerk)의 명성이 세계적이다.

저크치킨(jerk chicken)도 그런 양념 맛이 만들어낸 자메이카의 대중적 치킨이다.

자메이카 민속요리(ethnic food)라면 대부분 다양한 맛 중에서도 후추 맛으로 대표되는 유명한 올스파이스(allspice) 허브가 주로 사용된 독특한 육포식 저크(jerk) 양념(장)과 향미가 요리 맛을 지배한다. 그리고 강하고 달콤한 향의 육두구라고도 하는 너트메그(netmeg)나 스카이베넷이란 고추도 향신료로 함께 사용되기는 하지만 올스파이스에서는 본래부터 너트메그나 기타 다른 향을 같이 내는 것으로 유명하기도 한 그곳 전통의 민속 양념장 재료의 사용에 맛과 사람들의 선호를 이끌어내는 비기(秘技)가 숨어 있다고 봐야 할 것이다(박선아·이정자, 2015).

이런 스타일의 요리는 외식점포의 성공사례 중 하나이지만 그 밖에도 한국인의 입맛에 맞는 강하고 매콤한 양념 맛은 대체적으로 성공의 기본요소가 되고 있는 듯하다. 한국식 (네네)치킨의 형용할 수 없는 매운맛을 보면서 이렇게 강한 고추향을 선호하는 이유를 생각해 보곤 한다.

외식시장 트렌드 집중분석

대중 맞춤형 테라피 서비스의 테마 외식점포 트렌드

1. 싱글족을 위한 개성 있는 외식개념의 차별성

   남녀노소 중에는 홀로 사는 싱글족이 늘면서 외식업소는 식사해결 장소가 되고 있다. 최근 추세인 질적 식재료에 간소화의 경제성을 앞세운 프리미엄 간편식 브랜드 개발은 이들을 표적시장으로 한 것이다. 보다 일찍 백화점 식품코너에서 성업 중인 외식업소들도 관광객과 지역민을 막론한 간편 식사 고객을 겨냥한 외식업소들이다.

2. 업소의 통합 마케팅 - 제품, 서비스, 물리적 환경의 콜라보
   '눈으로 말해요'란 음식에도 해당한다. 업소의 상품은 맛보기 전에 보고 구매결정이 이루어지므로 다른 것과의 관련성에 유의한 점포(매대 포함) 마케팅의 중요성을 간과해선 안 된다.
3. 고객편의를 중심에 둔 고객을 생각하는 점포 개발
   고객이 편안하게 방문과 구매결정을 하는 것은 그들의 경제여건에 부합되는 가격, 입맛에 맞는 음식, 기타 품위유지에 대한 주장 등에 의한다는 점에서 고객을 중심에 둔 경영의사결정이 매출이나 성공을 좌우한다.
4. 특화 융합 외식점포 - 인적, 물적, 경제적 적정성의 지향
   될 수 있는 것의 취급이나 혹은 되도록 만드는 점포운영을 주제로 하여 개발되고 있다. 최근 국내외에서 신생 점포들은 특화된 융합형 점포들이다. 가능한 상품 구비로 영업하는 융합형 점포는 진작부터 트렌드였지만 어묵재료의 제품화, 음식재료 재조합 등의 콜라보(collaboration)로 다소 변형/개선된 형태의 융합점포 형식의 특화점포들이 늘고 있다.
5. 고객 편의의 테라피 서비스로 부상되는 몰링(malling) 현상
   바쁘지만 돌볼 다른 가족도 없이 혼자 사는 싱글족 소비자들을 중심으로 다른 일(쇼핑)을 보면서 식사까지 메뉴판 고르듯이 골라서 해결하려는 현상이 현저해지면서 외식업체들이 쇼핑몰에 몰리는 소위 몰링(malling)현상이 현저한 추세가 되고 있다.

이상과 같은 업소의 특성은 어떤 측면에서든 현대의 외식소비 대중들에게 분명히 신뢰할 무엇인가를 최적 서비스 혹은 맞춤형 테라피 서비스(therapy service)로 줄 수 있기에 그들은 이런 점포에 주목하여 찾게 된다.

자메이카를 대표하는 명품 민속 허브향, 올스파이스 (Allspice; Allspice, Cinnamon)

자메이카 요리는 대부분 자메이카 육포식(jerk) 양념장을 주축으로 해서 만들어진다.

친환경 항노화 웰빙 트렌드와 더불어 허브에 대한 인기는 계속 부상하는 추세이다.

올스파이스(allspice)의 허브 향미는 이름처럼 한 가지가 아니라 정향(cloves), 계피향(cinnamon), 육두구향(nutmeg), 노간주나무향(juniper), 생강(ginger) 및 후추(pepper) 향과 맛을 모두 가지고 있어서 인도의 허브 믹스와 혼동되곤 한다. 이 허브 향은 당연히 세계적으로 유명한 자메이카의 명품 식품인 **자메이카식 육포(Jamaican jerk)**의 처리과정에도 이용되고 있다(박선아 · 이정자, 2015). 자메이카식 저크(jerk)는 세계적 명성을 얻고 있는 잘 알려진 향이다.

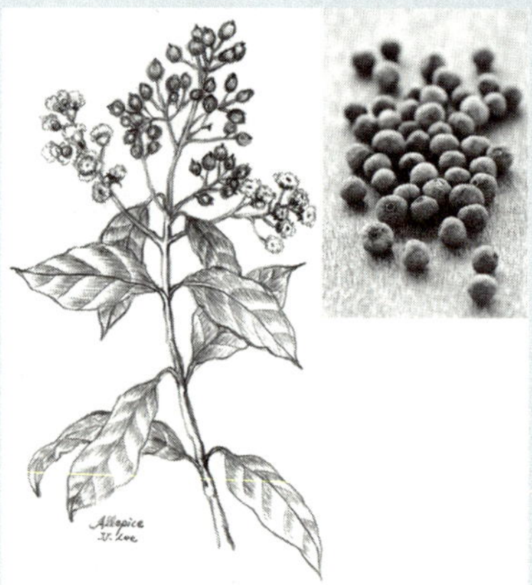

▲ 올스파이스(Allspice) 비단 자메이카 육포나 자메이카식 저크치킨(Jamaican jerk hicken)을 만들 때만 사용되는 향료가 아니라 그 밖에도 많은 자메이카의 전통요리는 물론 기타 다른 요리를 할 때에도 이용되며 세계적으로도 널리 애호되는 향료이다.

글과 그림: 박선아 · 이정자, 2015.

제2장 메뉴의 분류와 식사의 종류

제1절 메뉴의 기본 분류

1. 외식서비스와 메뉴의 그룹화

메뉴를 어떤 방식으로 분류하느냐 하는 것은 고객을 어떤 방식으로 그룹화하고 서비스할 것인가를 결정하는 데 있어 매우 유용한 개념이다.

어떤 계층의 외식소비자들을 표적으로 할 것인가에 따라 메뉴의 내용과 품격도 달라지지만 사용 식재료의 생산방식이나 등급, 어떤 방식으로 선호도를 보고 의사결정해야 할지에 대한 방향을 잡을 수가 있다. 다음은 메뉴분류 중 가장 기본적인 형식에 대한 것이다.

2. 메뉴그룹의 식사코스별 분류

메뉴는 식사그룹(food group)으로 구성되고 고객은 그중 어떤 식사품목을 선택적으로 구매하고 식사체험을 한다.

(1) **식전 음료**(aperitif 또는 Aperitif wine): 입맛을 돋우기 위한 술이다(제10장 참조). 식전 와인은 주로 드라이한 것들을 이용한다.

(2) **전채**(appetizer 또는 hors d'oeuvre): 한입 크기로 준비되는 경우가 많고 기름지지 않다.

(3) **수프**(soup): 덥거나 차게 서브되는 수프들이 많지만 식사의 내용과 격에 어울려야 한다.

(4) **샐러드**(salad): 야채(vegetable)를 주재료로 올리브, 약간의 고기, 생선, 치즈, 계란이나 기타 재료를 함께 이용하거나 섞어서 만든다(박선아 · 이정자, 허브라이프 참조, 2015).

(5) **각종 빵류**: 다양한 종류 중 식사 중에 먹는 빵은 주로 달지 않은 것이 이용되며 긴 것은 잘라서 서비스한다.

(6) **생선요리**(fish): 전통적으로 샐러드와 빵 그리고 본(주)요리 사이에 서브되는 코스인데 현대에는 건강, 영양, 미용에 대한 고려로 코스결정에 융통성을 발휘하고 있다. 생선요리와 함께 와인이 서비스된다면 화이트와인(white wine)이 서비스된다.

(7) **본요리**(main dish): 따뜻하거나 찬 본(주)요리(entrée)가 있는데 재료는 주로 각종 육류, 가금류(paultry)가 이용되었으며 후에 해산물 요리도 추가되고 있으며 최근

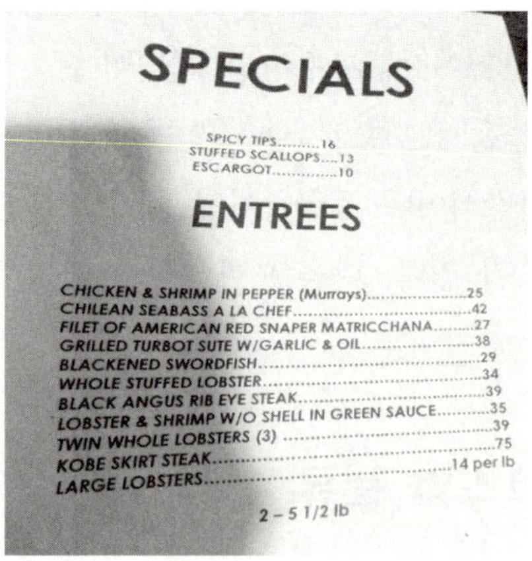

▲ A la carte의 entrée 메뉴그룹

더 많이 선호되는 추세이다. 육류와 함께 서비스되는 와인은 주로 레드와인(red wine)이다.

(8) **로스트**(roast) **요리**: 주로 쇠고기 로스팅(roasting)은 전통적으로는 본요리 다음 코스인데 단백질 성분이 중복되므로 영양 면에서는 생략돼도 무리가 없다. 그러나 뷔페식당에서는 업장식료 및 서비스의 품격, 전통성 등과 관련해서 대부분 로스트 요리를 포함하고 있다.

(9) **후식**(dessert): 덥거나 차고 시원한 음식이나 음료로 계절감 있게 준비되는 것도 좋다. 각종 차, 커피 등이 곁들여 서브되지만 최근 항노화(anti-aging)나 소화에 좋은 효소차 등도 많이 이용되는 추세이다.

(10) **식후 음료**(beverages) **혹은 디저트 와인**(dessert wine 또는 digestif): 식후에 소화를 돕고 여유를 찾으면서 식객들과 어울려 담소를 즐기는 것은 멋스럽고 예의와 사교에도 좋지만 사회활동지향적인 외식(dining out)에서는 특히 식사의 사회적 기능촉진에도 도움이 될 수 있다. 식사는 건강과 사교와 일에도 또한 유익한 시간이 될 수 있다. 더러는 주로 단맛의 디저트 와인 종류들이 제공되어 소화를 돕기도 하고 식사자리의 분위기를 더욱 유연하고 화기롭게 만들 수도 있다.

3. 식사서비스의 코스와 수

식사서비스는 다음 표에 시사된 순서, 코스 수 등의 내용으로 구성된다. 식사에서 코스 수가 많아지면 외식사업에서 취급하는 식음료 종류가 증가되므로 그만큼 메뉴관리도 복잡해진다. 비교적 적은 코스로 운영되는 경양식의 경우에는 원가관리나 운영 면에서 적은 직무로 인해 노무비 절감을 기할 수도 있다. 외식사업 성공이 취급상품 수와 비례관계에 있는 것이 아니란 점에서 사업운영의 묘를 살릴 창의적 노력이 요청되고 있다.

[표 2.1] 여러 가지 식사코스의 수

서비스 순서 코스의 수		11 코스 (메뉴A)	7 코스 (메뉴B)	5 코스 (메뉴C)
식전음료(Aperitif)		√		
전채(Appetizer: Hors d'oeuvre)		√	√	
수프(Soup; Potage)		√	√	√
화이트와인(White Wine) : Table Wine		√		
생선(Fish; Posisson)		√	√	√
셔벗(Sherbet; sorbet)		√		
레드와인(Red Wine) : Table Wine		√		
본(주)요리(육류: Main Dish; Entree)		√	√	√
샐러드(Salad; salade)		√	√	√
후식 (Dessert; dessert)	sweet(entrements)	√		
	fruit(fruits)	√	√	
	coffee/tea(cafe et the rouge)	√	√	√
식후주(dessert wine; digestif)		√	√	

제2절 음식의 선택방식에 따른 메뉴의 분류

식당에서 고객이 식사할 식음료 품목의 선정방식에는 두 가지가 있다.

정식코스의 모든 요리를 사업체에서 미리 일괄 선별한 후 적정하게 조합해 둔 정식메뉴 묶음들 중에서 고르는 타블도트 메뉴(table d'hote menu)와 음식의 코스 수, 식음료 종류가 많은 메뉴들로 구성된 식사군(food group)과 코스 중에서 고객이 자유롭게 고르게 되어 있는 알라카르트 메뉴(à la carte menu) 등이 있다. 이것은 고객이 하나씩 고를 수 있는 메뉴란 의미에서 일품요리라고도 하는데 '알라카르트(à la carte)'란 '주문에 따라서'라는 의미의 불어 용어이다.

모든 외식사업체의 기본메뉴는 알라카르트 메뉴인데 여기에는 생산가능한 모든 식음료품목들이 담겨 있어 당연히 대중적인 활용도도 높지만 격식을 갖춘 고급 레스토랑이 주로 타블도트 메뉴로 운영될지라도 일품요리 메뉴를 구비하고 있다.

그러나 별도의 메뉴판으로 운영되기보다는 흔히 하나의 메뉴 안에 정식메뉴와 일품요리메뉴 두 개를 다른 부분에서 함께 열거해 둔 복합메뉴의 형태로 운영되는 사례가 많다.

1. 정식메뉴(Table d'hote menu)

불어로 타블도트 메뉴(Table d'hote Menu)란 서비스할 식사코스 수와 거기에 따른 식음료 종류를 각 코스별로 미리 골라 조합해 놓은 정찬메뉴 세트이다. 가령 생선요리, 본요리, 로스트 등을 중심에 두고 이를 고려하여 다른 요리품목들이 결정, 세팅되면 고객은 그중에서 선택하기만 하면 되는 메뉴가 정식메뉴(table d'hote menu)이다. 전채, 샐러드, 빵, 수프, 생선요리, 본(주)요리, 로스트, 와인, 후식, 음료수 등 코스 수와 내용에 따라 사전에 결정된 식사대금 파악도 되지만 반드시 모든 코스를 포함해야 되는 것은 아니므로 주로 5개, 7개, 11개 등으로 구성되는 경우가 많다.

이처럼 메뉴는 사전에 결정된 2~3개의 패키지로 구성되어 있으므로 고객은 편히 고르고 선택폭은 제한되지만 반면에 정해진 순서대로 요리가 제공되므로 여유를 가지고 식사를 즐길 수가 있다. 물론 음료수, 와인, 수프와 샐러드 및 빵류도 결정되지만 간혹 수프, 샐러드, 디저트나 와인 등 음료수에 선택폭이 부여되기도 한다.

간략히 메뉴 소개보다는 외식고객의 편한 선택을 위해서 세팅된 메뉴(table d'hote menu)에 숫자(1~3번), 알파벳(A~C), 혹은 고유명칭을 붙이기도 한다. 수프는 온냉, 맑은 콩소메(consomme), 농도 짙은 크림형 포타주(potage)와 중간형(soupe)도 있다.

본(주)요리는 쇠고기, 송아지육, 돈육, 가금류가 주종이나 현대의 건강 · 웰빙 추세와 다양성 선호 등으로 어패류, 갑각류, 생선요리도 본요리 메뉴로 혼용되는 경향이다.

그 외에 더운 야채나 곁들이 음식(garnish), 작은 스낵(savoury)들이 서브되기도 한다.

김헌철 · 오홍철(2011)의 연구결과 가격(46.65%), 디저트(18.51%), 본요리(14.82%), 수프(17.05%), 전채(2.97%) 등 정식메뉴의 속성별 선택비중(중요도%)은 정식메뉴 편성과 개발에 시사점을 제공한다.

정식메뉴(table d'hote)는 항상 품위를 존중하는 서비스, 건강식자재 사용, 만족스런 식사체험 등을 지향해서 제작된 메뉴에 따라 충실하게 이루어져야 한다. 흔히 정식메뉴는 고급식당 외에 일반 식당과 아침, 점심, 저녁, 연회나 기타 형식과 외식서비스 어디에서든 사용된다.

정식메뉴는 고객과 식객-직원과의 여유 있는 서비스 관계 형성으로 더욱 몰입된 식사체험 기회를 제공한다.

어떤 식음료를 어떻게 먹고 마시는 것이 식사의 격조를 높이고 소기의 목적 달성도 될 수 있을지를 생각하는 여유가 허용될 수 있다. 또한 이 메뉴의 운영은 동시에 내부 직원의 서비스직무 수행에 있어 시간적 여유와 서비스자세 정제로 비교적 유리한 조건에서 서비스품질 향상에 임할 수 있게 해준다.

2. 일품요리 메뉴(A la carte menu)

1) 전형적인 일품요리 메뉴

일품요리 메뉴는 '주문에 따른 메뉴(à la carte)'란 의미처럼 고객의 자유로운 선택을 보장한다. 일품이란 어떤 한 가지 메뉴, 즉 단품을 말한다.

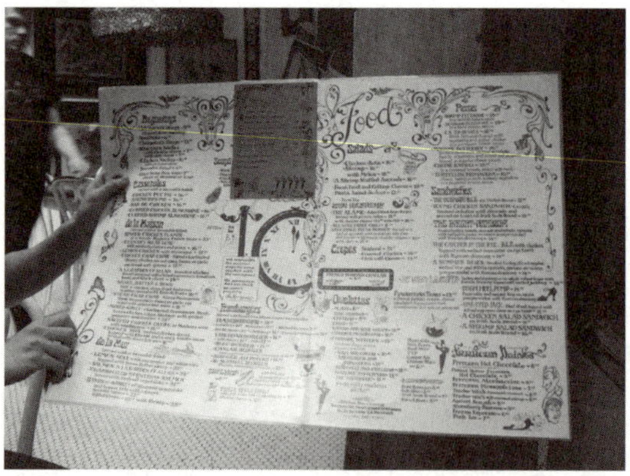

▲ 대중적인 한 장짜리 알라카르트 메뉴

고객은 코스 중 단품으로부터 모두를 선택할 수도 있고 각 메뉴 코스별로 구체적인 식음료 품목도 지정되므로 대중적으로 선호되는 메뉴이기도 하다. 흔히 대중식당의 벽에 붙어 있는 한 장짜리, 접어놓은 저렴한 메뉴도 알라카르트 메뉴이고 호텔이나 고급 레스토랑에서 고가의 제작비를 들인 메뉴책 형식의 것도 알라카르트 메뉴로 다양한 양식들이 있다. 알라카르트 메뉴는 모든 외식사업의 기본을 이루는 메뉴이다.

2) 새로운 형식의 대중형 알라카르트 메뉴 개발

모든 사람들의 관광과 외식이 다반사가 된 현대 레저사회에서 외식산업에 대한 관심은 어떻게 하면 모두가 참여 가능한 외식개발로 소비자에게 기여하면서 경영성과 제고에도 성공할 수 있을 것인가에 있다. 현대 외식산업의 목표는 모두를 위한, 모두에게 서비스하는, 누구나에게 다가가는 외식산업화를 지향하고 있다. 그래서 쉽게 보고 고를 수 있는 좋은 메뉴개발에 대한 경쟁은 지속되고 있다.

다음은 수많은 관광객이 내방하는 세계적인 관광지에 소재한 허름해 보이는 제과점의 벽에 걸린 메뉴판이지만 독특한 감성을 자극하는 서비스스케이프의 면모가 엿보인다.

3. 식사형식에 따른 분류

메뉴가 항상 정식메뉴나 일품요리 메뉴처럼 제작되고 이용돼야 하는 것은 아니다. 그러나 식사형식이나 내용에 따라서 유사한 개념으로 메뉴명이 정해지거나 그렇게 운용할 수도 있다. 식사가 풀코스인지 혹은 고급메뉴로만 구성된 것인지 아니면 그 반대로 격조(class)의 고저를 막론하고 일정한 제한을 두고 운영되는 메뉴인지 여하가 메뉴의 분류체계를 달리하게 만들 수도 있다.

1) 정찬메뉴(full menu)

고가격 서비스메뉴, 적정가격의 서비스메뉴, 중저가 서비스메뉴나 셀프 서비스메뉴를 말한다.

2) 고급메뉴(luxury menu)

고가의 격조를 중시하는 대륙식 서비스메뉴를 말한다. 대륙식(continental style) 서비스란 정통 유럽식(European style)의 제대로 된 서비스에 의한다는 의미이다.

3) 제한적 메뉴(limited menu)

품목을 일정 수준으로 한정한 메뉴라는 의미를 담고 있는 메뉴형식으로 주로 원가절감 지향적인 대중적 서비스 위주로 운영되는 사업체의 이미지를 내포하고 강조한다. 적정 가격의 서비스메뉴, 중저가의 셀프서비스 메뉴들이 이에 속한다.

제3절 외식사업목적 및 서비스장소별 메뉴의 분류

1. 연회메뉴(Banquet menu)

연회메뉴(banquet menu)란 신년, 추석, 추수감사절, 독립기념일 등 일국의 정례적인 기념일이나 회사, 단체의 회합이거나 개인적 목적의 각종 기념일, 축하 등 연회에 사용할 목적으로 대부분 특별히 기획, 제작, 운용되는 일회성 메뉴를 말한다. 연회매출은 개인 고객에 대한 서비스보다 매출규모가 비교적 크기 때문에 식음료 부문의 사업수익 달성에 의의가 크다.

연회메뉴(banquet menu)는 고객의 주문, 호텔 식음료부서나 일반 외식사업체와 외식 잠재고객과의 협상과정을 거쳐 계약을 체결하고 주문된 일정한 목적과 내용에 따라 작성되는 메뉴이다. 그러므로 메뉴의 형식이나 내용은 정식메뉴나 일품요리 형식의 활용이 가능하기도 하고 창의적인 신 메뉴나 새로운 형식의 서비스 개발과 출시 소지도 크다.

또한 연회에서는 식사가 한식, 일식, 중식, 양식 혹은 다른 에스닉 푸드나 퓨전요리까지 고객의 요구에 따라 다양하게 활용될 수 있고 식음료서비스 형식도 여기에 따라 러시안 스타일, 뷔페식, 아메리칸 스타일 중 다양하게 활용될 수 있다. 그런 점에서 연회메뉴는 메뉴내용, 예산규모, 서비스에 있어서 결정에 매우 융통성이 큰 메뉴이다.

연회메뉴(banquet menu)는 흔히 사전에 가격이 결정되고 일정한 순서와 내용으로 일정 식음료가 제공되는 제한된 메뉴(bounded menu)로 운영되는 것이 일반적이다. 그러나 더러는 몇 가지에 대해선 선택폭을 주는 선별적 메뉴(stapled menu)로 운영될 수도 있다.

선별적 메뉴협상에서는 수익성이나 고객관계에 있어서 어려운 점도 예상되므로 연회기능, 품위, 참여자 연령, 성별, 경제적 여유 등을 고려하면서 적정한 알코올성 및 비알코올성 음료 선택도 중요하다(이정자, 1995).

연회를 위한 메뉴 협상과정에서 고객의 편리한 식음료 품목과 내용결정이나 주문을 돕고 판매를 촉진하려면 미리 가격대별, 목적별로 샘플 메뉴세팅을 해두고 이에 가감하는 방식으로 협상을 진행한다면 시간절약과 고객만족의 연회서비스를 통하여 단회성 수익창출에서 나가 지속적인 애고를 전제한 충성고객 확보의 계기마련에도 기여할 것이다.

샘플메뉴라도 메뉴품목, 가격, 사회적 소비추세나 유행, 제품과 서비스의 품질, 차별성에 신뢰성을 기대할 수 있도록 선택 폭과 수정여지를 제공하면서 고객의 예산에 적정한 연회상품 개발과 권장으로 임해야 한다. 이것이 고객맞춤형 연회서비스이고 이러한 경우에 고객기대를 최대한 반영하고 충족시킬 수 있는 서비스로 사업성도 제고될 여지가 있다.

대량적인 식사에서 발생가능한 식품안전, 관련법규의 이행에 대한 사전 지식과 위해관리가 기본적인 역량이란 측면에서 접근돼야 한다.

2. 뷔페서비스(Buffet service)와 무 메뉴(No menu)

1) 뷔페식의 정의와 상품의 구성

뷔페식은 일정한 가격을 지불하면 업소에서 미리 준비한 다양한 요리 중 고객 기호에 맞추어 먹고 싶은 음식을 먹고 마실 수 있는 식사를 특징으로 하며 이러한 고객의 선택권과 비교적 경제적인 가격을 강점으로 한 외식운영과 서비스의 형식을 말한다.

뷔페 레스토랑에서는 외식 소비자를 대상으로 냉·온요리, 다국적 에스닉 푸드, 계절을 넘나드는 다양한 식재료의 이용, 가정 생산이 어려운 요리 등 다양한 식음료의 생산과 서비스라는 점에서 경쟁력이 있다. 뷔페사업의 도입 초기에는 호텔 상설영업 위주로 소개되다가 이제 외식업 일반으로 확산되면서 메뉴도 양식 위주의 식단에서 아시아권 요리까지(한·중·일·베트남, 터키)로 가일층 다양화되기에 이르렀다.

그러나 메뉴의 주제나 특징이 상실되는 경우 자칫 저급한 퓨전요리 전시장과 흡사해질 수도 있다는 점에 유의하지 않으면 안 될 것이다.

2) 무 메뉴(No menu)의 뷔페식당 운영

원래 뷔페서비스는 메뉴가 없는 "No Menu"의 셀프 서비스로 운영된다. 뷔페는 고객의 주문에 따라 서비스하는 것이 아니라 외식기업이 표적시장은 있으되 불특정 다수 외식객을 위해서 준비해 놓은 식음료상품을 직접 보고 선택해서 먹도록 하는 사업방식이기 때문이다. 뷔페(buffet) 사업부에서는 당연히 내부적으로 식음료 재료 구매, 생산과 준비 및 서비스의 계획과 관리목적의 메뉴결정이 이루어져 경영활동이 수행되고 판촉용 유인물과 브로슈어도 준비되지만 수주에서의 판촉기능을 지향한 상품리스트로서의 메뉴는 제작되지 않는다. 메뉴가 없는 가운데 진열된 각종 식음료에 대한 시각적 효과나 기타 형태의 안내를 통하여 품목선택과 식사서비스가 이루어진다(이정자, 메뉴관리).

▲ 뷔페식당의 브로슈어

3. 특별 임시메뉴

임시메뉴란 일정기간 동안 비교적 장기적·지속적으로 이용되는 정상적인 메뉴와는 달리 일회성 혹은 단기의 한시성 메뉴를 말한다. 이런 의미에서 이것은 고정메뉴에 대응하는 개념으로 변화하는 메뉴(changing menu)를 말한다. 주로 특정 기념일에 맞추어 준비되고 사용되는 메뉴들로 어린이날, 어버이날, 독립기념일, 크리스마스 등 각종 축제일에 사용되는 축제메뉴(festival menu)의 성질을 띠고 있다.

또 계절별로 식품재료 생산이 성수기에 이르렀을 때 제철재료를 대량으로 구입하여 이용함으로써 특별한 계절음식을 서비스 차원에서 특가에 제공할 때도 이용되는 메뉴이다. 흔히 일단위 혹은 주단위로 주기적으로 바뀔 수 있는 순환메뉴(cyclic menu) ① '오늘의 메뉴(daily special menu 혹은 today's menu)', ② '셰프추천 메뉴(chef's menu)', ③ '계절메뉴(seasonal menu)' 등이 이에 속한다.

이런 메뉴들은 변화하는 고객욕구를 위한 신제품 혹은 사용 식품재료의 계절성을 반영한 변화추구의 한 방안으로 개발된다.

그러나 최근 고조되는 친환경 건강식에 대한 관심을 반영한 메뉴로 가령 '그린요리 특선'이나 '항노화 웰빙메뉴' 등 시제품명이나 브랜드명의 창의적 메뉴로 소개되기도 한다.

4. 숙박업의 룸서비스 메뉴(Room service menu)

호텔 투숙고객에 대한 객실에서의 식음료서비스를 룸서비스라고 하는데 메뉴 자체는 숙박업의 등급이나 여건에 따라 전채, 수프, 본요리, 샌드위치, 단것, 음료수 및 주류 포함의 풀코스(full-course)에 준한 제공이 가능할 경우도 있다. 그러나 실제로는 단품이나 간소한 음식을 중심으로 운영되며 이에 비해 가격은 저렴하지 않다. 룸서비스는 전화주문 등 커뮤니케이션 문제, 객실과 주방과의 거리 등으로 신속성, 주방지원 등 서비스 저하가 관리돼야 한다. 음식의 전달에 이동형 카트를 이용하거나 품질관리로 서비스를 강화하는 데 유의할 필요가 있다.

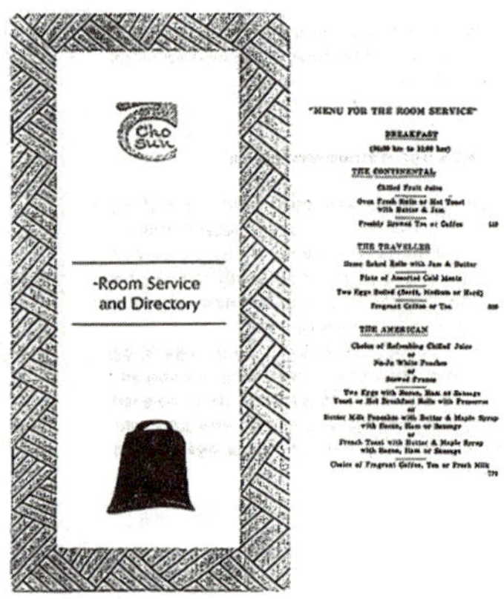

▲ 룸서비스 메뉴

5. 슈퍼클럽 메뉴(Super club menu)

이것은 특별한 형태의 메뉴로 반드시 손님을 위한 특별 프로그램을 제공하는 사업체에서만 사용된다. 쇼나 유흥프로가 시작되면서 식료서비스는 중단돼야 하므로 식사에 소요되는 시간도 매우 짧아 메뉴용어도 수식보다는 간단명료한 용어활용이 바람직하다. 사전 준비로 제한된 품목을 단시간에 많은 고개들에게 신속하게 서비스하려면 음식의 배열대에 놓아두고 전달하게 되므로 전채, 샐러드, 후식 등은 냉장을 요한다는 점에서 패스트푸드로 혼동될 정도이다. 그러나 주류(wines)의 선택폭은 크다. 고객들의 욕구는 다양하고 격조 있는 테이블 세팅과 호화로운 환경 및 서비스에 대한 기대는 높아지고 있다. 여기서 서비스 직원은 민첩하고 능률적이며 전문적인 사람이어야 하지만 고객과의 친밀한 관계유지에도 숙련을 요한다. 이런 메뉴에서는 지속적인 메뉴품목의 공급 가능성 확보가 중요하다. 불충분한 서비스로 인한 고객불만은 매출감소의 원인이 될 수 있기 때문이다.

제4절 전문식당과 민속요리 메뉴

1. 전문식당(Specialty restaurant)의 메뉴

전문요리메뉴(specialty menu)란 무엇이든 전문 요리점에서 이용하는 메뉴로 스테이크하우스나 해산물식당에서 주로 사용하던 용어였으나 근자에는 대부분이 전문성의 독특한 메뉴를 취급하는 개성 있는 식당이나 외식업소가 늘면서 용어사용이 새삼스럽게 느껴지고 있다.

세계 여러 나라 요리(international cuisines) 전문의 외국민속식당(ethnic restaurant)도 크게 보면 이 범주에 포함되는 메뉴취급 사업체라 하겠다. 전문(specialty)이란 용어는 기술, 재료, 요리의 국적, 또는 항구, 도심, 댐, 산악 등 입지환경에 대한 개념으로 업소 이미지와 선호도를 좌우한다. 메뉴는 원래처럼 각종 육류, 해산물 전문에서 다양한 식음료나 식료그룹에 적용되면서 점차 다른 식재료 영역으로 확산되는 추이이다. 음식 조리나 제공방법의 다양성, 플레이팅(plating) 등의 개발로 고객 선호와 입맛을 사로잡고 즐거움, 모험 등 특별한 감성중심의 외식체험을 지향하고 있다. 이런 업소에서는 야외입지를 주로 해서 휴식과 레저를 돋우는 다양한 프로그램까지도 준비될 수 있다. 전담 전문요리사의 고용과 관련설비는 기본요건이지만 전문식당의 입지나 식사준비는 고객의 기대감 충족에 초점을 둔 이미지와 감성자극을 위해서 식당, 메뉴, 실내장식과 독특한 물리적 환경조성에도 주력한다.

메뉴에 포함되는 주류 리스트는 알라카르트나 정식메뉴 모두 가능하고 서비스방식 또한 그러하다. 주로 플레이팅 서비스(plate service)로 음식이 제공되지만 캐서롤(casseroles) 형태의 요리를 여럿이 나누어 먹기도 한다.

캐서롤(casseroles)

캐서롤(casseroles)이란 주로 유리나 도자기로 된 뚜껑 달린 냄비 같은 비교적 큰 그릇에 직접 요리를 하거나 음식을 담아서 서브하는 요리를 일컫는 용어로 주로 여러 명이 먹을 수 있는 분량으로 되어 있다.

2. 민속요리 메뉴(ethnic menu)

글로벌시대는 다문화의 시대로 현지 여행을 하지 않고도 한곳에서 다민족의 다양한 민속식품을 접할 기회가 많다. 이탈리아, 중국, 러시아, 스페인 혹은 한국 요리 등 국적을 가진 요리들은 한 나라의 관점에서는 외국요리이다.

▲ 세계적인 요리 파에야 등 스페인의 민속요리가 차려진 식탁

그러므로 세계 어디를 가나 외국요리 혹은 외국 민속요리를 전문으로 하는 민속식당들도 많이 성업하고 있다. 이런 의미에서 민속요리는 곧 외국요리이고 또 전문요리 메뉴이기도 하다.

민속요리와 관련해서 흔히 제기되는 질문은 원산지 본래의 요리방법과 맛과 향에 충실한 요리가 좋을 것인지, 혹은 현지인들의 입맛에 따라 변형시켜야 할 것인가의 문제이다.

사업체가 특정 외국요리의 전문레스토랑인 만큼 다양한 전통요리 품목들이 메뉴의 특징이므로 본래 맛에 충실해야 한다는 것은 맞는다. 그러나 레스토랑이 입지한 곳의 소비자 입맛에 맞추어 다소간 조정된 요리방법으로 맛을 내는 것이 수익성에 더 좋은 성과를 낼 수도 있다. 메뉴표기는 요리의 원산지 언어로 바르게 표기돼야 하지만 현지에서의 메뉴전달을 위해 현지 언어로 번역하고 약간의 해설을 더하는 것이 세일즈에 편리하고 효과적일 수 있다.

메뉴의 디자인도 현지인들에게 특별히 나쁜 의미를 주지 않는 것이라면 레스토랑 이미지에 도움이 되는 정통의 색과 문양, 풍물을 엿볼 수 있는 소재들을 사용하며 메뉴판 제작에 사용할 소재도 그런 정취를 사용해 최대한 원래 그 요리의 서비스스케이프에 충실하도록 식공간 연출의 구성요소들에 대한 중요도를 고려하여(최수지 외, 2011) 환경을 조성하는 것도 바람직하다. 가격수준 또한 고객에 맞도록 결정되어야 한다.

제5절 식사시간에 따른 메뉴의 분류

식료의 소비시점에 따른 메뉴의 분류는 기본적으로는 아침(breakfast)메뉴, 점심(lunch) 메뉴 및 저녁(dinner) 메뉴가 될 수 있다. 아침과 점심 사이에 브런치(brunch) 메뉴도 있고 저녁의 서퍼(supper) 메뉴도 있다. 영국에서는 정규적으로 오후에 차 마시는 시간을 갖기도 하는데 이것을 'Afternoon tea'라고 한다. 이때 여기에 맞는 다과나 간단한 음식이 서브되기도 한다.

1. 아침메뉴(Breakfast menu)

아침식사(Breakfast)란 말은 긴 시간의 휴식 후에 빨리 깬다는 의미로 원래 영국에서 시작된 것이다. 아침메뉴(breakfast menu)는 기본적으로 알라카르트 파트(a la carte sections)와 클럽 아침식사 파트(club breakfast sections)로 구별해서 메뉴를 작성하고 서비스하기도 한다. 아침식사가 간단한 만큼 일정메뉴로 미리 식사메뉴가 결정되어 있어도 table d'hote라는 용어보다는 club breakfast라는 말을 선호하기도 한다.

대체로 간단한 식사가 아침식사이지만 일품요리 메뉴(a la cart menu)로부터 다양한 메뉴들을 조합해서 단위매출(객단가)을 증대시킬 수 있도록 메뉴를 작성하기도 한다.

영국식 아침식사에는 흔히 생선요리가 포함돼 다른 유형의 식사보다 더 푸짐한 조반이 될 수 있다. 대륙식은 물론이고 미국식 아침메뉴에도 일반적으로 생선메뉴는 포함되지 않는다. 대륙식 아침식사(continental breakfast) 메뉴는 롤빵이나 토스트, 버터, 잼, 음료수로 구성되는데 음료수로는 커피나 주스류가 포함된다.

1) 대륙식 아침식사(Continental breakfast)

대륙식 아침식사(continental breakfast)란 유럽식 아침식사라고 하는 매우 간단한 조반을 말한다. 식사메뉴로는 계란요리가 없는 특징이 있으며 주스나 홍차 혹은 커피 중 음료, 머핀, 초승달 모양의 크루아상(croissant), 도넛, 덴마크식 패스트리(Danish pastry), 그냥 식빵이거나 토스트한 빵으로 구성되어 있다. 주스는 흔히 파인애플, 토마토, 오렌지나 그레이프프루트(grapefruit) 주스가 주로 서브되었지만 현대에 와서는 망고나 구아바 등 다른 종류의 주스들이 서비스되기도 한다. 빵은 주로 잼(jam)이나 꿀(honey) 혹은 마멀레이드(marmalade)가 버터와 함께 서브된다. 홍차가 서브되는 대륙식 아침식사를 컴플리트(Complete)라 하고 식사와 같이 커피가 서브되는 아침식사는 카페 컴플리트(Cafe Complete)라고 한다. 고객이 홍차나 커피만을 주문한 경우에는 전자를 심플(Simple)이라 부르고 후자를 커피 심플이라고도 한다.

▲ 간단한 Continental Breakfast Table Setting

2) 미국식 아침식사(American breakfast)

미국식 아침식사 메뉴는 고급호텔의 경우 주로 타블도트식 정식메뉴로 구성되어 있다. 이때 메뉴로는 주스, 시리얼, 계란요리, 빵류, 커피나 홍차 등이 있다. 주스는 대륙식 조반메뉴와 유사하고, 시리얼은 콘플레이크(cornflakes), 라이스 크리스피(rice crispies) 등 찬 것(cold cereal)과 오트밀(oatmeal), 옥수수죽(corn porridge) 등 더운 것(hot cereal)도 있으며 시리얼은 흔히 혼합할 우유와 설탕이 함께 서브된다. 계란요리는 스크램블드(scrambled), 수란 뜬 것(poached), 삶은 것(boiled), 오믈렛(omelette) 등으로 다양한데 베이컨, 햄, 소시지(sausages) 등과 같이 서브되는 것이 일반적이다. 빵은 토스트나 롤, 크루아상, 브리오슈(밀가루, 계란, 버터로 만든 달고 작은 빵) 등이 버터, 잼, 마멀레이드(marmalade)나 꿀 등과 같이 서브된다.

3) 영국식 아침식사(English breakfast)

일반적으로 선호되는 아침식사는 대륙식이나 미국식이지만 매우 고품격의 격식을 갖춘 여러 가지 메뉴와 코스들이 동원된 아침식사로는 영국식 조반(English breakfast)만한 것이 없다.

주스는 다른 형식의 조반과 유사하지만 한 가지 더한 것은 향과 맛이 좋은 과일조림이 서브된다는 것이다. 사과, 배, 살구나 무화과 등을 작은 크기로 자른 다음 여기에 설탕시럽과 허브류(herbs)인 클로브(clove)나 시나몬(cinnamon)을 넣어 스튜로 조리한 과일조림(stewed fruits)을 밑받침 접시를 받친(underlined) 칵테일 컵에 담아 스푼과 같이 서브한다. 시리얼도 미국식 조반과 같지만 더 다양하고 가일층 격식을 갖춘 메뉴를 가지고 서브한다. 빵은 희거나 검은 식빵을 토스트하거나 그대로 내기도 하고 크루아상, 머핀, 브리오슈, 도넛, 덴마크식 패스트리 등의 종류들을 다양하게 준비하여 버터, 잼, 마멀레이드, 꿀, 메이플시럽(maple syrup) 등과 서브된다. 또한 청어(herring), 대구, 정어리 등을 이용한 생선요리 코스에 이어 그릴식으로 구운 베이컨, 소시지, 햄, 살라미(salami), 염통이나 간 등의 육류요리 메뉴도 준비된다. 생과일로는 멜론, 파파야, 망고, 오렌지, 자몽(grapefruit), 배 등 계절에 따른 과일들을 서브한다. 음료로는 홍차나 커피 외에 더 많은 음료수가 준비될 수 있다.

여기서 정식 아침식사 메뉴를 외식용어로 'table d'hote menu'라고 하는 데 비해 조찬에서는 'club breakfast menu 혹은 club breakfast'라고 한다.

2. 브런치 메뉴(Brunch menu)

브런치(brunch)란 흔히 아침과 점심의 중간 시간대에 즐기는 조반보다는 무거우나 디너보다는 가벼운 아·점형 식사로 breakfast와 lunch의 복합어이다. 그러므로 메뉴도 아침과 점심메뉴들이 혼재된 양상이지만 원래는 브런치 메뉴(sunday brunch menu)가 일요일에 이용하는 메뉴로 흔히 받아들여져 왔는데, 새로운 대중문화를 통해 제시된 이미지의 발전과 더불어 이것(brunch)이 확대 재생산되었다. 그래서 브런치는 '특별한 음식' 또는 '특별한 음식을 먹는 행위'를 지칭하는 용어로 이해된다(주민재, 2013; 유무희, 2014).

브런치(brunch)는 주로 현대적·경제적·문화적·지적 수준 추구의 문화엘리트 및 전문직, 젊은 세대, 경제적으로는 중산층 혹은 이에 귀속되고픈 계층의 라이프스타일에 파급된 경향으로 선호되는 외식행태라고 볼 수 있다. 이런 계층의 소비자들이 많이 가는 청담동과 가로수길, 이태원과 한남동, 압구정동, 분당 등이 인기 브런치 메뉴들을 운영하는 식점포들로 고객방문이 증대되는 선호지역들이다.

3. 점심메뉴(Luncheon menu)

점심메뉴(luncheon menu)는 주로 인근 직장인들이 제한된 시간 내에 반복적으로 이용하는 경우가 많아서 식당의 급이나 가격대를 막론하고 '오늘의 특선요리(today's spcial)'로 점심메뉴가 제공되는 경우가 많다. 서양식의 식사내용을 보면 샐러드와 샌드위치류가 많이 이용되며, 한식에서는 고기나 생선을 주재료로 한 탕류, 비빔밥, 찌개류 등 열량은 중하 수준에 요리 수는 단일한 일품요리 중심으로 이루어진 경우가 많다. 설령 전채나 후식 혹은 다른 메뉴가 제공되더라도 석식(dinner) 메뉴보다 다양성이 훨씬 적은 것이 일반적이며 아침식사와는 달리 알코올성 음료 품목들이 포함될 수는 있다. 달콤한 후식류를 좋아하는 현대인들의 기호에 따라 후식류 중심의 전문점들도 증가추세이다. 그러나 다이어트에 관심이 많은 고객들은 하루 중 가장 마음대로 먹을 수 있는 시간으로 점심을 꼽고 있다는 점에서 적정한 메뉴를 준비하는 것도 매출증진에 도움이 될 것이다.

4. 디너메뉴(Dinner menu)

디너메뉴(dinner menu)는 하루 중 가장 열량이 많은 식사로 식사에 소요되는 시간도 대체로 더 길게 잡는 것이 일반적인 특징이라 하겠다. 외식 소비자들은 비교적 저렴하지 않은 가격을 허용하는 대신 더 많은 식음료의 선택폭과 더 나은 품질과 서비스, 식사장소나 레스토랑의 장식이나 분위기를 기대한다. 그러자면 메뉴 디자인의 예술적 가치나 외식고객의 개인적 감성이나 취향 및 기대수준도 제고될 수 있고 생산에 필요한 적정한 요리기술 수준이 요구될 수도 있다. 당연히 전채(appetizer)나 후식(dessert)도 다양화할 여지가 크다.

이처럼 격식 있는 서비스와 다양한 요리메뉴들에는 상당한 기대수준에 따른 충족을 위해서 적정 식사시간이 소요되므로 외식사업의 수익성 관리측면에서 적정할인 객단가의 결정이 매출목표 달성에 매우 중요하다.

5. 서퍼메뉴(Supper menu)

특별히 사고적인 목적이나 특별한 기념일이 아니면 건강, 미용 등에 대한 관심 제고로 오늘날 인기가 별무해진 메뉴의 한 종류이다.

제6절 기타 메뉴의 분류

1. 활용목적에 따른 메뉴의 통폐합과 수량분류

1) 개별메뉴

이것은 외식서비스별로 별도의 메뉴를 가지고 운영되는 것을 말한다.

가령 아침, 점심 및 저녁 식사용 메뉴를 각각 별도로 작성하여 따로 운영되는 메뉴이다.

2) 통합메뉴

식음료 영업장별로 혹은 두 가지 이상의 목적에 함께 사용할 수 있도록 작성된 메뉴를 말한다. 가령 개별적인 아침, 점심 및 저녁 식사용 메뉴를 작성하여 이용하지 않고 하나의 메뉴판에 아침, 점심, 저녁으로 구분 표시하여 이용하거나 아예 어느 때든 모든 메뉴를 활용할 수 있도록 하나의 메뉴판(책)에 통합하여 취급하는 식음료들을 오퍼하는 메뉴일 경우도 있다.

3) 배합메뉴

아침식사 메뉴와 점심 및 저녁 메뉴로 구분해서 두 개의 메뉴로 운영되는 경우가 있다.

2. 수익성 및 대중적 인기도에 따른 메뉴의 분류

이것은 외부 고객에 대해 제시하는 메뉴가 아니라 외식사업체의 경영관리 목적상 분류한 메뉴품목들을 수익성 면에서 분류한 것이다. 외식사업경영에서는 메뉴기획단계에서조차 반드시 수익성 있는 메뉴만으로 구성된 메뉴를 가지고 운영되기가 쉽진 않다. 그간 고객이 애고하던 메뉴가 진부화되고 있다고 해도 외식사업의 수익성에 대해 영향력이 전무하진 않다는 것이다.

1) 대중적인 인기를 누리는 메뉴(Popular menu)

(1) 대중적이면서 수익성이 높은 메뉴품목

(2) 대중적이지만 수익성은 낮은 메뉴품목

2) 대중적인 인기를 누리지는 않는 메뉴(Unpopular menu)

(1) 대중적인 인기는 없지만 수익성이 높은 메뉴품목

(2) 대중적인 인기도 없지만 수익성 역시 낮은 메뉴품목

3. 기타 분류

(1) 심야 간식메뉴(Late evening snack menu)

(2) 일요일 브런치 메뉴(Sunday brunch menu)

(3) 어린이 메뉴(Children's menu)

어린이 메뉴는 특별행사 메뉴의 일종으로 종종 어린이들을 유치하기 위해 인형(코끼리, 인디안), 모자, 수수께끼, 자동차 및 만화캐릭터 혹은 어린이들이 좋아하는 동화나 그림책의 모양으로 만들어서 주제를 넣으려고 하기 때문에 식료서비스에 있어 매우 부산하고 번거로움을 준다.

(4) 저녁 후의 메뉴(After dinner menu)

(5) 수영장변 메뉴(Poolside menu)

쟁반을 이용한 서비스(tray service)로 필요한 것들을 한 접시에 담을 수 있도록 하는 메뉴작성이 특징이다. 또한 메뉴의 물리적 진부화 방지를 위한 메뉴판의 비닐

코팅도 제작비 절감과 깨끗한 메뉴유지의 방안이 될 수 있다.

(6) 휴대메뉴(Take-out menu)

주로 이동 중인 사람, 특히 여행객, 가족단위 고객이 활용하는 테이크아웃점에서 이용하는, 주로 한 장으로 된 염가제작된 메뉴로 외식소비대중에게 배포되는 광고물과도 흡사한 기능을 한다. 이런 점포에서는 비교적 저렴한 식음료의 가격경쟁력이 있지만 구매와 식사시간의 차이에도 품질이 유지되는 포장관리가 중요하다. 대량 배포되는 휴대메뉴 관리의 요점은 주문배수의 시간단축에 있다.

(7) 술 목록(Wine list)

각종 주류나 칵테일 등에 대한 메뉴는 메뉴라는 용어 대신에 목록이라 부른다.

(8) 클럽뷔페의 밤(Club buffet night)

대부분의 클럽서비스는 미국식 접시 서비스(American plate service)나 주제(theme)의 유무와 무관한 뷔페가 인기 있다.

(9) 24시간 메뉴(24-hour menu)

일명 종일메뉴(all-day menu)라고 한다. 주문 즉시 나올 수 있는 식음료 중심으로 운영되는 사업장에서 흔히 이용하는 메뉴이다. 이것은 아침, 점심, 저녁 등 식사시간에 관계없이 온종일 같은 메뉴로 스낵 정도의 메뉴를 취급한다. 아침식사 파트, 샐러드, 샌드위치, 전채, 술, 앙트레 등 과일이나 주스, 기타 음료수 등을 내용으로 한다.

(10) 특별 행사메뉴(Special occasion menu)

특별 행사메뉴란 어머니날, 어린이날, 발렌타인데이(2월 14일 Valentine Day), 광복절, 혹은 추수감사절이나 우리나라의 추석, 각종 개인이나 국가 또는 종교적인 기념일이나 경축일 등 국내외 각종 명절뿐만 아니라 다양화되는 외식소비자의 개인적 볼일 및 목적에도 기여할 수 있도록 특별히 준비되는 메뉴이다. 행사메뉴는 특히 기념일이나 경축일에 대한 것이 주종을 이룬다는 점에서는 축제메뉴라고도 할 수 있다. 매년 지속적으로 사용되기도 하지만 그때의 상황에 맞는 새로운 행사명과 내용에 부합되는 메뉴제작이 바람직하다. 이는 새로운 메뉴준비와 더불어 고객의 취향이나 추구가치 변화에 수반된 내용들을 수용할 수 있는 메뉴기능 개발을 통한 외식사업의 성과 개선에도 기여할 것으로 기대되기 때문이다.

제3장

서비스 특성과 관련 이론

제1절 경제성장에 대한 서비스산업의 역할

1. 산업구조의 변화와 경제의 서비스의존성

1960년대 이래 세계 산업구조의 서비스경제화 추세는 명백해지고 있다. 실제로 동서방 경제에서 서비스가 점유하는 비중은 지배적이다(World Bank, 2006). 미국 등 선진국에서는 제조업의 산업비율이 GDP의 약 30%를 보이던 1950년대 초 이래 농장고용을 제외한 제조업고용 점유율 약 35% 시현을 정점으로 이후 하락세로 선회했다(Blinder, S., 2006). 확실히 글로벌 세계의 경제에서 서비스의 점유 비중은 제조업보다 더 크다. 60년대 중반 이후 우리나라를 포함한 OECD 선진국 산업구조도 서비스산업이 점진적인 지배양상을 시사하면서 경제의 서비스산업 의존도는 점차 구조적으로 확대되고 있다.

고도 경제성장국인 중국도 기업과 고객에 대해 증대되는 서비스의존도를 인식하고 '서비스산업 발전촉진 5개년계획'을 수립한 바 있다. 이렇듯 전 세계 선진국 노동력의 70% 이상이 서비스 섹터에 고용되는 현실에서 경제에 대한 서비스의 다대한 역할 외면은 상상할 수 없는 일이다. 서비스가 부실하면 고객기반을 유지하고 확대하려는 기업의 성과

KDI 주요 경제지표
(Major Indicators of the Korean Economy)

자료: KDI 경제동향, 2016. 2.

※우리나라 GDP 중 서비스업 비중을 비교해 보자.

도 노력도 그만큼 약화된다. 서비스 관련 연구는 산업과 학계 양면에서 절실한 필요성에 의해 수행되고 있다.

서비스의 향상은 상당부분 과학기술의 진보와 인터넷 보급으로 탄력을 받고 있다. 그러나 지난 수세기 동안 서비스경영의 중요성은 더욱 고조되는 추세이므로 기업 경영성과 개선을 위한 서비스 설계, 서비스 경쟁력 및 효율성과 효과성 개선을 위한 연구의 필요성 제기는 여전히 지속되고 있고 더구나 가일층 강도가 심화되는 여건이다.

경제성장에 대한 서비스관을 보면 대체로 비관적 견해와 긍정적 견해로 구별된다.

국부론의 창시자 애덤 스미스(Adam Smith)는 제조업은 생산적인 노동이고 서비스는 비생산적 노동이라고 정의한 바 있다(Smith, A., 1776). 반대로 서비스를 경제성장의 원천이 되는 성장동력으로 보고 침체되는 경제에 주요한 열쇠가 될 수 있는 대체재로 보는 긍정적 견해도 있다(Bailey, Farrell & Remes, 2006). 그러나 서비스에 대한 통일된 견해나 공감대는 여전히 미진한 상태가 아닐까 싶다. 이를 정의하는 기본을 제조업에 두고 특성론 등 이론이 전개되고 있으며 또한 기본적으로 서비스가 산업인지 혹은 과정인지에 대한 공감대도 불명한 것 아니냐는 생각 때문이다.

그렇더라도 우리나라를 포함한 OECD 선진국의 산업구조가 대부분 서비스 지배적인 형태를 보이는 현실에서 서비스 섹터의 성장이 직무 창출, 생활수준 향상, 글로벌 경제에 대한 자국기업의 경쟁력 대안으로 추진되지 않을 수도 없는 경쟁환경이다.

경제성장과 그로 인한 수혜를 기대하려면 서비스산업에 대한 연구와 이를 통한 성과지향 노력이 전략적 의미를 갖기 때문에 이를 중시해야 할 필요성은 다대하다. 서비스산업을 구성하는 업종들은 운송, 금융, 의료, 관광, 경영 노하우 등으로 다양하다. 글로벌 사회에서 급부상되는 과학기술 경쟁력의 중심에 있는 IT산업도 서비스업종이면서 또한 서비스산업의 발전에 결정적 공헌을 해온다는 점에서도 현대 경제의 서비스 의존성에 대해 시사받는 바가 클 것이다.

그러므로 외식산업과 이 산업에서 서비스경영을 여하히 할 것인가에 대한 의사결정을 이끌 제 연구들은 차별성 있는 기업경쟁 대안 및 가치생성의 성과기대를 향한 전략방안으로 추구되고 있다.

2. 외식사업과 고객중심경영

1) 고객중심경영

경쟁여건의 급변환경에서 엄청난 참패나 부정적인 결과들을 직간접적으로 자주 보고 겪다 보니 시간이 경과되면 이것을 금방 잊어버리는 데 익숙해지기도 한다. 이런 현상은 어쩌면 타성화된 현실도피에서 오는 경제상황에 대한 도덕적 해이(moral hazard economy)인지도 모른다.

기업은 경영관리 목표를 달성하기 위해 모든 경영활동 및 경영관리를 수행함에 있어서 의사결정의 중심에 시장을 놓고 계획을 수립하고 집행한다. 이러한 고객중심 사고(customer-centered thinking)와 이를 지향한 경영관리는 고객의 가치에 기반을 둔 고객만족에 따른 행동결과 여하에 따라서 기업경영 활동의 성패가 좌우된다는 실무계의 오랜 교훈과 경영 전략적 시각에서 비롯된 것이다. 현대의 시장 의존적 및 지향적(market-driven)인 경영활동은 경영환경 변화로 치열해지는 경쟁에서 기업생존을 위한 불가피한 발전 대응책으로 나온 것이다. 이런 사조로 호스피탤리티 산업의 재무적 성과개선에 중점을 두고 개발된 고객중심적 가격결정(customer-centric pricing) 기법도 고객가치에 기초한 경영의사결정 기법으로 고객중심경영 사례 중 하나이다(이정자, 2012; Cross, R. G. & Dixit, A., 2010).

[그림 3.1]을 보면서 고객중심경영(customer-centered management)을 천천히 생각해 보자.

오늘날 서비스가 성공의 관건으로 중시되면서 관련연구도 활발한데 이런 연구 성과들은 대고객 서비스의 개선을 향한 의사결정의 방향과 세부내용은 물론 이를 지향한 전략 성공의 치열한 구현 노력이라고 이해할 수 있겠다.

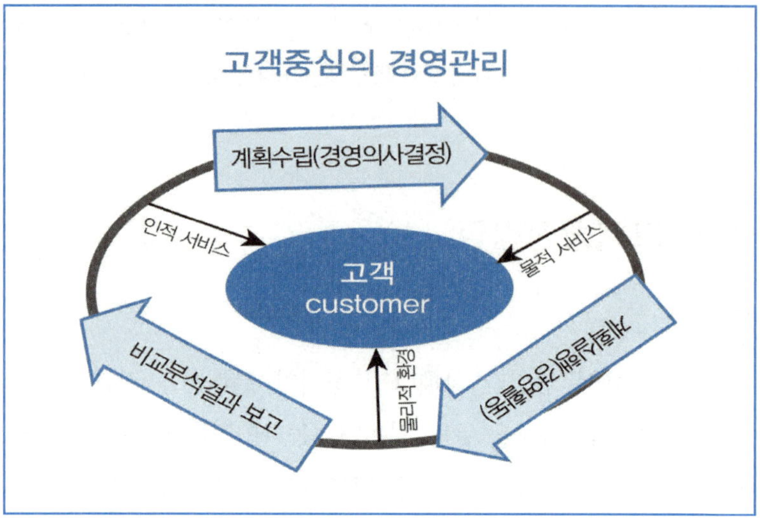

[그림 3.1] 고객중심 경영관리의 순환도

2) 서비스는 고객에 대한 약속

서비스는 일반적으로 '다른 사람을 위해서 행하는 것'으로 이해된다. 다른 사람이 원하고 필요로 하며 기대하는 바를 정확히 알고 정확히 응대하는 것이 서비스라면 구매고객에 대한 제품과 서비스는 대고객 약속 이행차원에서 조명돼야 할 것이다. 재화와 서비스 이용으로 고객이 바라는 기대효용(편익)의 충족은 곧 기업거래의 윤리이며 성공적인 서비스의 요건이 될 것이다. 서비스의 목적은 이런 약속이행에 기저한다. 그러나 개개인의 호불호, 욕구, 기대 등 제 요인들(속성)로 기대수준과 서비스 성과 차이가 발생될 수 있다. 이러한 서비스의 성과를 제한하거나 위협하는 성공의 도전요인들 때문에 성공적인 서비스를 위해서는 그들 요인 간 질서, 이론 규명 등 관련연구의 필요성이 지속적으로 제기되고 있다.

비교적 저렴한 메뉴를 취급하는 외식업소에서 기대되는 유형 · 무형의 서비스와 고가지불의 고급 레스토랑 서비스 내용과 고객기대 수준과는 차이가 있을 수 있겠지만 만족감 평가나 반응과정 자체는 유사한 과정을 거치고 반응한다는 결과를 보여주는 연구들이 많다.

제품의 품질, 안락하거나 고급스러운 분위기, 종업원의 서비스, 이미지나 물리적 환경 등 무형적 요소에 대한 오감동원 감성 만족이 가격(희생) 대비 혜택(편익)의 비교평가에 중시되어 왔다.

근자에는 자연재해, 각종 질병관련, 테러, 전쟁 등 자생적이거나 인위적인 위기요인이나 인구 고령화로 제기되는 건강과 환경 및 삶의 질(quality of life) 추구가 외식 소비자들의 라이프스타일을 변화시키고 있다. 특히 식재료 선정과 생산방법 및 과정의 위생성이나 친환경성 등과 관련된 먹거리 안전이 주요 선택속성으로 시장요구에 충실한 외식사업경영의 중심을 변모시키는 추세이다.

3) 진화하는 서비스와 정보과학기술

많은 서비스 혁신 성과들과 그 성장의 기본동력이 과학기술에 기저하고 있음은 이를 통한 성공과 성과들로 인해 이에 대한 인식이 확산되고 있다.

종래에는 모든 걸 사람이 직접 처리하던 기업 고객서비스 부서의 모든 업무들이 자동음성 메시지나 응답기, 팩스, ATM, 최근 금융권의 핀테크(FinTech) 서비스 등으로 고객편의와 기업의 인건비 절약을 기할 수 있음은 지속적으로 진화되는 신기술 도입에 따른 새로운 서비스들에 의한 것이다.

폭발적인 인터넷 사용인구 증가에 수반된 새로운 서비스 제공방식으로 인터넷 검색을 통한 온라인 구매가 대중화되면서 이러한 기술 자체가 신형태의 서비스로서 전 세계적으로 확장보급되기에 이르렀다. 최근 빅데이터 등의 정보기술이 서비스 마케팅에 새로운 영향력으로 인식되고 있으며 실제로 고객의 가치, 고객의 편의를 위한 실무에 실질적으로 많은 기여를 해오고 있다. 반면에 인적인 서비스를 통한 인간관계, 인간적 재량, 감성소통 이런 것들의 결여로 인한 서비스 패러독스(service paradox) 문제들도 개선을 요하는 측면으로 제기되고 있긴 하다. 그러나 정보기술과 관련과학의 발전이 초래할 실질적인 경영성과 실현 가능성에 기초한 기대감은 더욱 증폭되는 현상을 보인다.

사업계획의 수립은 즉 그림에서 시사되듯이 제품, 운영, 제 자원, 재무상황, 사업의 기회요인이나 위협, 시장에 대한 구체적인 내용의 결정과 관계된 활동이다. 과학기술이 이러한 내용의 정확성을 높이고 위험성 감소 및 성과 증대에 기여하고 있는 것이다.

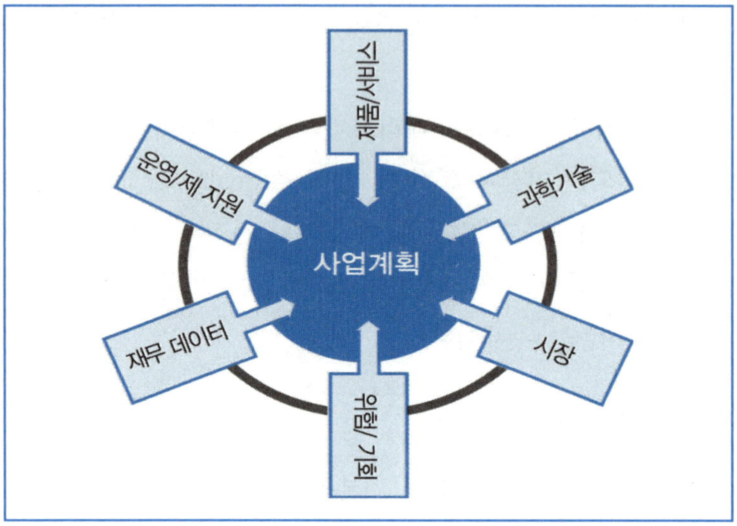

[그림 3.2] **사업계획의 수립과 과학기술**

핀테크(FinTech)란?

금융(finance)과 기술(technology)의 합성어로 모바일, SNS(social network service), 빅데이터 등 첨단 과학기술을 융합시켜 기존의 금융기법과는 차별화된 새로운 대안형태의 금융기술이다. 소비자들의 접근성이 높은 기술력(인터넷, 모바일 등)을 활용한 송금, 결제 등에 서비스하면서 금융계의 경쟁력을 높이는 한편 고객편의를 도모하고 있다.

제2절 외식서비스의 심층 이해

1. 외식사업 서비스의 특성과 경영상의 시사점

서비스경영에서 가장 큰 도전은 서비스운영에 있어 이것이 무형재인고로 확실히 분류하는 데 대한 공감대가 적다는 것이다. 또한 이로 인한 견해차이도 생길 수 있다는 점에서 기대성과의 계량화에도 불확실성이 문제시될 소지가 있다.

서비스 경쟁력 요인들이 타인, 타사의 모방으로 동일화되고 진부화되는 환경에서 차별성을 유지하기 위한 혁신, 창조의 노력은 경쟁우위를 향한 노력으로 전개되고 있다.

사회경제적 요인들과 더불어 꾸준한 증가세를 시현하는 외식서비스가 지닌 본래적인 특성들은 유형적 재화(tangible goods)와 무형적 서비스(intangible service) 간의 차이에 대한 공감에서 비롯되고 있다. 이러한 서비스의 차이는 경영관리에 있어서 제기되는 이슈들(문제)이 재화에 비해 이질적·무형적이고 평가에 있어서도 비교적 덜 명확하다는 문제들과 관련되어 있다.

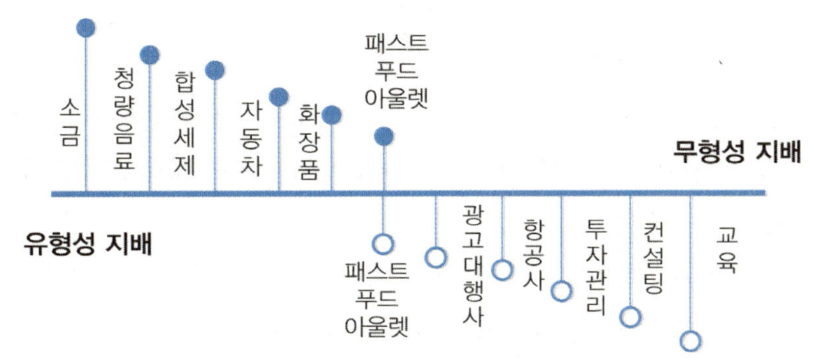

자료 : Shostack, G. L., 1977.

[그림 3.3] 유형성 스펙트럼

물론 [그림 3.3]에서 시사되듯이 재화에 대한 연속성 개념에서의 Shostack(1977)의 '유형성 스펙트럼(tangibility spectrum)'에 의하면 외식사업이 제공하는 모든 재화들이 순수한 유형성이나 순수한 서비스라는 동일한 결과를 보여주는 것은 거의 없고 그중에도 비교적 더 유형적이거나 무형적인 것들이 혼재되어 있다는 것을 보여주고 있다. 그러나 외식서비스 자체가 무형적이라는 사실에는 이견이 없다고 하겠다.

2. 서비스의 정의와 개념

서비스는 상품에 부가된 부가서비스가 아니라 그 자체가 중요한 재화요 상품으로 마케팅을 통한 성과 증진에 적극적인 재무적 공헌에 대한 경영자의 기대는 점증되고 있다.

서비스 마케팅에 있어서 서비스란 다른 사람을 위한 무형의 행위(deeds), 행위의 과정(processes), 그리고 그 결과인 성과(performances)를 의미한다.

이것은 단순히 물적 제품이나 구조물이 아니며 일반적으로 생산되는 시점에서 소멸되고 구매자에게 편리함, 즐거움, 적시성, 편안함 또는 건강과 같은 무형적 형태의 부가가치를 제공하는 모든 경제활동을 포함하고 있다(Quinn, Baruch & Paquette, 1987).

일반 상품 등 유형재와는 달리 서비스는 생산과 소비가 동시에 이루어지므로 서비스의 제공과정에는 종업원과 더불어 고객이 직접 참여한다. 또 어떤 종류의 서비스에서는 더 많고 긴밀한 종업원-고객 간 상호작용을 하기도 하기 때문에 엄격히 보면 이때 고객이 받는 전체 서비스 중 종사원이 생산·제공하는 서비스는 그중 한 부분과 같다고 볼 수도 있다. 서비스에서 고객과 종사원의 동반적 관계에서 감정노동자로서 서비스담당 종업원이 받을 수 있는 스트레스는 어떤 형태(type)의 고객과의 협업일지라도 성공적인 결과를 기대하려면 종업원의 역할이 매우 크게 기대된다는 측면에서 증폭될 수 있는 문제이기 때문이다.

서비스산업에 있어서 서비스는 모든 기업 제공물에 필수적인 요소이지만 경기 침체기에는 생필품이나 다른 재화를 상품으로 하는 기업에서보다 매출 및 수익감소가 더 크게 나타날 수 있다. 그러므로 Dogherty & Murphy(2009)는 "기업이 경기침체로부터 탈피하려면 필수적인 힘(말하자면 경쟁력 등)의 원천이 될 서비스에 있어서 고객의 시각 변화가 어디로부터 온 것인지에 대한 범주 파악을 해야 한다"고 하고 있다. 이것은 서비스의 이익잠재력과 그 중요성을 강조한 것으로 보인다.

이런 여건에서 외식사업에서도 가격인하 등의 유인을 앞세운 고객 유치전이 치열한

데, 위축되는 소비심리에서 모객과 매출유지를 향한 마케팅전략 개발에서 차별화된 고객 서비스는 가장 핵심적인 요건이 되고 있다.

연구(Rust, Moorman & Dockson, 2002)를 통하여 서비스품질이나 고객만족에 초점을 둔 서비스 전략이 비용절감이나 기타 목표를 중심에 둔 전략보다 성과에 유익하다는 결과를 확인해 볼 수 있다.

기업 성공의 핵심요인이 서비스 전략의 선택과 정확한 실행에서 추구된다는 것을 재확인할 수 있다. 또 Heskett et al.(1994)은 수익모형인 이익사슬(service-profit chain)을 통하여 기업이 성공하려면 어떤 경로를 통하여 고객만족에 이르는지를 설명하고 있다. 그는 기업 외부의 고객만족을 위해서는 그들과 더불어 그리고 그들에게 서비스를 생산·제공할 직원들(내부고객)에 대한 기업 내부의 서비스가 중요하다는 일련의 과정을 구조적으로 보여주고 있다.

제3절 서비스의 제 특성 이해

서비스산업의 규모가 오늘날과 같이 커지고 그 중요성이 다각도로 인식되기 전까지는 서비스가 산업인지 혹은 제공과정인지에 대해서는 공감대가 형성되지 못했다. 이런 배경은 이것이 이차적인 활동이고 규모의 경제에도 미달되는 한계점으로 인하여 경제적 개선에 대한 가치마저 인정이 더디어졌던 측면은 확실히 존재했었다. 그러므로 서비스에 대한 특성들도 주로 제조업의 과정 측면과 시각에서 이를 구별하고 분류하였다. 현재의 무형성(intangibility), 생산과 소비의 동시성(simultaneity), 비저장성의 부패성(perishability), 이질성(heterogeneity) 및 서비스 생산과 소비과정에서의 고객 접촉성(customer contact) 등은 제조업 과정에 초점을 두고 분류된 서비스의 특성들이다.

다음에서 재화에 비교된 서비스의 차이, 즉 무형성(intangibility)에 수반된 제 특성들을 이해한다면 환경변화로 초래되는 제 도전들에 대해 더 좋은 적응책으로 대응할 수 있을 것이다. 외부환경 변화로 제기되는 도전들에 대한 대안 강구에는 이런 특성과 이에 동반적으로 나타날 수 있는 문제 여지를 파악하는 것이 중요할 것이기 때문이다. 이들은 주로는 경영에 있어서 약점 혹은 위험요인으로 논의되고 검토되지만 더러는 긍정적인 측면들도 있을 수 있다. 부정적으로 작용될 측면들을 완화하고 긍정적인 방향으로 전환하려는 노력으로 얼마간 유리하게 작용될 경쟁강점 모색과 기회에 대해 어떤 단초를 마련할 수도 있기 때문이다.

1. 무형성을 특징으로 하는 재화

외식사업에서는 건물, 침대, 의자, 커튼이나 카펫, 컴퓨터 등 유형적인 시설뿐만 아니라 이들이 조성하는 물리적 환경도 중시되고 있다. 외식소비자들이 유형재에서처럼 서비스의 구매나 이용 전에 그 품질을 사전 평가할 기회가 없기 때문에 식당의 물리적인 환경이 제공하는 유형·무형의 단서들(clues)로 표출되는 이미지 등을 통하여 그들의 선호가치들에 대한 기대감을 가지고 결정하게 된다. 입지, 시설, 가격 등 유형적 요소뿐만 아니라 시설의 안락성이나 고급스러운 분위기, 지식과 경험 및 예의를 갖춘 서비스인력에 대해서도 동시에 관심을 갖고 있으며 그들이 제공할 품질 높은 서비스와 평판 등 무형적 요소들을 기대한다.

물론 이에 대한 지각된 가치, 지각된 품질 등 개인적 지각은 그들의 배경 및 여타 요인들이 작용되고 영향을 미치게 된다는 점에서 재구매 의도를 촉진하기 위한 연구들도 많이 수행되고 있다(Reichfield & Sasser, 1995). 고객의 브랜드(여기서는 외식사업체) 전환율을 5% 이내로 줄이거나 충성고객의 수를 5% 증가시킨다면 기업 전체 수익의 증가 효과는 25~85%에 이른다고 한 것을 상기해 볼 필요가 있겠다.

2. 서비스 생산에 고객이 참여

일반적으로 유형재는 제품의 생산과 소비과정이 분리되어 있어서 고객은 주로 구매와 소비과정에만 참여한다. 그러나 무형재(intangible goods)인 서비스제품은 고객이 필요로 하는 수요발생 시점과 장소에서 생산과 동시에 소비가 이루어지므로 고객과 직원은 생산과정에 공동참여함으로써 이들은 모두 서비스체험(service experience)의 한 부분을 공유한다. 이처럼 고객과 직원 간에 일어나는 서비스의 상호작용(interactions)은 양자적

(dyadic)이고 상호적(reciprocal)인 특성을 갖고 있다(Lovelock & Young, 1979; Normann, 1991).

더구나 이러한 생산과 소비의 동시성은 고객에 대한 서비스 생산과 제공에 연습이나 재생산 기회를 허용하지 않아 처음이자 마지막 격이 되므로 지속적인 교육훈련 및 관리 과정의 이행에도 일관된 품질의 서비스를 보장하기 어렵다. 고객은 체험된 서비스에 대해 그들이 치른 희생(가격)과 사전기대에 기초해 품질평가를 내린다. 그러므로 외식사업에서 지식기반 서비스 실무역량을 위한 종업원 교육훈련의 반복적인 이행은 일반적인 사례가 되고 있다.

3. 주변 사람이 한 끝을 공유

서비스의 생산과 수혜 과정에는 직접 관여자인 종업원-고객 외에 한 장소나 가까운 장소에 있는 다른 근로자는 물론 다른 고객까지도 일부분을 점유하게 된다. 그러므로 좋은 서비스는 이들의 언행, 태도, 협조 여하에 의해서도 영향을 받게 된다는 것이다.

조용하고 품격 있는 식당에서의 식사체험은 이처럼 그 장소의 다른 고객이 소음, 무례한 행동 등이 없을 때 잘 조성될 수 있다. 아무리 좋은 시설과 서비스의 외식장소라도 고성의 음악이나 TV시청 등을 한다면 편한 휴식과 좋은 체험이 방해될 것이다. 한 끝을 타인이 갖는 외식의 전체 서비스 실행과 품질에 부가되는 이러한 여건도 하나의 특성이란 점에서 유의할 필요가 있다.

4. 품질관리가 특히 어려움

최종 소비자의 구매나 이용 전에 생산되는 일반 제품과는 달리 서비스는 수요 현장에서 생산되므로 종업원은 자신이 생산하는 서비스의 품질을 직접 관리한다. 그런데 서비스 생산은 또한 고객참여 가운데 이루어지므로 서비스는 그 수급과정에서 고객과 종업원 간의 관계의 질에도 의존하게 된다. 그러므로 사업의 성패가 상당부분 이들 간 관계에 의존된다는 점에서도 종업원을 동기화하고 그들의 자발적인 노력에 의한 서비스 수행이 될 수 있어야 한다.

더구나 서비스는 실패를 당장 시정하거나 되돌릴(만회할) 기회가 허용되지 않는 소멸성(perishability) 재화이다. 또 사전 생산과정을 통한 품질관리로 일정 수준의 제품 확인을 거쳐 선택적으로 골라 사용하면서 이에 상응하는 가격결정도 가능한 유형재와는 다르다. 거기다가 최적 생산조건을 이용한 원가효율을 기할 수도 없고 시장생산과 저장기회도 부여되지 않는 재화라는 데 기인해서 품질관리가 용이하지 않다.

서비스 생산과 전달에서의 조건이 동일해도 종업원이나 고객의 개인적 성향, 문화적 배경, 서비스 접점(moment of truth)의 기분 등에 의해 똑같이 동일한 서비스(homogeneous service)가 존재하기 어려운 이질성(heterogeneity)의 상품이다. 설령 같은 종업원이 동일 고객에게 제공하는 서비스일지라도 매번 동일한 수준과 내용의 서비스품질에 대한 고객지각을 기대하기가 어렵다.

서비스의 이질성(heterogeneity)은 서비스의 일정한 품질관리가 어려우므로 고객불만 요인도 일정한 생산루트에 투입된 일정 조건에서 일정한 품질관리가 어렵다.

이런 특성들로 인해서 고객만족을 기하기 위한 서비스 품질관리는 외식실무와 마케팅에서 특별히 유의해야 할 연구대상이 되고 있다.

5. 저장 불능으로 재고 없는 재화

서비스의 저장 불능성은 생산과 소비의 동시성에 의한다. 이것은 기업의 일관된 품질관리와 규모의 경제를 통한 원가관리에 있어서 어려운 측면으로 제기되며 인건비 관리나 품질관리를 어렵게 하는 환경으로 작용된다.

외식사업 현장에서 주로 시간대나 계절별로 과도한 노동력 수요나 유휴 노동력을 발생시키는 형태로 서비스 제공과 식음료 생산현장에서 야기되는 노동력 수급의 고저현상(peak and valley)은 이런 문제를 더욱 가중시키고 있다.

외식서비스에서 서비스 인력의 고용규모 결정에서 최저 혹은 최대 수준(peak and valley) 중 어느 시간대를 기준으로 할지는 원가와 품질에 대한 고려에 있어 반복적으로 중요한 문제를 제기한다. 고급 레스토랑에서 인건비는 최대 단일비용 항목일 가능성이 크다는 점에서도 더욱 그러하다. 이런 과정에서 경영자들이 선호할 수 있는 인건비 절약과 종업원이 느끼는 취약한 근로조건과 일하고 싶지 않은 직장의 인식은 크고 작은 노동쟁의 등의 노사갈등을 야기할 소지도 크다. 또한 근자에 자주 논의되는 비정규직 근로문제도 이와 무관하다고는 볼 수 없다. 정규직에 대한 고정비를 변동비 항목으로 하는 것도 외식업소에서 원가를 조업도에 맞추어 관리하기 위한 한 방안으로 강구될 수 있기 때문에 재조명 여지가 크다. 특히 계절형 리조트나 기타 외식업소의 견습생이나 임시직 고용 관행은 서비스품질 저하를 초래하기 쉽다는 점에서 개선이나 재고를 요하는 문제이다.

6. 지식기반 직원수요의 배경이 되는 신속한 서비스

정당한 대가를 치르고 제품과 서비스를 이용하는 소비자들은 지체나 대기를 좋아하지 않는다. 그런 경우에는 보상조치를 기대하게 되는데 어떤 소비자들은 경제성보다 편의성 또는 경제적인 절약 행동을 선택할 때도 있다. 품질 좋은 물건을 염가로 구매하려고 멀리까지 갈 수도 있고 그런 피곤함이 귀찮아서 고가격을 지불하고 덜 좋은 품질의 물건을 구입 · 이용하기도 한다. 당장의 욕구해소, 경제성, 편의성, 우아함, 품격, 무언가 특별한 느낌(상류), 귀한 처우로 타인의 부러움을 받고 싶은 욕망 등 외에 다양한 차원의 요인들을 기대하면서 소비자들은 서비스를 구매한다. 고객들은 기대와 희생(주로 가격) 대비 충족도의 비교 관점에서 서비스품질을 평가하고 이에 상응하는 처우와 신속한 반응을 중시한다. 사람들이 서비스료로 지불하는 팁(TIP: to insure promptness)의 원래 의미가 신속한 서비스에 있다는 것을 생각해 보는 것도 흥미로운 일이다. 서비스 생산이 사전 생산이나 연습 없이 즉석에서 이루어진다는 점에서 고객이 선호하는 지식기반 종업원(knowledge-based employee)은 성공적인 외식사업경영에도 긴요한 조건임을 인식할 필요가 있다.

7. 서비스 고유의 공급경로를 갖는 생산과 소비의 동시성

서비스의 생산과 배급은 고객과 서비스 종업원의 접점(the truth of moment)을 통해 이루어지는 독특한 경로를 갖는다. 공장에서 생산된 유형재는 운송수단을 동원해서 도매상 등 배급업자들을 통해 소 · 도매를 거쳐 최종 소비자들에게 배송되고 소비되지만 서비스는 고객과 종업원의 직접적인 접촉을 통해서만 생산 · 전달되므로 고객은 정신적 · 물리적 · 감정적 행동과 자원을 통하여 함께 이 과정에 참여한다. 이와 관련된 서비스의 특성을 생산과 소비의 동시성이라고 하는데 경영자들(마케팅 등)은 이에 대한 설계와 재설계를 통해 목표로 하는 성과를 도출하기 위한 서비스전달 프로세스에서 그들의 역할을 명확히 하기 위한 계획수립에 노력한다.

그러므로 서비스 전이나 전달과정에서 종업원의 서비스는 단순한 재화전달이 아니라 태도, 언어, 기분, 신속성 등 전달(제공)방법 그 자체가 곧 서비스이다. 그러므로 담당직원은 유형재의 취급에서보다는 기술과 숙련도가 높은 직원이 생산하고 제공하는 서비스를 통한 인간관계가 성패를 결정하는 데 큰 역할을 한다. 여기서는 서비스거래에 참여하는 직원은 물론 고객의 역할도 중요하기 때문이다. 호스피탤리티 교육내용으로 인간관계, 커뮤니케이션 등 과정이 주요한 공통교과목으로 채택되는 것도 이런 전문역량 습득의 긴요성에 의한 것이다.

8. 기업 활성화의 원천이 될 수 있는 차별화된 서비스

기업 경기 활성화에는 차별화된 고객 서비스가 힘의 원천이 될 수 있다. 경영자들은 도전적인 경쟁환경 조성에 통합된 고객 시각과 욕구 변화의 배경을 이해해야 한다.

취약한 브랜드, 고객의 용이한 업자정보 접근성, 식료재료 판매업자, 장벽 허물기 등으로 심화된 경쟁판도의 파악은 고객추구 가치와 혜택 수혜에 부합되는 서비스의 생산과 전달에 긴요하다. 고객의 기억에 남는 만족한 서비스체험은 사업체에 대한 호의적인 태도 형성으로 레스토랑의 고객 충성도를 형성하게 해주므로 경기침체나 후퇴기에 기업생존과 갱생의 원천으로 작용될 수 있다.

제4절 외식서비스 관련 주요 개념 이해

1. 외식사업 추구의 고객관련 개념들

1) 가치(value)

가치(value)의 정의는 다양한 분야에서 연구되었다(Dodds & Monroe, 1985; Zeithaml, 1988; Holbrook, 1994; Cronin et al., 1997). 가치란 즉 소비자가 제품에 대해 인지한 전반적인 평가이다(Zeithaml, 1988, p.14). 가치란 사업운영에서 제공된 제품과 가격을 감안한 가격대비-교환 개념으로 고객이 받은 일련의 경제적, 기술적 서비스 및 사회적 혜택에 대해 지각된 가치를 말한다(Woodruff, 1997, p.141). 요컨대 동일가격으로 고객이 추구하는 가치, 즉 제품특성의 평가에서 고객의 지각된 선호도를 얼마나 제공할 수 있는가가 재화사용 시점에서 고객의 구매목표와 목적달성 여부를 평가할 때 좋고 나쁨을 평가하는 데 결정요인이 된다는 것이다(Woodruff, 1997, p.142).

외식 마케팅에서 고객가치를 평가하려는 노력은 이 가치가 고객이 갖고 싶은 것에 대한 인식을 설명해 주기 때문에 고객이 선호하는 속성들을 결정함에 있어 유용하게 활용할 수 있는 시장정보를 제공해 줄 수 있기 때문이다. 가치란 소비자가 이용하고 소비한 상품 또는 서비스에 대해 그들이 인지하고 경험했으며 즐거움을 느낀 사항에 대한 인지적 · 경험적 및 쾌락적 가치를 포괄하는 전반적인 평가를 다른 경쟁업소의 경쟁상품이나 서비스와 비교하여 내리는 것이다. 그러므로 소비자 만족을 위해서는 고객의 가치나 그 평가에 대한 이해가 있어야 한다. 가치는 소비 상품이나 서비스에 대한 전체적인 우월성, 탁월성을 나타내는 지각된 품질과는 구별되는 개념이라고 하겠다(Hirsch & Hollbrook, 1982; Zeithamal, 1998; 박소영 · 배상욱 · 전재균, 2013).

2) 지각된 가치와 그 측정

지각된 가치(perceived value)의 개념과 측정(measurement)에 대해서는 학자별, 연구분야별로 차이를 보인다. 고객은 화폐적 지출 외 시간적 비용, 개인적인 기호, 특정상황과 배경, 상징성, 서비스 품질 등에 따라 다르게 인지할 수 있으므로 개별 고객이 지각하는 가치에는 차이가 나타날 수 있다(Bolton & Drew, 1991; 최은주, 2009; 유양호, 2014). 그러므로 특정 식당, 특정 품목의 식음료, 서비스품질, 비용, 식당의 상징성이나 상황에 대한 특정 세분시장(고객)의 긍정적/부정적 반응 여하를 파악할 필요성이 크다. 고객층별 선호도를 알아야만 제품개발, 서비스품질 향상, 장식 등 내용결정이나 메뉴 자체의 교체, 제거, 개선도 등에 따라 적정히 수행할 수 있기 때문이다.

3) 장기적인 서비스품질과 단기적인 고객만족

기업의 장기적인 성장발전과 생존에는 조직역량과 업무 프로세스의 효율성이 긴요한데 이를 강화하기 위해서는 경쟁 인프라를 구축함으로써 수익성이 제고돼야 한다.

Kaplan & Norton(1996)은 기존의 재무성과 중심적인 평가가 단기적이므로 기업의 장기적 발전을 담보하려면 보다 장기적 · 거시적 차원의 비재무적 성과를 평가해야만 한다는 인식하에 새로운 성과평가 전략으로 균형성과법(balance score card: BSC)을 발표한 바 있다.

마찬가지로 외식사업에서 유형(식음료상품), 무형 재화(물리적 환경 등)에 대한 서비스 품질이 고객만족에 미치는 영향관계 이해도 사업성과를 위해서 중요한 개념이다.

서비스 품질(service quality)이란 일정 시점에서 이루어지는 장기적 평가인 데 반해 고객만족은 매서비스접점(service encounter)에서 이루어지는 비교적 일시적인 평가(transitory judgment)이다(Cronin & Taylor, 1994).

서비스 품질은 기대-성취(performance) 비교결과 얻어지는 태도유형(form of attitude)을 설명하는 개념으로 만족과 관련되어 있는데 품질과 만족은 서로 다르고 대등한 개념도 아니다(Parasuraman, Zeithaml & Berry, 1988; Bitner, 1990; Bolton & Drew, 1991a&b). 고객만족은 매우 다차원적 개념으로 기업의 제품 및 서비스 품질과 관련되어 있어서 고객유지에 대한 기여 측면도 인정된다(Zeithaml, 2000).

4) 고객신뢰에 중요한 고객만족

신뢰란 타인에 대한 긍정적 기대로 취약성을 수용하는 심리적 상태라고 정의된다(Rousseau et al., 1998). 일반적으로 신뢰는 서비스 품질에 영향을 받고(Grewaql, Monroe & Krisshman, 1998) 갈등해소나 고객의 만족스러운 결과에도 중요한 개념이다. 만족은 기대충족의 시간 경과로 초래되고 서비스 신뢰감을 강화하므로 만족이 신뢰의 선행요인시되기도 하고(Ganesan, 1994) 반대로 신뢰가 만족의 선행요인이란 시각도 있다(Anderson & Narus, 1990).

5) 고객충성도

관계마케팅(relation marketing)에서 충성도 높은 고객이 기업과의 관계에서 더 호의적이고 지속적인 관계지향성 고객이 될 가능성이 높다는 학계와 실무계의 공감대가 형성되고 있다. 반대로 충성도 낮은 고객거래가 일시적일 가능성으로 인해 성공적인 외식사업 경영에 있어서 충성고객의 확보는 매우 긴요하다. 그런데 고객만족이 고객충성도의 기반이 된다는 주장(Lassar, Manolis & Winsor, 2000)처럼 고객충성도에 고객만족이 전제되고, 고객만족도가 제고될수록 고객충성도 또한 높아진다(Anderson & Sullivan, 1993). 그러므로 지속가능한 외식기업의 경영성과에는 지속가능한 고객만족이 전제되고 있다.

2. CRM 모형으로 보는 고객관계경영

이상에서 학습한 내용들을 기초로 고객평가의 전략적 의미들을 상기하면서 고객관계 모델을 살펴보면서 제11장 4절 7 참조

제5절 서비스 패러독스와 실패 회복

1. 서비스 패러독스

1) 서비스 패러독스의 정의

현대의 세련된 서비스 노력에도 불구하고 고객들이 항상 서비스에 만족하는 것은 아니다. 풍요로운 경제생활과 허용된 자유시간 증대여건 속에서 기업은 사업 현장이나 관리에 있어서도 고객 지향적인 온갖 노력을 통하여 그들의 기존고객을 만족시키고 또 새로운 고객을 유치하려는 전략에 몰두하고 있다. 그럼에도 불구하고 늘어난 고객의 요구

와 더불어 그들의 서비스 만족도는 아이러니하게도 저하되는 현상을 보이는데 이것을 서비스 패러독스(service paradox)현상이라고 한다.

2) 서비스 패러독스의 배경

이러한 서비스 패러독스의 배경으로는 흔히 획일화된 서비스로 기능성에 치중한 나머지 상황대처의 유연성도 떨어지기 쉽다. 또한 서비스 표준화의 효율성 추구가 직원의 재량이나 인간적 측면의 결여를 초래하기 쉬운 이유는 유형재와 다른 서비스 특성들을 무시하고 서비스의 효율에만 치중해 온 때문이다. 서비스의 인간성 약화는 서비스담당 직원의 능동적인 대처나 동기화 유발보다는 오히려 기계적인 직무수행에서 오는 사기 저하 및 감정 노동자의 스트레스로 이어져 서비스의 생산성을 저해하고 그 품질저하로 유도될 수 있는 한계를 보여주고 있다.

2. 서비스 실패의 회복 패러독스

1) 서비스 회복 패러독스의 정의

어떤 기업에서도 실패 없는 성공적인 서비스 수행만을 기대하기는 어려울지 모른다.

서비스 회복 패러독스(service recovery paradox)란 말은 1992년 McCollough & Bharadark (1992)가 처음 사용한 용어로 서비스 과정에서 실패(service failure)가 야기됐어도 이를 효과적으로 회복만 한다면 종전보다 더 큰 고객만족을 달성할 수도 있다는 서비스 전달의 실패만회 과정(Gronroos, 1988)과 관련된 기회이론(Saith & Bltlon, 1998, 혹은 Bolton, 1998)이다.

2) 서비스 실패

(1) 서비스 실패의 정의

서비스 실패(service failure)는 고객만족도가 기대수준 이하로 심각하게 하락한 상태(Bell & Seake, 1987)를 말한다. 서비스 회복(service recovery)이란 이런 실패에 대해 서비스 제공자가 취하는 일련의 행동반응(Davis, 1994) 또는 처음 제공된 서비스가 고객만족의 허용범위(zone of tolerance) 이하로 하락한 데 대한 결과로 취하는 제 행동

(Parasuraman, Berry & Zeithaml, 1993)을 말한다. 좀 더 상론하자면 책임소재를 막론한 서비스 실패의 인정 이론(Johnston, 1995)과 서비스과정이나 결과의 책임소재 여하에 따른 서비스 실패의 구분인정 이론(Berry, 1991)이 있다.

그러나 요컨대 외식사업에서 서비스 실패의 완전한 방지란 현실적으로 불가능할 것이므로(Fisk, Bronw, Bitner, 1993) 문제는 이를 여하히 회복하느냐에 있고 우수한 서비스 회복은 항상 불만족 고객을 만족한 상태로 회복시킬 수 있다고 한다(Zeake & Bell, 1990). 그래서 실패의 대처방안 학습 필요성도 제기된다(Hart, Heskett, & Sasser, 1990). 서비스 회복은 고객이 처음 기대미달을 지각했을 때 회사가 보이는 반응으로부터 시작된다(Kelley & Davis, 1994; Zeithaml, Berry, & Parasuraman, 1996).

(2) 서비스 실패의 경영상 의미

① 서비스의 실패는 고객이탈이나 유지의 분기점 형성

고객의 마음을 바꾸게 하는 '결정적인 요인'이 되기 때문(Roos, 1999)에 서비스 실패는 고객유지나 이탈의 분기점을 형성한다.

② 고객 이탈에 따른 전환비용 발생

서비스 실패로 인해 기존 고객이 해당 외식사업체를 더 이상 선택하지 않고 떠나는 경우 이로 인해 마케팅과 관련되어 발생될 수 있는 고객전환비용(신계정의 설정, 광고비, 판촉비 등 고객유치관련 비용)은 기업이 현재 고객을 관리하는 데 소요되는 유지관리비의 5배에 달한다. 전환비용(switching costs)은 절차적, 재무적, 관계적인 배경으로 인해서 발생된다. 절차적 전환비용은 주로 전환에 소요되는 시간과 노력에 의한 것이고, 재무적으로도 추가적인 비용이 소요된다. 브랜드의 전환에 따른 기존 관계의 단절은 비용을 발생시킨다.

③ 고객충성도에 부정적인 효과 발생

기존 고객이 기업에 남아 있을 경우에는 전환비용발생도 없어 비용절감 효과를 볼 수 있음은 물론이고 그들의 고객충성도가 기대되며 동시에 고객증가로 인한 매출신장과 시장점유의 획득을 실현할 수가 있다. 또한 충성고객이 되면 타인에 대해 해당 외식업체나 그 메뉴상품들을 추천하려는 구전의도를 갖게 되므로 장기적인 기업의 수익성에 기여할 수 있게 된다. 서비스 회복에 의한 만족으로 고객이 타인들에게 소개하려는 마음이 생기게 되는 현상(Berry, 1995; Hart, Hestett & Sasser, 1990)은 구전의도 자극으로 기업매출에 상승효과로 작용될 것이다. 훌륭한 서비스 회복노력은 종업원 실수로 실망한 고객을 충성도 높은 단골고객으로 만들고 기업과 서비스에 대한 고객의 신뢰를 얻는 데 기여할 소지도 크다.

제
2
편

외식서비스의 트렌드

제4장 웰빙 · 로하스의 친환경 외식사업경영
제5장 고령사회의 항노화 · 힐링 외식산업
제6장 로컬푸드와 지역축제

제4장

웰빙 · 로하스의 친환경 외식사업경영

제1절 라이프스타일의 변화 및 외식 가치관과 행동의 동반적 변화

물질적 여유가 생기면서 신 도전과 문제들에 직면하게 된 현대인들은 삶의 질과 관련해서 자신의 라이프스타일, 혹은 행복관을 돌아보면서 새로운 정립을 시도하게 되었는지 모른다. 최근 외식사업 콘셉트 변화를 야기하는 요인들의 고찰에는 시장동태와 관련된 외식소비들의 주요 사조(주의: ~ism)를 돌아보는 것이 필요할 것이다.

사람들의 탈물질주의 가치관의 확산은 소위 자유, 평화, 사회적 형평성, 발언권 등 고차원적 욕구로 이에 대한 행동양식인 규범, 가치체계 등의 변화를 수반하고 있다(Inglehart, 1990; Hellevik, 1993; 정동일, 지역사회개혁운동 혹은 소비자 운동?, 2012, p.195).

광우병, 멜라민, 조류와 돼지의 인플루엔자, 메르스 등 질병에 의한 식품안전이나 정치, 경제, 사회적 및 자연적 재해로 인한 식품교역의 위협 등 빈발성 위기 문제가 심각해지는 여건에서 세계적으로 안전한 먹거리 확보는 긴요한 관심사가 되고 있다.

이런 환경에서 확산 · 풍미되는 웰빙(well-being) 로하스는 안전한 먹거리라면 어느 정도 비싼 가격을 지불하고라도 구매하려는 소비행태(김자경, 2010)의 확산과 더불어 웰빙 로하스(LOHAS: Lifestyle of Health and Sustainability) 라이프 사조가 풍미되고 있다.

이런 사람들의 가치체계 변화는 라이프스타일을 바꾸면서 친환경성 대안 먹거리 체계나 탈상품화를 실현할 시장대안(alternative to the market) 추구 등의 형태로 표출되면서 사회적 추세화되는 양상이다.

1. 외식마케팅의 환경심리학과 고객행동 및 감성체험

Kurt Lewin(1936)의 연구에 기반을 두고 발전된 환경심리학은 사람과 환경 양자 간의 기능적 관련성에 대한 설명을 도와주는 행동과학 이론으로 흔히 사람들의 기본적 및 사회적 환경이 그들의 개별 행동과 체험, 두 차원에 어떤 영향관계에 있는지에 대한 학제적 연구로 정의되어 왔다.

Veitch and Arkkelin(1995)은 개인행동에 나타나는 사람-환경의 상호적 관계란 곧 물리적 및 사회적 변수들로 구성된 환경에 뿌리를 둔 것이라 설명하고 있다.

Gray(1990)는 행동이란 서비스스케이프(servicescape) 등의 환경변화뿐만 아니라 사람의 외향적 혹은 내향적 성격 차이에 기인된 반응이라 상술하고 있다.

많은 마케팅관련 선행연구들이 행동에 대한 개별적인 영향이나 환경적 요인들의 영향을 밝히고 있다는 점에서 소비자들의 행태에 어떤 형태의 영향을 미친다는 사실은 미루어 짐작할 만하다.

2. 외식사업의 서비스스케이프

불경기 여파로 적정한 일자리가 부족한 현실에서 일자리 대안으로 시장진입의 문턱이 비교적 낮은 외식사업에 몰리는 창업사와 사람들로 외식업의 경쟁은 구조적으로 치열해지고 있다. 외식업체마다 마케팅 전략, 신메뉴 개발, 운영 측면에 대한 다양한 경쟁전략을 수립하고 사업에 임하지만 항상 성공적인 결과를 도출하지는 못하고 있다.

브랜드 가치를 높이기 위한 고객욕구 충족의 해법으로 각 요소들을 도출하고 이를 통해 업체의 정체성을 표현하려고도 한다. 이러한 여건에서 업소의 물리적인 환경은 서비스의 차별화 시도에 있어서 외식업의 브랜드 가치를 높일 수 있는 매우 중요한 전략요소로 중시되고 있다.

외식사업에 있어서 서비스스케이프(servicescape)에 대한 외식고객 혹은 외식 소비자들의 성향이나 그들의 평가가 경영성과에 어떤 영향을 미치는가에 대한 연구들은 상당수 있다. 이런 점에서 외식업소의 서비스스케이프(servicescape), 즉 물리적 서비스 환경(physical service environment)이 제공하는 시각, 청각 및 후각 등 감각요인들이 개인적 성향과 감성 간의 관계에 어떤 작용(혹은 조절작용)을 하는가와 관련된 가치 있는 규명 시도들은 많은 관심과 함께 진행되어 왔다. 그 결과 고객의 서비스스케이프 체험이 고객의 감성 환기(arousal), 기쁨 등 감성적 반응 및 그 수준 차이에 중요한 작용을 한다는 사실들이 검증되고 있다(Bitner, 1992; Mehrabian & Russell, 1974).

서비스스케이프(servicescape)는 고객 만족(증감)에 관계하며 그 결과 소비자의 행동을 유도하거나 회피하도록 이끄는 데 영향을 미친다는 것이다. 그러나 외식서비스 환경에서 어떤 요인들이 어떤 계층의 외식소비자의 감성을 어느 정도 유발하는지에 대해서는 명확하고 획일적인 결과를 입증할 수 없기 때문에 다양한 연구가 지속되는 여건이다(Lin, 2010).

물리적 환경(physical environment) 혹은 서비스스케이프(servicescape)란 서비스를 둘러싸고 있는 내부의 것들을 이미지화해서 외부로 전달하고 기업과 고객의 상호작용을 야기하도록 조성하는 환경을 말한다. 이것이 레스토랑에서 중시되는 까닭은 물리적 환경이 서비스의 전달 혹은 제공을 촉진하는 유형재이기 때문이다(Bintner, 1990).

레스토랑의 분위기나 무드(mood)는 종종 식당 내부의 무형적 느낌(feel)이라고도 하지만 운영상 그 개념화나 의미 규정이 쉽지 않은 측면이다. 그러므로 모든 식당이 명확한 형태의 분위기를 갖고 있진 않지만 어떤 사업체에서는 의도적으로 특정 분위기의 연출이나 창출을 위해서 여기에 부합되는 주제(theme)를 정하기도 한다.

▲ 폴앤폴리아나 내부의 물리적 환경과 고객

▲ 스테인드글라스 전등갓과 천장

레스토랑을 찾는 개별 외식고객들 혹은 표적시장은 개성이나 개별적 욕구에 따른 기대를 갖고 있다. Powers와 Varrows(1999)는 외식 수요시장을 생물학적 필요성에 따른 음식섭취를 위해 먹는 시장(eating market)과 사회적 관계를 위한 관계 지향적 필요성에 의한 식사시장(dining market)으로 대별한 바 있다.

외식 소비자를 이런 방식으로 분류하여 접근해 볼 수도 있다. 후자의 경우 식사는 기대하는 성과 창출을 위한 투입요소로 간주될 수도 있을 것이다. 이들은 레스토랑 또는 외식업소 선택에 있어서 자신의 필요, 욕구, 선호 취향, 개성에 충실한 식음료 품질, 서비스 스타일, 분위기, 기타 레스토랑에서 제공 가능한 모든 편익들이 동원된 환경적 요인들을 선택적으로 체험하려고 한다. 이런 과정에서 소비자들이 지향하는 세분시장이 노출될 수도 있다.

물리적 환경(physical environment) 혹은 서비스스케이프(servicescape)란 식당 제공의 서비스를 시각적으로 은유한 것으로 분위기는 곧 이미지로 연결되어 특정 장소의 선택과 선호를 이끈다. 이는 고객이 식당에서 처음 느끼는 인상과 기대 형성에 매우 중요하다.

이유재(1995)는 이것이 경쟁자에 대한 기업의 차별화에 중요한 요소라고 하였다. 이런 점에서 레스토랑의 서비스스케이프(servicescape)는 변화하는 개인의 재화와 서비스 구매 및 소비행위에 심리적 영향변수로 작용된다. 서비스스케이프는 최근 라이프스타일(life style)과 더불어 레스토랑 선택에 있어서 기업의 경쟁력을 크게 좌우할 변수요인으로 더욱 부각되고 있다.

▲ Restaurant El Cid의 카운터 주변 환경

El Eid는 그다지 고급 레스토랑은 아니나 기사나 샹들리에 등 중세풍의 실내장식이 독특한 물리적 환경을 조성하고 있다. 그러나 이 사진에서는 지나치게 잡다한 분위기가 고급스런 느낌을 감소시키는 대신 서민적인 정서를 자아내고 있다.

라이프스타일(life style)

라이프스타일(life style)이란 시간의 소비방법, 생활환경에서의 관심사, 자신 및 세계에 대한 관점에 따른 총체적 생활양식을 말한다(Ansbacher, 1967; Laser, 1963; Plummer, 1974). 이는 둘러싸고 있는 문화, 사회적 환경의 영향으로 습득되기도 하고 개인의 가치체계나 개성의 일부분으로서 행동에 반영되고 표출된다.

그러므로 라이프스타일은 가치와 태도를 포괄하는 복합적인 개념으로 소비자 행동을 다각도로 설명하며 이러한 행동 이해를 통하여 효과적인 시장세분화에 기준이 되고 있으며, 마케팅 전략 수립이나 사회적 동향 예측에도 도움이 된다(박상희·박진환·오익근, 2011).

이처럼 라이프스타일은 마케팅에서 효과적인 시장세분화의 기준으로 소비자의 차이(기반)를 설명하는 데 유용하며 미래의 소비행동을 예측할 때에도 긴요한 도구로 활용되고 있다(Kotler, 2000). 그런데 라이프스타일을 특성화하는 것들은 사회적, 소비생활적, 개인 삶의 질적 및 심리적인 차원들로(박지혜, 2002) 소비자 행동 전체에 영향을 미치는 다양하고 개성적이며 복잡해지는 변수들과 관련되어 있다(김태희 · 박영석, 2005).

제2절 경험경제시대의 외식소비 체험

1. 경험경제시대의 외식소비자들의 가치

경제학자들은 경제발전단계가 상품을 만들고 상품화해 제공하는 서비스를 통하여 체험의 단계로 경제적 가치가 진화해 왔다고 하면서 최상의 단계로 경험경제(experience economy)를 논하고 있다(Pine, B.J. & Gilmore, J. H., 1998).

그만큼 소비자들의 서비스 체험은 상품에서 추구하는 최고의 가치가 되었다. 그러나 서비스는 사실 경제적 제공물 중 특별한 성질을 지닌 상품이고 현대의 소비자들이 가장 추구해 마지않는 것이 바로 이 체험이기 때문에 사업에서는 점점 더 외부적인 디자인을 통하여 이것을 촉진하면서 고객의 요구에 반응하려 하고 있다. 전통적으로 판매해 오던 상품에 체험을 덧입히려 애쓰고 있다. 그들은 서비스를 판매하는 것으로부터 체험의 판매로 전환하고 있는 것이다. 체험경제시대의 소비자들은 좀 더 기억에 남고(memorable), 개별 맞춤형(personalized and customized)이며 시간의 경과와 더불어 확실해지게 될(revealed over a duration) 그런 감성(sensation) 체험을 진정한 고객으로 누릴 수 있길 바란다. 이러한 구매행동과 성과를 가능하게 만들 노련한 경험자(stager)인 사업자가 나오고 그런 서비스를 제공해 주길 기대하고 있다. 사업자들은 또한 언제 어떻게 이런 체험 가능한 상품과 서비스를 가치 있는 체험으로 전환할 수 있는 사업을 경영할 수 있을 것인지에 대해 고민하고 있다. 현대의 체험경제의 개념은 단순히 훌륭한 테마파크나 시설제공으로 완료되는 것이 아니다.

2. 외식서비스의 차별성과 수익의 관계

레저시간, 경제적 여유, 가치관의 다양성, 복잡화 및 욕구중심으로 세분화되는 외식시장 여건, 평균수명 연장으로 인한 고령 및 초고령 사회의 도래 등 서비스부문이 주도하는 성장사회의 변화들은 다기하게 전개되고 있다. 탈제조업의 약진이 서비스업의 성장을 더욱 가속해 왔지만 이런 일련의 사회적 현상들은 휴식과 즐거움을 추구하는 사람들과 이들을 중심으로 한 소비자의 레저문화에 대한 욕구를 촉진시키고 있다.

외식산업 분야의 다양화되는 업종들은 외식소비에서 소비자들이 보여주는 다양하고 개성 있는 요구들을 둘러싼 수요에 대한 공급대응으로 강구된 결과라고 볼 수 있다. 종래의 획일적이고 대규모적인 경영체제보다는 소량 다품종에 의한 시장대응이 개성화되는 소비패턴에의 적용성이나 신축성 있는 대응에 유리하고 또 전략적이라고 볼 수 있다.

외식분야에서 취업과 창업도 중요하지만 소규모 자영업의 괄목할 성장은 일자리가 부족한 때문으로만 매도되거나 우연의 일치라고만 할 수는 없을 것이다.

과학기술의 발전도 소비자들에게 제공하는 수많은 정보량을 통하여 그들을 세련되게도 만들지만 기업은 기업대로 새로운 서비스의 형태나 제공방법과 관련된 서비스운영의 시스템설계 변경을 통하여 지속적인 혁신이나 창의력 동원에 급급한 시대가 되었다.

더구나 인적서비스를 중심으로 하는 사업에서는 특별히 재무적 투자나 장비를 덜 요하기 때문에 시장진입이 용이하다. 이처럼 낮은 시장진입 장벽은 누구나가 이 분야에서 경쟁하는 기업이나 사람들의 수를 급증시키고 있어 불가피하게 심화되는 경쟁은 상대적으로 경쟁우위의 모방을 촉진해 장기적인 성과기대를 어렵게 만드는 경영환경을 조성하고 있다.

Pine & Gilmore는 "기업은 입장료를 받을 경우 차별성 있는 어떤 것을 할 수 있는지를 생각해야만 한다(companies should think about what they would do differently if they charged admission)"고 주장하고 있다. 이는 분명히 기업의 사업기회이지만 동시에 고객평가에 앞선 고객기대감 충족에 대한 이행의 중요성에 대한 지적이기도 하다.

차별성 있는 가격전략은 차별성 있는 서비스를 중심으로 하는 차별성 있는 고객체험 여하에 의존되고 있는 것이다.

3. 체험수준 영역에 대한 외식사업의 기획과 전략

다음은 Pine과 Gilmore(1988)가 분류한 체험의 네 가지 차원들에 대한 그림이다.

체험은 우선 능동적인가 혹은 수동적인가의 관점에서 좌우로 2대분된다. 그 다음으로는 그것이 몰입도가 높은지 혹은 어떤지에 대해서 다시 상하로 2대분된다.

그림에서 체험강도가 가장 높은 두 개의 영역은 엔터테인먼트(entertainment)와 에스케이피스트(escapist)이다. 그러나 이들 두 개의 영역도 이것이 각각 수동적 체험형태와 능동적 참여형태란 점에서 차이가 있다.

고객들은 능동적으로 체험하면서 동시에 완전히 체험에 몰입됨으로써 탈출자의 수준까지 감성에 몰입할 수 있는 체험을 최고의 체험으로 여기고 바란다는 것이다.

이런 여건에서 고객들에 대한 개별 맞춤형 서비스체험을 위해서는 정밀한 수준으로의 시장세분화가 불가피한 상태가 되었다.

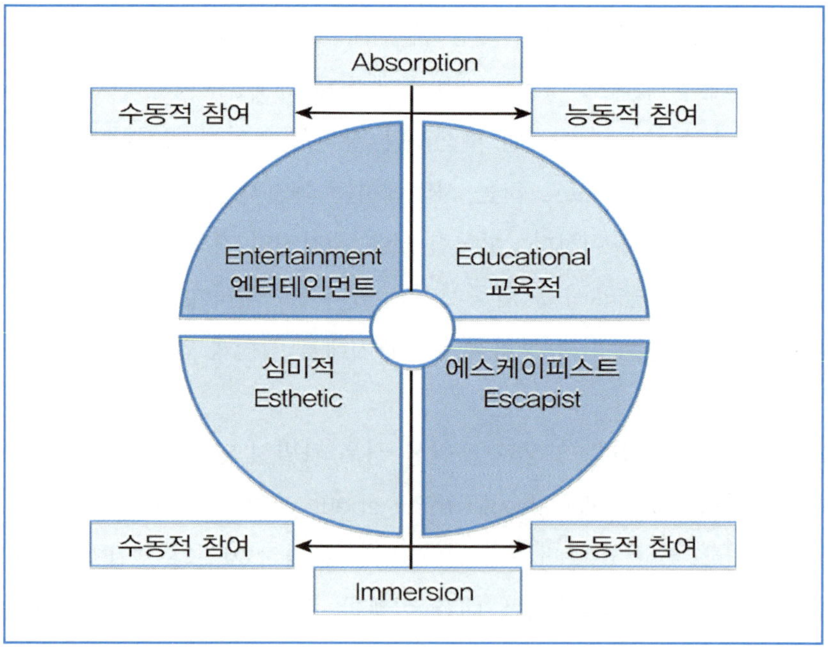

[그림 4.1] 각기 다른 체험(수준)의 4영역들

또한 이들 세분시장의 소비자들이 가치를 두는 외식체험을 중심으로 한 식음료 제품과 서비스를 중점적으로 다루기 위해서는 현재 새로이 개발되고 있듯이 고객이 원하는 체험을 향한 다양한 외식산업의 창업 또한 당연한 결과라고 하겠다.

제3절 외식사업의 로하스 이미지와 웰빙 라이프

1. 웰빙·로하스의 개념과 외식사업에 대한 영향

웰빙(well-being)이란 심신의 건강과 행복, 복지와 안녕을 의미하는 포괄적 개념으로 '참살이'란 말로 1980년대~1990년대에 접어들면서 물질적인 것보다는 정신적인 풍요와 행복, 자기만족을 삶의 질에 척도로 삼으면서 부각되기 시작한 개념이다. 웰빙은 1980년대 중반 유럽에서 시작된 슬로푸드(slow food) 등 슬로 운동(slow movement)의 여유로운 의식과 행동방식 등을 총칭하는 말로 사회적으로는 물질적 부가 아닌 삶의 질을 강조하는 생활방식(lifesytle)으로 받아들여지고 있으며 2000년대에 와서 삶을 풍미하는 일반적인 용어가 되고 있다.

1990년대 후반 미국에서 태동된 친환경 중심의 로하스(LOHAS: Life of Health & Sustainability)는 2006년 이래 건강·환경과 밀접한 관계의 주거, 식품 및 식생활, 여행 등 다양한 분야를 아우르는 토털 웰빙의 개념으로 정착, 파급되면서 특히 외식 및 관광 부문으로의 확산이 가속화되는 추세이다(김유희, 2012; 박선아·이정자, 2015; Natural Marketing Institute, 2000).

로하스(LOHAS)란 건강과 지속가능한 좋은 것(wellness) 등 추구의 생활패턴으로 건강과 환경이 결합된 소비자들의 라이프스타일을 말한다(박선아·이정자, 2015). '건강(health)'과 '지속가능성(sustainability)'은 로하스의 본질적 개념으로 소비자들의 제품구매 시 현재는 물론 후손과 지속가능한 삶의 유지 노력을 포함하고 있다.

박선아·이정자(2015, p.124)는 로하스(LOHAS)에 대해 지속가능한 웰빙 라이프스타일에서 추구하는 건강과 행복에 대한 기대로 시작된 식생활이나 제 활동을 통한 성취는 모두에게 가치 있고 좋은 것을 추구하려는 공리주의적 견지에서의 헤도니즘(hedonism) 철학으로 설명될 수 있다고 하였다. 즉 사회 전반적으로 좋은 것을 추구하는 웰빙(well-being)이 윤리적 개념이라면, 총량적 개념의 성과주의적 관점에서 헤도니즘(hedonism)을 바라보는 것이라 하였다.

건강에 대한 관심증대로 글로벌 사회에서 대두되는 웰빙, 환경보전, 기후 변화, 저탄소 녹색성장 등의 이슈들과 더불어 건강과 환경, 사회를 두루 고려한 감성적, 자아중심적 로하스 소비확산 풍조는 레스토랑 위생, 영양식품 사용에 대한 외식 소비자들의 인식과 더불어 친환경 레스토랑 발전에 신국면을 제기한다(이연정 · 안기정, 2015; 沈和江, 2008; 李晓英, 2009; 唐秀丽 · 辜应康, 2011).

이런 여건에서 향후 외식업계 발전과 개별업체의 시장경쟁 우위를 위해서는 친환경요소를 내세운 경쟁전략이 절실하고 건전한 식품위생제도 확립, 고수준의 원재료 품질관리, 요리기술 개발 및 안전한 외식생산 등에 대한 기준충족을 요한다. 유기농 천연재료 전문식품점과 레스토랑, 재생에너지 사용, 로하스 추구 식품기업의 약진추세에 세계적으로 친환경 로하스상품 수요도 증대되면서 관련수출입 증진세가 전망되는 만큼 우리나라 농수산물 수출에도 이러한 개념을 근거로 한 마케팅 전략이 효과적일 것으로 전망이다.

▲ 레스토랑 '산토리니' 內 친환경 수경농장

▲ 안전한 먹거리: 산토리니의 채소농장

로하스관련 외식연구들은 로하스 소비의식 및 관련상품 소비(안정민 외, 2009; 고정원 외, 2010; 노베기, 2011), 로하스 메뉴선택, 관련행동 연구(권용주 외, 2007; 주현식 외, 2008; 조우제, 2009; 김진갑·이연정, 2012) 등 외에 최근 김혜인·노정희(2015)는 유기농식품 선택과 구매의도에 대한 연구도 진행되어 왔다. 모두가 웰빙 라이프스타일의 영향이 친환경·유기농에 대한 사회적 관심 및 친환경 레스토랑에 대한 수요증가를 초래할 것이라 지적하고 있다.

2. 로하스 이미지

서비스마케팅에서 이미지(image)란 개인이 특정 대상에 대해 갖는 신념, 아이디어, 인상의 총체이며(Kotler, 1988) 심리적인 개념작용, 지각 또는 관념의 결과물이기도 하다(Murphy, 1985). 이것은 이전의 인지적 경험에 관한 정신적인 각성, 즉 자극과는 무관하게 과거 경험으로부터 구체적, 감각적으로 마음속에 재생되는 상(심인보, 1999)으로 사물이나 목적지에 대한 신념, 느낌, 전반적인 인상에 대한 개인의 정신적 표출로 구성된 태도 개념으로 인식된다(Baloglu & McCleary, 1999).

그러므로 서비스 기업의 이미지란 개인 각자의 신념과 생각 및 인식 등이 상호작용하여 형성되는 서비스 기업의 평가 기준으로 중시되며(Bitner, 1991) 지극히 주관적 개념으로 정의될 수 있다(우문호, 2010).

개인의 이미지 형성은 각기 다른 생활의 가치, 경험, 배경 및 욕구에 따라 지각, 사고, 감정에 다른 영향을 미치므로 레스토랑의 전반적인 사항에 대해 동원된 감각들의 결과 얻어지는 이용객의 레스토랑에 대한 이미지는 그들의 신념, 지각, 지식의 총체를 이루게 된다. 그러므로 외식 소비자들이 어떤 가치, 경험, 배경, 욕구를 가졌는가는 마케팅에서 파악되지 않으면 안 될 중요한 요인이다. 최근 빅데이터 분석이 주로 이런 것들을 다룸은 지극히 당연하다.

로하스 이미지란 신체적 및 육체적 건강, 환경보호, 지속가능한 발전요인들이 강조된 개념이다. 여기서 지속가능성이란 현존의 자연경관과 인문유산 보존으로 후손에게 남겨줄 수 있는 것을 의미한다(강규선, 2006). 이처럼 건강과 지속가능한 친환경 요소가 결합된 이미지로 소위 무공해 녹색 원재료의 사용이나 영양을 고려한 메뉴구성 등에 관련된 이미지를 말한다(이정자, 2016).

한 연구(Glanz et al., 1993)는 음식 선택행동에 건강이 중요한 영향요인임을 밝혔다. 한식에서도 로하스 이미지가 품질 인식과 만족도 지각을 통하여 외식소비자들이 어떤 외식사업체를 선택하고 어떤 음식을 구매할지를 결정하는 행동의도에 어떤 영향을 미치는지에 대한 연구도 있었다(이애자 · 김홍빈 · 차석빈, 2011).

이때 균형적인 영양 건강식, 곡류와 야채 위주의 식품, 발효식품, 제철식품, 친환경 재료나 허브 등 건강식, 친환경 용기 사용 등이 그들의 평가를 돕는 속성 혹은 변수들로 이용되고 있다. 그러므로 외식사업에서는 이런 요소들에 유의한 식음료 생산과 설비 및 집기 확보 및 서비스에 유의해야 할 것이다.

제5장

고령사회의 항노화 · 힐링 외식산업

제1절 노화의 정의와 사회적 책임

1. 노화의 정의

현대의 진보된 위생 및 의학으로 길어진 사람들의 평균 수명은 고령화, 고령, 초고령으로 이어지는 세계적인 인구 고령화의 각 단계를 거쳐 가속적인 사회변화를 초래하고 있으며 노화관련 질병과 이에 수반된 삶의 질 저하, 그리고 이를 관리하려는 사회적인 부담과 도전들에 직면되고 있다.

과연 고령사회에 제기되는 노화란 어떤 현상을 말하는가?

노화 현상(aging)은 모든 생물체에서 일어나는 자연스러운 과정 혹은 지속적으로 진행됨으로써 바람직하지 않은 유해한 변화를 이끄는 일반적인 생물학적 과정을 말한다.

불로초를 탐구해 마지않았던 중국 진시황제의 바람과 연이은 정치행각에서도 엿볼 수 있듯이 젊음을 유지하려는 항노화에 대한 인류의 관심은 유구한 역사의 터널을 거쳐 오늘에 이르기까지 줄기차게 이어져 오는 주제로, 항노화(anti-aging)란 시간의 흐름 속에서 어느 날 갑자기 부상된 새삼스러운 관심사가 아니다.

그러나 과학과 의학의 발전 및 생활수준과 발달된 문물로 향상된 삶 등으로 인해 인간의 평균수명은 지속적으로 늘고 있고 이제 '100세 시대'라는 말이 인구에 회자하는 다반용어로 일반화될 정도이다. 길어진 수명만큼 노화에 노출될 긴 시간들을 감안할 때 항노화에 대한 사람들의 관심은 그만큼 더 심화되는 양상이다. 이것은 노화에도 불구하고 정상적인 생물학적 삶을 유지하려는 본능적 욕구 때문에 치열해지는 삶의 질과 관련된 일련의 불가피한 행태인지도 모른다.

2. 고령인구의 삶의 질에 대한 사회적 책임

현대적인 항노화(anti-aging) 관리의 의미는 단순한 수명 연장에 있는 것이 아니라 노화와 관련해서 발생되는 질병을 예방하거나 이를 치료하고 관리함으로써 건강한 노년의 삶의 질 증진을 목표로 하는 건강수명 증가를 지향한 제반 노력들로 의미가 발전되고 있다. 특히 노년기에 연령이 높아질수록 발병률이 증가되는 노인성 신경병성 질환들은 신경기능 및 운동기능 장애를 일으켜 자신을 돌보지 못하는 인구 수를 증가시키게 된다. 결과적으로 고령화, 고령 및 초고령 사회는 스스로 건강한 생활을 하지 못하고 부양자나 사회 복지에 의존하는 생활이 불가피한 고령환자들이 양산될 수 있으며 그 결과 고령인구의 삶의 질을 저하시키고 그들의 행복권을 크게 저해함은 재론의 여지가 없을 것이다. 당장 이들을 부양하고 치료하는 부양자 포함의 보조·보호 인력에 대한 사회적인 재무 및 심리적 부담을 대폭적으로 가중시키는 요인으로 작용될 수 있다(Alzheimer's Association, 2008).

이제 항노화(anti-aging)란 건강한 노화뿐만 아니라 질병에 노출되어 있는 노화에 대한 양면적 대응 개념으로 정립되면서 이에 수반된 식품과 식사 및 환경에 관련된 문제들이 새로이 조명되기 시작했다. 항노화란 즉 정상적으로 일어나는 질병 없는 '건강한 노화'나 이와는 반대로 질병과 그로 인한 장애요소가 수반되는 '병적인 노화(pathological aging)', 둘 다를 방지하고 대응하려는 포괄적 개념으로 변화, 재정립되고 있다.

제2절 노화현상과 삶의 질

1. 노화에 수반된 신경질환

어떤 질병도 위험하지만 뇌기관은 모든 신체기관에 대한 통제센터로서 중추적 기능을 수행하기 때문에 노화와 관련하여 특히 심각하게 다루어지고 있다. 대부분 선진국에서 뇌에 영향을 주는 신경병성 질환들(Neurodegenerative diseases)로 주목되는 것은 알츠하이머(Alzhimer's disease: AD)와 파킨슨병(Parkinson's disease: PD)이다(Dartigues et al., 2002; Brookmeye et al., 1998).

AD와 PD 등 연령-특화된 신경병성 질환의 발생률(incidence rates)은 전형적으로 연령이 높아짐에 따라 발생률이 증가된다(Mares-Perlman, 2002; Jorm & Jolley, 1998; Mores et al., 1996; Jorm & Jolley, 1998; Kawas et al., 2000). 전체 치매(dementia)발생의 60~80%를 점유하는 주요인은 알츠하이머(AD)이고, 두 번째로 많은 신경병성 질환이 파킨슨병(PD)이다. 1997년 미국에서 2.32만 명으로 확산되었던 AD가 1987년에는 5.2백만 명으로 10년간 약 220% 이상의 증가율을 시현했을 정도였다(Brookmeyer et al., 1998; Alzheimer's Association, 2008).

PD는 운동기능 장애(motor dysfunction)를 초래하는데 65~69세 인구에서는 약 1%, 80세 이상 연령집단에서는 3%로 연령이 고령화됨에 따라 확산율의 급증 현상을 보인다(Tanner & Goldman, 1996). 이런 확산은 인종 및 지리적 분포가 다른 집단에서도 유사하지만 다만 결과에서만 다양한 차이를 시사할 뿐이다(Zhang & Roman, 1993).

이것은 신체기관의 통제센터(control centre)인 뇌에 영향을 미치고 인지기능 장애와 운동 부족(결손)을 초래한다. 그러므로 뇌를 젊게 유지하는 문제와 관련된 항노화는 건강한 삶에 중요한 조건이 되고 있다.

2. 항노화 힐링 허브의 잠재력

최근 항노화(chronic and aging)와 관련하여 만성적 질병 치료에 대한 잠재적인 치료후보군으로(potential candidates) 하는 많은 허브(생약재)들을 대상으로 한 연구들이 수행되고 있다(Luo et al., 2004; Chan et al., 2007; Wu et al., 2006; Heo et al., 2008; Lee et al., 2008; Zhao et al., 2009).

항노화 연구에서 인삼(Panax ginseng)이나 구기자(wolfberry: Lycium barbarum) 등 약용 허브(herbal medicine) 연구가 점증되는 것도 이런 배경에서 이해할 수 있다.

흔히 각기 다른 항노화 허브기능에 대한 연구에서 이들의 다기능적 효능(mechanism)이 신체 보호(protect)에의 특효 성능에 대한 잇따른 발표들은 노화관련 신경계 질환의 예방과 치료에 대한 허브의 잠재력(potential candidated)을 주제로 한 일련의 실증연구 결과들이다(Kim et al., 2007).

실제로 후보군 중에는 전통적으로 기존에 알려져 왔던 인삼, 구기자 등 외에 다양한 항노화 허브들의 신체보호 효능들이 검증 · 재확인되고 있다. 이처럼 인체에 유익한 허브 및 그 기능들과 관련된 항노화 효능들을 규명하려는 현대 식품과학 및 약 · 의학계의 상당한 연구진행 결과 재확인되는 다양한 허브들의 효능들은 노화 예방과 치료 가능성(성분 보유로)이 있는 새로운 허브개발 연구를 촉진하고 있다. 흔히 치유(healing) 기능도 질병의 진행상황에 따라서는 항노화나 치료기능을 수행하기도 한다.

실험을 겸한 이론연구 결과 얻어진 결과들을 가지고 수행되는 안전성과 효과성 중심의 임상효과 검증(clinical trial)을 거쳐 인체 건강에 유효한 새로운 식품이나 생약개발로 이어지고 있다. 신경계 질환들(neurodegenerative disorders)에 대해 알려진 효과는 물론이고 항노화에 대한 여타 성분들(properties)의 효과성에 대한 설명력을 증강하는 연구사례 발표들도 상용화되는 과정을 거쳐 일상적인 이용이 가능해지고 있다.

3. FTA와 농산물 산업화를 촉진하는 농업의 6차 산업화

세계 각국과의 FTA(free trade agreement)체결로 무역거래에 대한 관세장벽이 허물어지면서 완전한 시장개방이 되는 국제교역 추세에서 그만큼 치열해지는 경쟁을 극복하기 위한 각국의 노력이 거세지는 환경에서 우리나라도 새로이 대 이슬람권으로의 수출무역 증강에 힘쓸 정도로 농업의 6차산업 센터를 각 시도에 설치하면서 교역권 확장과 이를 위한 연구 및 산업활동 촉진에 박차를 가하고 있다. 한편 사람들은 건강한 삶과 환경의 지속가능성에 대해 과거 어느 시기보다도 신경을 쓰면서 세계적으로 심화되는 다양한 위험성들, 즉 환경재해, 자연재해, 전쟁이나 테러, 각종 질병, 식품안전성에 대한 체험과 인식으로 안전 먹거리에 대한 추구에 감수성 있게 반응하고 있다.

이런 추세는 웰빙 로하스의 건강과 삶의 질(quality of life)을 중시하는 사람들의 라이프스타일에 기저한 여건조성으로 촉진되는 시장적, 산업적, 제도적 확충 강화 현실과 더불어 더욱 고조될 것으로 전망된다.

제3절 건강한 노화와 외식산업의 사회적 책임

1. 건강한 노화와 삶의 질

뇌는 신체의 여러 기능들을 제어하면서 자체적인 고유기능도 갖고 있는 주요 신체기관이다. 뇌는 심장박동과 호흡 등 무의식적인 기능 제어작용 외에 기억, 인지 및 감성 등 고유기능들도 갖고 있다(James et al., 2008).

그러나 사람들의 노화현상과 더불어 뇌도 노화된다. 뇌의 노화에는 정상적인 노화와 질병에 의한 노화(Normal and pathological aging of the brain) 등의 두 가지로 나누어 볼 수 있다. 전술되었듯이 뇌 관련 질병은 그 규모나 증세 모두 심각한 상태이다. 고령인구에서 발견될 수 있는 현상들로는 심각한 뇌 관련 질병이 아니더라도 신체적 기능저하로 인한 흔히 점진적인 인지, 기억, 단기적 상기능력(short term recall), 기억력과 신속한 반응속도 저하 등 뇌기능저하가 초래할 수 있는 뇌기능 감퇴의 변화들이 있다(Anton et al., 2005; Gilchrist et al., 2008; Gazzaley et al., 2007; Christensen, 2001).

다음의 그림은 정상적인 노화, 즉 좋은 컨디션을 유지하는 상태로 잘 나이드는 데 있어서 정상적으로 기능되어야 할 중요한 활동들을 보여주고 있다.

여러 가지 기능들이 정상적으로 작용될 때 고령 및 초고령 사회는 행복해질 수 있을 것이다. 그러므로 노화와 관련하여 어떤 측면들을 어떻게 유의하고 항노화 관리를 해야 할지를 알고 대비하려면 주목해야 할 측면들이라 하겠다.

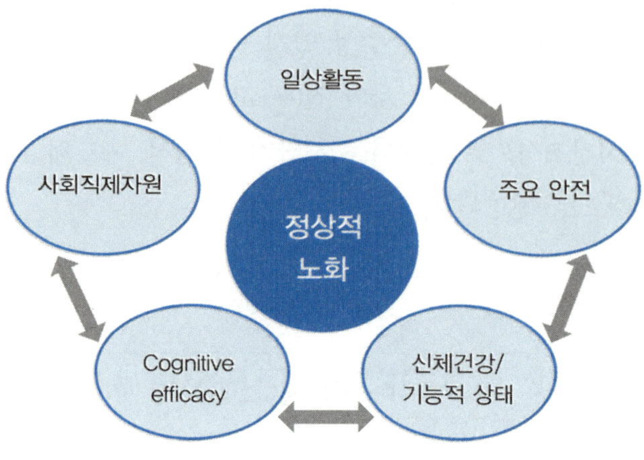

자료 : Vaillant, G. E.(2002).

[그림 5.1] 정상적 노화

2. 노화에 대한 외식산업의 사회적 책임과 새로운 사업기회

1) 외식산업의 식품 안전성 책무

(1) 항노화 천연식품과 외식사업의 재료 안전성

이상의 학습을 통하여 살펴보았듯이 고령화 및 고령사회의 심화와 이것이 초래하는 사회적 책임은 막중해지고 있다. 평등한 삶의 질이라는 최저 기본권 보장이나 행복권 추구 및 평등한 복지기회 증진을 향한 건강사회 구현에는 건강한 노화 및 노화관련 질병 예방과 치료에 투여할 막대한 복지예산 수요 등 사회적 책임수용에 대한 사회적 자본형성 측면이 관리돼야 할 문제로 확대 부상되고 있다.

노화 현상이 초래할 수 있는 병리적 현상 못지않게 고령인구는 물론이고 관련된 모든 사람들의 삶의 질 저해에 있어 주요 원인으로 작용될 가능성은 이에 대한 예방과 치료에 대한 사회 각계각층의 관심 공유와 공동 대처를 서두르게 만드는 측면이 되고 있다.

간혹 요양시설에서의 식음료 안전이나 영양에 대한 문제제기가 심심찮게 되고 있지만 그도 빙산의 일각에 불과하다. 생물학적 필요성에 따른 외식이나 식사 목적은 물론이고 증가되는 고령화 인구의 삶의 질 보장 차원에서도 이들의 식사에 이용할 식품재료와 식사안전 및 건강도모를 위한 제도적 관리대안 확충 및 사적인 측면(private sector)에서의 사회적 합의와 협동노력(collaboration)은 기본권 보장 차원에서도 마땅히 시급한 관리 사안이 되고 있다.

외식산업에서 인구 고령화에 따른 뇌기능 보호나 외식 소비자의 건강한 노화를 위한 식품재료의 재조명과 연구노력을 통하여 항노화 외식상품 메뉴개발을 서두르고 취급하여야 할 때이다. 이것이 외식산업이 고령사회의 시대적 사명을 다하고 사회적 책임 수용을 향한 사회적 동참 내지는 책임공유의 구체적인 행동이기도 하다. 뿐만 아니라 기업이 지속가능한 경영성과를 향한 경쟁우위 확보를 위한 기회요인의 개발로도 볼 수 있다. 새로이 그러나 지속적으로 증가되는 고령인구 사회에서 거대한 외식소비시장을 형성하는 이들에 대한 좋은 제품과 서비스의 마련은 곧 외식사업의 경쟁강점을 선제적으로 확보하는 기업의 투자활동이 될 것이기 때문이다.

(2) 고령사회 지향 R&D와 외식산업의 기회

고령화 혹은 고령사회화가 실제로 현실화되는 세계적 인구구조의 변화여건에서 제기되는 새로운 외식상품과 서비스 개발에 대한 시장적 요구는 확실해지고 있다. 이제 고령화를 앞둔 청장년층과 현재 고령인 고령화 시대의 외식소비자들의 건강한 노후생활을 준비하고 기여할 식음료 제품과 서비스 개발은 기업의 성장 잠재력이 될 것이다. 그러자면 노화 및 뇌기능관련 약 · 의학의 연구와 신체건강에 효과 있는 허브 및 식품과학 분야의 연구결과들을 경영에 본격적으로 원용하지 않으면 안 될 것이다. 외식경영에서 이러한 시장을 고객층으로 한 식음료와 서비스 실무의 개발은 차별성 있는 운영으로 기업의 새로운 경쟁우위 원천에 개발기회가 될 전망이다.

가용소득이 큰 고령인구도 많다. 고령인구를 새로운 시장 섹터로 인식하고 항노화 식품과 향신료 사용을 통한 식음료상품의 연구개발 촉진은 이미 현실적으로 경쟁력 있는 시장 및 고객창출 방안이 되고 있다. 선제적 시장선점을 향한 서비스역량 확대, 신메뉴의 개발, 친환경 항노화 건강 식재료 선정, 안전한 생산과정 이행, 항노화 건강 도모의 연구 결과들을 활용한 식음료 생산기술의 전문성 확보 등은 시시각각 변화하는 시장가치를 반영한다는 점에서 경쟁 강점을 갖게 된다. 시장의 라이프스타일을 반영한 서비스 노하우로 향후 장기적인 재무성과 실현이 가능한 성공 잠재력이 되고 미래 지향적 전략이 될 것이다. 그러나 이미 항노화 건강 콘셉트(concept)가 외식 사회(community)에서 추세화되는 시장 여건에서 이러한 노력과 시도들은 기업성과의 프리미엄 아닌 평이한 추세 추종에 불과할 정도이고 또 기업의 사회적 책무이행 차원에서 불가피한 조치가 되고 있다.

외식사업경영에서 선택여지 없이 이행되는 상품, 환경, 서비스에 대한 고객지각과 관련된 미래 지향적 주제나 항노화 뇌기능에 효과적인 허브 및 식재료 등과 관련된 연구의 필요성 제기는 고객만족을 향한 지속가능한 가치추구의 전략추진에 대한 요구들로 외식 서비스에 시급히 도입 · 수용되어야 할 것들이다(이정자 · 대암송, 2016).

3. 외식산업에서의 항노화 트렌드

노화가 초래하는 구체적인 현상은 신체기능의 퇴보, 항상성(homeostasis)의 상실, 질병 감염성 증가 등 다양한 형태로 일어난다. 1950년대까지 생물학적 노화현상 발생의 원인들은 규명되지 않은 미해결 과제로 생각되었으나 이에 대한 많은 연구노력으로 이젠 다양한 원인들이 광범위하게 이해되고 수용되는 여건이다(Holliday, R., 2006; Ho et al., 2010).

노화는 복합적인 다양한 요인들에 의해 발생되며 이것이 초래하는 결과 또한 다발적인 것으로 알려지고 있다. 특히 신경과학(neuroscience)과 관련된 연구들도 많지만 외식산업에서는 결과들을 청취하는 수준일 수밖에 없다. 노화에 영향을 미치는 복합적인 요인들은 다음과 같다.

(1) 유전적 변이
(2) 환경 리스크
(3) 영양 문제
(4) 라이프스타일의 영향 등

항노화 연구는 복합적인 영향요인들이 야기하는 다발적 결과인 노화의 설명과 관련하여 이행되는 이론연구와 노화에 대한 항노화 허브연구 등 노화관련 질환예방과 치료목적으로 수행되는 연구들이 있다(Harman, 1998).

그러므로 환경리스크를 막고 적정 영양분 섭취를 통한 항노화 건강관리를 지향한 소위 친환경 레스토랑의 확산추세는 웰빙로하스 라이프스타일과 관련돼 제기되는 지속가능한 건강과 환경 지향의 구체적인 노력으로 추진되고 있으며 이것이 글로벌 사회 전반적인 삶의 양태와 트렌드를 풍미하고 있다.

특히 노화로 인한 질병은 정도 차이는 있지만 인종과 지리적 분포를 막론한 제 집단에서 확산·증가세를 시현해 2005년 기준으로 2030년에는 환자 수가 두 배로 증가할 거란 전망이 나올 정도로 심각해지고 있다(Dorsey et al., 2007). 노화와 관련된 최대 관심사는 역시 노화관련 질환들에 집중되고 있다(Alzheimer's diseases: AD and Parkinson's disease: PD).

완전한 병발원인 규명이 되진 못했지만 뇌기능을 젊게 유지하려는 항노화 뇌연구(neuroscience)의 과제는 여전히 뇌질환 방지에 있는 만큼 뇌질환이 위에 열거된 노화관련 제 조건들과 교차결합(cross-linked)될 가능성에 주목한 복합적 접근방법(holistic approach)에 의한 뇌 연구가 사회적 공감대를 얻고 있다(Ho et al., 2010).

4. 항노화 효과와 관련된 연구

오랜 역사의 아시아권 한의약(herbal medicine)계엔 많은 항노화 성분함유 약초(herb)들이 전래되고 있다. 항노화 허브연구는 어떤 허브가 특정 질병의 예방과 치료에 대해 지니고 있는 잠재성능 및 효과성과 관련된 것이다. 허브의 특정 성분들이 각기 다른 단계의 질병들에 대해 적용되었을 때 어떤 잠재적 성능이 효과를 발휘하는지를 알아내어 입증(立證)하고 활용방안을 모색해 보려는 것이다.

최근 전통적으로 전래되는 인삼(ginseng), 알로에, 은행(ginkgo), 산사나무(hawthorn) 열매, 시나몬(cinnamon), 녹차, 망고스틴(mangosteen), 엉겅퀴(thistle), 소팔메토(saw palmetto), 강황(turmeric) 등 허브들에 대한 노화관련 뇌질환 예방과 치료에 효과적인 항노화 약초연구 결과들이 발표되고 있다(Kappri & Chdhaz, 2009).

그러나 약초식물은 반드시 허브 외에 식품이나 채소인 경우도 많다. 그러므로 가정식이나 외식의 식재료에 있어서 이런 항노화 식품의 사용은 바람직하므로 외식산업계에서 관련연구가 기대되는 여건이다(이정자·대암송, 2016).

▲ 산사나무 열매

▲ 은행

▲ 엉겅퀴

이상과 같은 항노화 관련허브가 지닌 효과들은 대략 다음과 같은 영역들로 구별해 볼 수 있다.

(1) 신체에 필요한 필수에너지 수치를 높이는 것

(2) 특정의 영양소를 제공할 식품으로 사용되는 것

(3) 노화성 질병치료에 효과 있는 다중목적의 허브효과 기대 등(Kappri & Chdhaz, 2009)

제4절 인체건강과 항노화 허브 및 천연식품

1. 신체기관과 음식의 관련성에 대한 이해

신체는 여러 기관들로 구성되어 있다. 신체 건강을 유지하려면 신체를 구성하는 피부, 면역체계, 호흡기계, 내분비선, 비뇨기계, 근골격계, 신경계, 순환기 및 심장, 소화기계, 배설기관 등과 그 기능이 원활해야 한다. 이런 조건의 조성을 위해서는 신체 내부에서 합성되는 호르몬과 음식물 섭취를 통하여 공급되는 영양소, 비타민, 무기질이 적정량 있어야 한다. 건강식품 혹은 건강식이란 이런 성분들이 파괴되지 않은 상태로 적정량 함유되어 있을 때를 말한다.

외식사업에서 여러 가지 식품성분이나 향신료의 효능들에 대한 기본 이해가 외식경영의 지식기반으로 축적되고 활용된다면 이런 균형적인 상태를 유지하는 데 크게 도움이 될 것이다.

국내외적으로 선풍적인 인기를 모았던 영화 '대장금'의 성공은 한식의 세계화와 한류에 다대한 공헌을 했는데 기본 테마가 인체건강에 대한 음식의 영양과 특별한 약효를 중심으로 한 것이었다. 이는 동양의서에 나오는 천연식품 사용의 영양과 약·의학적 효능들에 대한 세계적 관심표출의 결과였다고 볼 수 있다. 금세기 세계를 풍미하는 아직 완전히 밝혀지지 않은 동양음식의 항노화 건강 기능성에 대한 잠재력과 신비성에 대한 지적 호기심도 한몫을 한 것이었다. 관광객, 즉 외식 소비자들은 라이프스타일이나 위험에 대해서는 공유 차원의 친밀성(familiarity)을 추구하지만 호기심 충족을 위해선 신기성(novelty)이나 이국풍(exotic)을 선호한다(1장 2절 3 참조). 대장금의 성공에 힘입어 한식의 세계화에 다가간 것 외에 한류 조성에도 상당한 기여가 있었지만 무엇보다도 현대의 라이프스타일이 사람들의 가치지각과 만족에 영향을 미친다는 측면에서 접근하는 것이 분석의 타당도를 높일 것으로 사료된다.

이국적 음식문화와 약선식품의 경이로운 체험

- 대장금의 성공스토리 -

왜 세계인들은 대장금에 그리도 열광했던 것이었을까?

국내외적으로 선풍적인 인기를 모았던 영화 '대장금'의 배경에는 약성분을 기초로 한 식문화, 혹은 동양의서에 나오는 신비한 천연식품의 약·의학적 및 영양적 효능들에 대한 세계적인 관심표출을 배경으로 한 것이라고 봐도 무리가 없을 것이다.

과거 역사에도 재난들은 있었다. 그러나 현대인들은 금세기에 와서 현저해진 각양다색의 위기를 겪으면서 환경과 삶에 대한 깊은 성찰을 할 수밖에 없었다. 특히 갖가지 새로운 질병들이 창궐하면서 먹거리 안정에 대한 위협은 피부에 닿는 목전의 문제로 제기되고 있다.

동서교류 아니 세계적인 사람들의 이동과 문화적 교류로 어느 정도 공개된 정보에 접하면서 막연히 동양의학이나 삶의 방식들에 대해 알고 싶고 동경하기 시작했으며 이것이 관광욕구로도 표출되어 왔다. 그러나 현지에 가지 않고도 볼 수 있는 영화는 손쉬운 학습 및 체험 수단으로 활용성이 높았을 것이다.

나이보다 젊어 보이는 피부며 얼굴, 그리고 현대에 와서 경제적으로도 경쟁력을 갖는 저력, 유행성 독감이 번져도 끄떡없는 한국인의 음식은 무엇이 있었을까? 이런 질문에 대한 부분적인 답변들은 연구계나 매스컴을 통하여 세계에 전파되고 있다.

타임지에 실린 세계의 건강식 몇 가지에 마늘과 한국의 김치가 부상했는데 이 역시 한국인이 즐겨 먹는 상식 음식이었음은 한식에 대한 종래의 저속한 통념들을 개조하기에 충분한 파급력을 지닌 것이었다. 세계가 한식과 한국문화를 보는 시각도 변화되기 시작했다.

그들은 이국적 정취의 한국음식에 반하고 여배우의 단아한 미모와 격조 있는 행동거지에 매혹될 만했다. 그러나 더 경이로운 체험은 완전 천연재료들로 만들어지는 이국적인 음식의 외관과 효능들이었을 것이다.

아 저것이다! 새롭다! 경험하고 싶다!

삶의 질을 구가하는 세계적인 라이프스타일의 추세 속에서 세계인들은 안전 먹거리를 찾는다. 또한 아직은 다 밝혀지고 까발려지지 않은 신비한 동양적 매력을 동경하면서 현재의 생활공간과는 다른 탈출을 기도하면서 색다르거나 특성 있는 물리적 환경에 대한 감성체험에 환호할 것이다. 그들은 대장금의 명성을 통하여 접하는 동양적인 메시지를 통해 미지의 지식에 접하고 다른 정취에도 젖고 싶은 욕구를 가지고 영화관을 찾았을 것이고 이미 그 시점에서 사전 기대감을 증폭시켰을 것이다.

그래서 그들의 '대장금' 영화감상은 관광(tour)이고 레저(leisure)이며 알지 못하는 미지의 신비에 대한 지적 호기심 충족을 향한 학습기회였을 것이다. 그들의 에너지는 기쁨과 보람으로 전환되었을 것이다.

이런 점에서 대장금은 비단 한 영화인의 훌륭한 연기와 인기 및 영화예술작품 감상에서 끝나지 않고 금세기 세계를 풍미하는 아직 완전히는 밝혀지지 않은 동양사람과 음식과 의학의 건강 항노화에 대한 잠재력과 신기에 대한 관심과 알려는 지적 욕구의 표출이었을 것이라 분석된다.

이상과 같은 배경에서 이 작품이 한식의 세계화와 한류 조성에 미친 공헌도는 창출되었다. '대장금'은 일련의 세계정세, 환경, 문화를 포괄하는 현대의 라이프스타일 측면에서 심층 조명해 볼 가치가 큰 외식관련 사례라고 하겠다.

2. 신체 건강을 위한 다양한 성분함유 식품과 허브

1) 인체에 대한 비타민과 무기질의 중요성

비타민과 무기질은 인체건강에 필수적인 요소들로 비타민은 소량섭취로 물질대사나 성장 및 유지 등 정상적인 신체의 생리기능을 조절하고 있고, 무기질(mineral)은 생명과 건강유지에 필수적인 영양소이다. 비타민과 무기질은 체내 소화, 흡수가 어려운 영양소들을 합성하고 흡수하는 데 중요한 작용을 한다. 무기질(mineral)은 호르몬의 구성성분들로도 쓰이고 있다.

필수 영양소(유기물질)인 비타민은 지용성과 수용성으로 구분되는데 그 종류로는 비타민 A(레티놀), B복합체, 비타민 C(아스코르브산), 비타민 D(칼시페롤), 비타민 E(토코페롤), 비타민 F, 비타민 K, 비타민 U, 비타민 L, 비타민 P 등이 있고 비오틴(biotin), 폴산(folic acid), 콜린(cholin), 이노시톨(inositol) 등도 있다.

비타민과 호르몬은 신체 조절기능 면에서 유사하지만 특정 조건에서만 체내 합성이 가능한 몇 가지(비타민 D, 나이아신, 비타민 K, 비오틴 등)를 제외한 대부분이 신체의 내분비기관에서 합성되지 못하고 반드시 외부에서 음식물로 섭취해야 된다는 점에서 호르몬과는 구별된다. 또한 섭취가 적정량에 미달되면 결핍증이 나타나고 과다 복용 시에도 부작용 가능성들이 지적되고 있다.

무기염류 혹은 미네랄이라고도 하는 무기질(mineral)은 뼈와 치아의 형성, 체액의 산, 염기 평형과 수분 평형에 관여하며 신경자극전달 물질, 호르몬의 구성성분으로도 쓰이는데 칼슘, 마그네슘, 칼륨, 인, 철, 아연, 나트륨, 아이오딘(요오드), 구리, 물 등이 이에 속한다. 그런데 현대인의 식생활 습관으로 세계 성인들의 80%가 무기질이 부족한 상태라고 한다. 대부분의 무기질이 과일이나 쌀 등 껍데기에 함유되어 있으나 거의 이를 벗겨내고 식용으로 사용하므로 무기질이 부족하다고 한다. 또한 패스트푸드와 더불어 현대인들이 흔히 마시는 탄산음료도 무기질을 파괴한다고 한다.

그런데 어떤 음식들은 서로 보완적 작용을 통하여 흡수나 좋은 성분의 합성에 효과적으로 작용할 수도 있지만 반대의 효과로 작용될 수도 있다. 어떤 음식들이 궁합이 좋은가는 관점에 따라 달라질 수도 있겠지만, 비타민과 무기질을 놓고 볼 경우에는 상호작용을 촉진하는 데 효과가 있으므로 이런 점에 유의하여 음식을 만들고 또 제공해야 될 것이다.

그러므로 외식산업에서는 특히 항노화 식품이나 허브의 효능에만 급급하기보다는 음식의 이러한 관계들을 고려하고 유념하면서 서비스에 임해야 할 것이다. 가령 지방과 비타민 D, 칼슘과 비타민 D, 칼슘과 비타민 C, 비타민 C와 비타민 E, 칼륨과 나트륨, 오메가3와 비타민 E, 철분과 비타민 C를 같이 먹으면 좋다고 한다. 음식을 담는 그릇(용기)에 있어서도 유의해야 한다. 가령 놋그릇(유기)에 식초로 무친 나물을 담는 것은 좋지 않다.

- **비오틴(biotin)**
  비타민 B복합체의 일종인데 비타민 B_7, 혹은 비타민 H라고도 한다. 황(sulfur)을 함유해 피부와 두발에 좋고 신경계 기능을 원활히 해준다.
- **폴산(folic acid)**
  비타민 B복합체 중 하나로 흔히 엽산이라고 하는데 시금치잎에 많다.
  결핍되면 빈혈을 일으킬 수 있다.
- **콜린(choline)**
  비타민 B복합체의 하나로 신경의 흥분전달에 관여하는 물질로 각종 지방대사 질환(지방간 등)에 사용된다.
- **이노시톨(Inositol)**
  이노싯이라고도 하는데 동물과 미생물의 발육을 촉진하여 동맥경화 예방에 사용된다.

2) 비타민과 미네랄 함유식품

대부분의 약초식물들은 상당 수준의 비타민을 함유하고 있다. 레몬(Lemon)은 높은 수준의 비타민 C를, 당근(carrot)은 프로비타민(pro-vitamin)인 베타카로틴(beta carotene)을 풍부하게 함유하고 있어 체내에서 비타민 A가 된다. 물미나리(watercress)도 상당량의 베타카로틴과 비타민 B군, C, E를 함유하고 있는데 베타카로틴은 흔히 녹황색 채소와 과일, 조류에 많고 항산화, 유해산소 예방, 피부건강 유지 등에 탁월한 효능이 있다. 바

다갈매나무(sea buckthorn)는 그 자체만으로도 좋은 비타민과 무기질의 공급원이 되기도 한다.

야채와 마찬가지로 허브식물도 고수준의 미네랄 공급원이 되고 있다. 원래 유기농재배 식물은 토양에서 광물질을 끌어들여 인체흡수와 활용이 좋은 형태로 전환한다. 양배추(cabbage) 같은 야채이든 미역이나 다시마 등의 해초류든 혹은 대부분의 식용이나 약용의 무기질 성분(mineral content)도 체내에서 식물처럼 치료작용(therapeutic activity)에 긴요한 요소가 된다. 민들레잎(dandelion leaf)은 이뇨작용, 고함량의 칼륨성분(potassium content)으로 나트륨과 균형을 이루어 혈압 등의 균형유지에 기여하고, 들판에 많은 쇠뜨기(horsetail)는 실리카성분(silica content)으로 결합조직(connective tissue)의 회복(repair)과 관절염(arthritis) 치유작용을 돕는다고 한다.

다음에서 인체에 유익한 허브식물과 함유성분들을 사진으로 살펴보자.

3. 허브의 유익한 성분들(박선아 · 이정자, 2015)

1) 타임(thyme)과 페놀성분(phenolics)

오렌지 타임, 타임의 가지(좌측부터): 노화방지, 염증방지 등 항산화(antioxidant properties: 노화방지) 피부미용에 좋다고 한다.

2) 저먼 카모마일(German Chamomile)과 휘발성 오일

▲ 저먼 카모마일과 휘발성 오일(volatile oil)

3) 레몬(Lemon)과 플라보노이드(flavonoid)

▲ 레몬

▲ 탠저린

4) 감과 타닌산(tannic acid)

감에는 타닌산이
함유되어 있음

5) 블랙베리와 프로안토시아닌(proanthocyanin)

6) 인삼과 감초의 사포닌(saponin)

▲ 인삼

▲ 감초

7) 셀러리와 쿠마린(coumarin)

▲ 셀러리

8) 느릅나무와 다당류(polysaccharide)

아메리카 원주민들이 상처치료 및 피부치료, 기타 목이 아프거나 감기, 설사, 위장문제 치료제로 구전되던 나무껍질, 향유(balms), 연고(salves)로 대체의학에 사용되던 약재였다. 예전에 영국 해군인 James Lind는 이들의 치료에 대한 Cartier의 저술에 영감을 받아 1753년 비타민 결핍에 의한 괴혈병 치료에 대한 연구 결과를 발표하였다.

9) 비터스(bitters)와 쑥

▲ 비터스

10) 양배추과 식물들과 글루코시노레이츠(glucosinolates)

톡 쏘는 맛의 채소인 양배추, 겨자, 호스래디시 등 식품에 들어 있는 천연성분

11) 당근, 민들레 등 비타민과 무기질

▲ 민들레잎

▲ 민들레꽃

▲ 당근

제5절 신체기관과 건강식품 및 약용허브(medicinal herbs)

1. 신체건강과 안전식품 지식관련 개요

인체는 "일정한 모양과 생리기능을 가지고 있는 생물체의 부분들이 형태적으로 독립되어 있으며 여러 개의 조직이 일정한 질서로 결합되어 이루어지며 이들이 모여 기관계를 형성하고 있다"(네이버 사전, 2016). 그러므로 사람들이 건강하다는 것은 이런 기관들이 본래 기능을 잘 수행하는 상태일 때 가능한 일이다.

현대의 식생활이나 외식산업은 주로 음식과 그 맛과 향을 위해서 부수되는 향신료나 야채 등을 식음료의 주재료로 사용하는 만큼 인체 건강을 위한 원활한 기능 증진에 기여할 수 있는 식생활이나 외식업의 관리를 도모해야 할 책무를 갖고 있다. 그러므로 약·의학자가 아니어도 경제성이나 사업성과 못지않게 인체 건강관리의 사회적 책임수용 자세로 이에 대하여 고구해야 한다.

약초나 식물도감을 통해 볼 수는 있어도 실제로 전문지식 없이는 다양한 종류의 초본 혹은 목본을 막론하고 약용허브(medical herbs)는 물론이고 늘 식용으로 사용하는 식품이나 식물일지라도 이것이 인체건강에 미치는 영향을 이해하며 사용하기란 불가능하다. 전문가가 아니고서는 허브나 식물들의 어떤 성분이 어디에 어떻게 좋은지를 알 수는 없다.

무모한 재료 사용 및 식용으로 초래될 유해한 작용이나 결과(식중독 등)들이 신체에 미칠 심각한 문제나 결과(식중독 등)를 초래할 수도 있으므로 항상 유의하면서 전문가의 조언과 처방에 따라야 한다.

식약처 등 관리기관, 식품안전관리제도, 해썹(HACCP: hazard analysis critical control points) 등 조직과 제도들을 통하여 식품안전(food safety)관리 업무를 수행하고 있는 만큼 시달되는 규정, 지침 숙지 및 이행으로 식중독, 수입 식품이나 유전자 재조합(GMO) 식품, 기능식품, 외식사업소의 메뉴 등의 관리에 유의해야 한다. 식품안전이란 위험성이 없는 식품을 적정량 그리고 올바른 방법으로 사용할 때 실제로 달성될 수 있는 결과이다. 가정식이나 외식을 막론하고 음식물을 다루는 장소에서는 어디서나 이를 다루는 사람들의 안전에 대한 마인드와 의지가 중요하다.

불량식품, 무신고로 아무런 표시가 없는 식품, 유통기한 경과 혹은 허위표시 식품, 불허된 색소나 표백제를 불법적으로 사용한 식품, 불쾌한 냄새나 부패로 상한 식품의 유통관련 안전 불감증 등 부정적 관행들이 끊이지 않은 여건에서 식품재료나 음식의 안전과 관리 이행에 대한 사회적 요구는 강화되고 지속될 것이다.

미용에 대한 현대인들의 관심은 피부와 항노화에 좋은 식품과 허브지식을 요하지만 이것이 어떻게 좋은지 알 수 없으므로 평소부터 흔히 접하거나 사용하는 허브와 식품 및 식물에 대해서는 어느 정도 알아두는 것도 위험방지와 건강도모에 유익할 것이다.

가령 피부(skin)를 구성하는 표피층, 진피층, 피하지방층 등 3개 층에 대해서 어떤 허브나 식품이 효과 있는지를 알아보자.

피부 외상치료에는 금잔화(calendula officinalis)와 오스트레일리아 원주민(Aborigines)들이 전통약으로 즙을 사용하던 종모양의 흰 꽃이 피는 오스트레일리안 차나무(tea tree)가 좋다고 한다. 그런데 피부 노폐물 제거 촉진과 피부 정화에는 우엉(burdock: antium products) 섭취가 효과적이라고 한다. 개암나무(hazel: Hamamelis virginiana)와 컴프리 잎은 각각 피부수렴제 및 피부상처 치유에 효과적이다. 이를 아는 것도 얼마간 피부 건강관리에 유익할 것이다.

최근 개발된 우엉이나 여러 가지 허브성분 음료수들도 미용과 건강에 대한 소비자욕구를 반영한 결과들이다. 식품 및 식음료산업의 이런 시도들은 제품개발 및 생산이 고객안전과 만족을 기하는 데 있어 큰 역량 또는 경쟁력이 되고 있다.

2. 식품 및 향신료 활용과 건강한 신체기관

신체는 피부와 피부기관, 면역체계, 호흡기계, 내분비선, 근골격계, 신경계, 순환기 및 심장, 소화기계, 비뇨기계 및 배설기관으로 구성되어 있다.

1) 면역체계

면역체계(immune system)는 감염이나 질병으로부터 신체를 보호해 준다. 마늘(garlic)은 세계적으로 면역기능을 돕는 좋은 식품으로 알려져 있다. 여름철 화단에 자주 보이는 데이지와 유사하게 생긴 에키네시아(Echinacea) 등도 인체에 대한 치유력과 면역력에 도움이 되는 식물로 이용되고 알려져 있다.

2) 피부와 피부기관

신체의 다른 기관들과 달리 피부(skin)는 매일 보고 상태를 확인할 수 있는 기관이다. 최근에는 피부가 미용의 표상으로 되면서 많은 사람들이 관심을 가지고 관리하고 있다. 피부소독용 차나무(Australia tea tree)나 피부를 유연하게 하거나 외상치료에 사용되는 금잔화(calendula), 개암나무(hazel) 등도 피부건강에 유용한 식물들이나 일반인에게는 식용 꽃 정도로만 이해되고 있다.

3) 순환기관(순환과 심장)

순환계 혹은 순환기관(circulatory system)이란 혈액순환에 관여하는 심장과 혈관을 통칭하는 것으로 신체기관을 말한다. 산소 흡입과 에너지 대사 결과 발생되는 이산화탄소 배출을 담당하는 신체기관을 심장 등 호흡기계(Respiratory system)라고 한다. 은행잎은 순환을 증진시키는 효과로 알려져 있다. 심장박동을 약화 또는 증진시키는 데 효과적인 허브나 규칙적인 심장수축에 좋은 성분을 함유한 식품들도 있다. 붉은 고추(cayenne)는 혈액순환을 증진하는 데 좋고 이러한 식품 섭취는 전문지식이 없이도 식품으로 안전하게 사용함으로써 신체 건강유지에 효과적일 수 있다. 혈액순환이나 혈압에 좋다고 알려지는 야생 마시멜로(marsh mallow), 특정 국화(chrysanthemum)종도 있으나 일반인들이 성분을 정확히 알고 사용하기란 쉽지 않다.

▲ 은행

▲ 인삼

▲ 에키네시아

▲ 마늘

4) 내분비선

내분비선(Endocrine glands)은 호르몬 생성과 자극을 돕는 신체기관의 하나이다. 인삼 등 허브가 신체에 대한 외부 압력이나 스트레스 적응을 돕는 강장제로 이용되고 있다.

5) 근골격계

근골격계(Musculoskeletal system)는 허리, 목, 어깨, 팔다리 등을 말한다. 영지, 치자, 노란 재스민, 흰색 버드나무 등은 관절과 신경통을 진정시키고 소염작용을 돕고 근육 긴장과 경련을 풀어주는 작용에 효과가 있는 식품 또는 약초이다. 그러나 식품 외에 약초의 이용이 권장되긴 해도 활용에는 일단 과학적 효능이 입증돼야만 식품 섭취가 위험하지 않을 것이다.

6) 신경기관

신경기관(Nervous system)이란 내외부의 자극을 받아 다른 부위로 이를 전달하고 반응을 일으키는 기능과 관련된 신체기관이다.

로즈메리(rosemary)는 신경을 진정시키고 강화하는 작용으로 탁월한 효능이 입증되고 있다. 피곤할 때 로즈메리의 잎을 손으로 훑어 그 향기만 맡아도 청량감을 느낄 수 있다. 최근 건강에 좋다고 알려진 식품 중에는 다른 나무에 기생하는 소위 덩굴식물인 겨우살이(mistletoe)가 신경활동 감소에 좋은 신경 진정제로 효능이 있다. '산 사람'이라는 TV 프로그램에도 건강에 좋은 식물로 그 채취모습이 방영되기도 했다. 즙이나 씹어 먹는 콜라나무 열매(Kola nut)도 신경활동에 효과가 있고 귀리(oat)도 신경기능을 돕는 강장약제로 효능이 있고 소화에도 편한 식품으로 흔히 죽 요리(oatmeal)로 이용되고 있다.

▲ 카더먼

▲ 은행잎

▲ 홍고추

▲ 겨우살이

7) 소화기관

소화기관(Digestive organs)은 위장을 중심으로 한 신체기관으로 소화운동, 소화액 분비와 흡수기능을 통하여 섭취된 음식물의 분해와 영양 흡수를 쉽게 만들어주는 작용을 한다. 쓴 쑥(wormwood), 석창포(sweet flag) 차 등이 위장과 장 주변에서 원활한 담즙 분비와 순환을 도와 가스와 복통 완화 및 소화액 분비를 자극하거나 건위 강장제로 사용된다. 최근 우리나라에도 소개되고 있는 아티초크(artichoke)도 담즙분비 촉진에 좋은데 카더먼(cardamon)도 위장보호와 건위제로 알려진 소화기관의 건강에 좋다(박선아 · 이정자, 2015).

▲ 쇠뜨기

▲ 로즈메리

▲ 아티초크

▲ 옥수수 수염

8) 비뇨기관과 배설기관

비뇨기관(Urinary system)은 오줌의 생성과 저장 및 배설에 관계하는 신체기관으로 비뇨기관은 신장(콩팥), 방광, 요관과 요로로 구성된다. 그런데 그중 오줌을 만드는 신장과 땀을 만드는 땀샘을 배설기관(Eliminatory organ)이라고 한다(의학정보에 의함). 체내에 생긴 노폐물은 몸에 유해하므로 체외로 배출되는데 주로 오줌으로 배설되거나 땀으로 배출된다. 배설기관(Eliminatory organ)은 체내의 항상성 유지를 위해서 체내에 생긴 암모니아, 요소, 요산 등 노폐물의 배출이나 염류, 수분의 체외 배출기능을 담당하는 신체기관이다.

건강한 비뇨기관은 요로의 소독, 수축 및 배뇨를 촉진하는 데 좋은 작용을 한다. 이런 작용을 돕는 데 좋은 식품이나 허브 등 외 천연약재들의 사용이 권장되지만 잘 일려진 식품 이외의 사용에는 전문가의 도움이 필요하고 또 가정이나 식당에서 이용할 수 없는 것들도 많다. 좋은 약재로 알려진 말린 부쿠나무(Buchu) 잎이나 들에 흔히 보이는 쇠뜨기는 각각 요로소독과 수축에 효과가 있다고 알려지고 있지만 식용식물이 아니므로 전문가의 도움이 필요하다. 민간요법으로 흔히 옥수수 수염차가 배뇨 촉진제로 이용되고 있다.

제6장

로컬푸드와 지역축제

제1절 로컬푸드의 개념과 발전

1. 로컬푸드의 개념과 발전

1) 로컬푸드의 개념

지속가능한 먹거리 정책으로 주목받고 있는 로컬푸드(local food)는 영국을 필두로 구미에서 시작된 대안적 식량·식품체계(Hughes & Mattson, 1992; Corum et al., 2001; Morris & Buller, 2003; Ilbery & Maye, 2006) 중심의 운동 혹은 시스템적 접근책으로서 세계적으로 제기되는 환경, 경제, 사회적 영향과 관련해서 제기되고 있다. 이는 식품·외식산업의 먹거리 안전에 대한 소비자들의 위기의식 또는 농산물 재배와 유통을 통한 수익성이 중요한 농민의 새로운 활로모색 차원에서 각광을 받으면서 제도권의 정책적 관심과 국가나 지자체의 지원하에 더욱 실효성 있게 추진되고 있다.

2) 지방산물인 허브와 약징주의

예로부터 우리나라에서도 일찍이 땅, 기후풍토 및 풍습을 분리하지 않고 동일시하는 시각에서 신토불이(身土不二) 개념이 지역특화 농산물에 대한 정서로 형성되어 왔다. 이것은 화학의 아버지라 불리는 Paracelsus(1493~1541)에 의한 지방산물 허브의 지지와 뒤를 이은 Nicholas Calpeper(1616~1654)와 약징주의에서도 맥을 같이하는 것이다. 로컬푸드에 대한 인식은 조선시대의 의서인 『동의보감』(허준, 1610)이나 『향약집성방』(1433)으로 거슬러 올라가도 그 맥을 찾아볼 수 있다. 이들 의서에서는 각각 "사람들이 사는 땅의 흙과 같다"든가 혹은 "기후풍토와 생활풍습은 같다"라는 식의 유사한 개념의 표현들이 있었음을 볼 수 있다(현의송 · 임혁백, 2009).

그보다 늦게 1970년대 후반에 시작되어 1990년대에 본격화된 일본의 지산지소(地産地消) 개념도 지역산물의 지역소비를 위한 생산과 소비의 연계개념으로 나오게 된 것이다(윤병선 · 허남혁, 2007; 김태곤, 2005; 김종덕, 2009).

이런 사조는 서양에서도 유사한 사례나 행태들을 보여주고 있다. 인근 도시나 마을에 거주하는 특정 식료소비 인구에 대해 자국산 식료품을 공급하는 식품유역 혹은 지역을 말하는 신조어(foodshed)까지 탄생시키면서 자연 건강식이란 인식하에 지역이나 인근 지역의 산물이 지역적인 호응을 받고 있다(Getz, 1991a). 이것은 탈상품화 성격의 반시장적이거나 시장거래 형식을 넘어서는 유통과정 추구의 로컬푸드 운동(이해진 외, 2012)으로 전개됨으로써 증가되는 직거래 형태의 새로운 농산물 유통체계를 실천하면서 다양한 형태의 창의적 거래사례들의 개발을 촉진하고 있다.

2. 로컬푸드의 정의

1) Trobe(2002)의 정의

로컬푸드(local food)란 생산자와 소비자에게 적정가격을 보장하면서도 최대한 지속가능한 농업생산방법을 사용하여 일정지역에서 생산-가공되는 것으로 직거래나 공급체인의 단축을 통해 지역주민들에게 유통되는 농산물 및 식품을 말한다(주상현, 2015a, p.293 재인용).

2) 홍경완 등의 정의

로컬푸드에 대한 단일개념의 정확하고 명료한 정의가 없는 실정에서 로컬푸드란 개념

연구라기보다는 그 해결책 혹은 대안적 방안으로 식량체계 변화에 관심을 가지면서 출현된 것으로 이에 대한 연구는 로컬푸드 시스템 혹은 커뮤니티푸드 시스템(community food system)에 대한 것이라 규정하고 있다(홍경완 외, 2009).

3) 권기대 등의 정의

로컬푸드(local food)란 생산자와 소비자에게 적정가격을 보장하면서도 최대한 지속가능한 농업생산방법을 사용하여 일정 지역에서 생산·가공되는 것으로 직거래나 공급체인의 단축을 통해서 지역주민들에게 유통되는 농산물 및 식품을 말한다(권기대 외, 2013).

4) 정동일의 정의

로컬푸드를 구조적 시각에서 보다 상세히 분류하고 개념화하면서 이것을 개혁 혹은 소비자보호 지향 운동으로 보고 환경운동과 지역사회의 경제자립에 기저한 소비주의, 개혁주의 성격의 운동으로 설명하려 하고 있다(정동일, 2012, p.197).

제2절 지역연계 로컬푸드 운동의 발전 잠재력

1. 로컬푸드의 지역적 기대효용

로컬푸드와 관련된 사업에서 기대되는 지역적 기대효용들은 다음과 같이 다대한 효과성으로 정리해 볼 수 있다.

(1) 지역과 지역의 소규모 생산자 보호 및 소득증대 방안에 의한 지역발전 목적의 전략

(2) 지역중심 소비자의 먹거리 안전과 지역에 대한 신뢰성 구축방안으로 활용됨
학교급식 등에 지역산물을 활용함으로써 지역민의 신토불이 지방 먹거리 기반 건강관리를 도모하고 지역의 소득증대를 기할 수 있다.

(3) 외래 관광객에 대한 지역홍보 및 지역특화 식품 및 외식 체험기회 제공으로 관광

객의 감성만족과 지역사회의 이미지 및 사회적 기여도 증진

관광개발 대안으로 지역중심 농산물을 이용한 지역축제의 개발과 지역민의 참여를 증진할 수 있을 것이다.

(4) 지역농업의 활성화를 통한 농업의 산업화 기반 조성에 기여

지금껏 영세농민 중심으로 생산되어 오던 소규모 농산물을 집하시켜 지역산업화의 방안으로 모색할 때 타 지역의 다른 농산물에 대한 질적, 양적인 경쟁력을 가질 수 있어 경제적 성과도 기대될 수 있을 것이다.

(5) 지역농산물 생산활동의 과학화로 다양한 먹거리 및 가공기술 개발촉진과 세계적 경쟁잠재력의 강화

지역적인 관심증대로 조직적인 연구를 통하여 재배, 가공, 마케팅활동을 보다 과학적으로 추진할 수 있게 될 것이다.

(6) 지역중심 농산물유통 대안으로 본격적인 6, 7차농업의 산업화로 실질적인 지역산업 육성

(7) 로컬푸드는 비단 농산물뿐 아니라 다양한 농수산물, 임산물로 외연의 확대가 이루어질 전망

(8) 지역 내에서 이루어지는 농산물의 생산과 소비로 물리적인 거리단축과 함께 지속적인 경제활동 영위로 농업생산과 소비 주체의 사회적 거리 축소에도 의미가 큼(정은미 · 정천섭, 2012).

2. 지역연계-로컬푸드의 특화식품 산업화

1) 지역 원원 로컬푸드 운동의 성장발전과 경쟁

(1) 로컬푸드 발전을 위한 제도 확충

우리나라의 로컬푸드 발전은 법적 · 제도적 확충을 통하여 본격화되었다. 2009년 강원도(원주), 2011년에는 전남(완주군), 전북(강진), 경기도(평택), 경남(김제), 경북(청송) 등 지역에서, 그리고 2012년엔 충남(아산)과 충북(음성)에서 로컬푸드 조례가 제정됨으로써 본격적인 사업이 시동된 이래 로컬푸드협동조합이나 기타 형태로 전국 각 지역에서 로컬푸드 운동이 확산되는 실정이다. 더구나 금년 초 농수산물의 수출진흥정책적 차원에서

광역지자체에 농업의 6차, 7차 산업화센터를 두고 생산농가-농협유통기관-지자체의 협력적 거버넌스 체계구축을 지향하면서 로컬푸드 중심 농산물의 생산과 유통에 일대 전기를 마련하였다. 관심환기와 더불어 본격화되는 관련연구들이 적지 않은 성과를 창출하면서 로컬푸드의 발전은 다른 한편에서 지역 간 경쟁심화 현상을 초래하는 실정이다.

(2) 지역상생의 로컬푸드 운동

세계적으로 로컬푸드(local food)란 단순한 식품 생산활동에서 탈피해 지역사회와 연계된 개념을 강화한 생산, 가공 및 서비스와 관련된 활동으로 개발 · 전개됨으로써 외식 · 식품산업과 지역경제의 동반성장을 지향한 정책적 상생노력으로 모색 추진되는 추세이다.

로컬푸드(local food)는 이처럼 지역 농산물에 지역특화 개념을 부여하면서 원거리 운송을 통한 신선도 저하나 배급 · 배송 비용으로 인한 가격부담을 덜고 지역 인근 생산자와 역내 소비자 간 이동거리 단축으로 식품의 신선도 등 품질 극대화를 기하면서 비교적 염가에 식품이나 농산물 구매를 가능하게 하려는 지역사회 중심운동으로 전개되고 있다.

로컬푸드(local food)의 특징 중 하나는 반드시 대규모 생산자가 아니더라도 지역민과의 직거래를 통하여 지역 생산자도 운송비를 절약하는 등 수익성 기대가 가능하단 점에서 일정 범주 내에서 도농 혹은 도도 간 상생협력 모형으로 평가될 만하다. 더불어 소비자들의 건강, 환경, 교육 및 안전, 미각은 물론 지역사회에 대한 참여의식 고취와 동반관계에 대한 인식 제고 기회도 될 수 있다는 것이다. 최근 급부상되는 로컬푸드(local food)와 그 시장에 대한 관심은 관련연구들(주상현, 2015b)로도 반증된다.

사실 이탈리아에서 시작되었던 슬로푸드 운동도 로컬푸드 보호를 위한 목적에서 시작된 개념으로 후에 슬로시티 개발이나 관광으로 그 개념이 확장되기에 이르렀다. 우리나라에도 상당수의 로컬 시티나 지자체들이 탄생되어 성공적으로 운영되고 있다. 이들 지역에서도 또한 로컬푸드를 중시하는 지역토산식품들이 대거 소개되고 있음을 볼 수 있다.

(3) 우리나라에서의 로컬푸드 연구 현황 및 추세

우리나라에서 이루어진 관련연구는 2008~2014년까지 총 35편(RISS 2014년 통계)으로 개념연구(4), 신뢰 및 가치, 네트워크(4), 현황 및 정책제언(8), 유통 · 구매행동(11), 학교급식관련(4), 성공요인(1), 외국사례와의 비교연구(3)편의 분포를 보이고 있고 연도별로는 2013년과 2014년에 각각 7편과 13편이 연구됨으로써 다른 해에 1~5편이 나왔던 데 비해 많은 연구실적을 보여주고 있다(주상현, 2015).

우리나라에서 발표된 로컬푸드에 대한 연구나 주장들은 로컬푸드의 발전이나 전개방향 제시를 통하여 실제의 실무적용과 활동에 영향을 미치고 있다. 공동체의 지원농업(CSA) 차원의 연구(박덕병, 2005)도 농업의 6차산업화를 향한 현재의 농업정책으로 계승되고 있다고 할 수 있다.

농업의 6차산업의 핵심은 다양한 부가가치 생성과 획득으로 소득증가를 기할 수 있는 농업의 산업화를 지향한 지역 농림수산식품을 도시 산업구매자에게 판매하고 공급하던 관행을 깨고 대신에 지역의 농산물 생산시장에서 이를 이용한 2차, 3차의 산물가공을 통합하는 기능을 중심으로 한 농업의 산업화에 있다.

한국농촌경제연구원(2014)의 발표에 의하면 2010년 현재 로컬푸드의 6차산업화 활동농가 중 2차산업 종사 농가 수가 32%인 데 비해 외식서비스와 연계한 농가맛집 등 서비스 중심의 3차산업 종사 농가 수는 약 58%라는 고비율을 시사해 이미 진행되고 있는 로컬푸드의 서비스산업화에 대한 지배적인 트렌드를 보여준다.

또한 지역농업과 농촌활성화를 위한 직거래 형태의 지역생산과 소비의 필요성에 대한 주장(김종덕, 2008; 고창석, 2011)도 이를 지지하는 연구이다. 일본에서도 식품가공, 농산물직판장, 농가맛집 등 소규모 농가창업 중심의 흐름은 이와 유사한 형태라 하겠다. 그러므로 세계적인 웰빙 로하스 트렌드의 연장선에서 제고되는 소비자 기호의 다양화, 고급화, 건강먹거리 추구와 더불어 음식업종 증가와 이에 대한 연구수요로 인해 로컬푸드 연구는 점차 서비스 주도의 고도화 및 심화가 이루어지는 추세이다.

슬로푸드(slow food) - 슬로시티, 로컬푸드의 관련성

슬로푸드(slow food)는 여유식이란 말로 패스트푸드의 반대말이며 속도를 강조하는 자본주의 사회에 만연된 사조에 제동을 거는 움직임으로도 해석될 수 있다. 1986년 이탈리아에서 개점한 세계적인 맥도날드 체인으로 자국 전통음식이나 식문화에 영향이 미칠 것을 우려해 패스트푸드에 대한 반기로 카를로 페트리니(Carlo Petrini)의 발의로 시작된 식문화 운동의 하나이다.

슬로푸드 운동은 바쁜 생활 중에도 삶에 대한 여유를 가지고 생각하면서 전원생활에서 재배한 자연에서 얻은 식재료들을 가지고 시간을 들여 제대로 만든 정성들인 음식이 소중하다는 생각으로 원재료를 생각하면서 음식을 즐기고 나가서 여유를 가지고 삶의 질에 대한 생각을 해볼 수도 있다는 정신으로 전개되는 식문화 운동이다. 이 운동의 상징으로는 유기농 친환경적 의미를 담은 달팽이 무늬가 사용되고 있으며 인스턴트식품이나 통조림 등 간편식으로 편한 것만 추구하는 현대인들의 무공해 자연 건강식 추구를 도모하려는 운동을 확산시키기 위해 노력 중이다.

이 운동의 의도와 목적은 세계 각 지역과 나라의 음식을 발굴하고 알리면서 현재의 음식문화 전통을 지속하는 한편 음식을 통해 삶의 질을 개선해 보자는 데 있다.

슬로시티 운동

2002년 7월 이탈리아의 그레베 시에서 시장, 파올로 사투르니니가 창시한 '느리게 살자'는 호소로 유럽에 확산되었던 슬로시티 운동 또한 1986년 슬로푸드(여유식) 운동정신의 확대를 통하여 생성된 개념으로 지역 토산음식을 먹고 지역문화를 공유하며 농경시대식의 느린 삶으로 회귀하자는 느린 삶 추구의 복고운동의 연장선에서 나온 사조라고 볼 수 있다.

로컬푸드 운동

미국 뉴욕 중심으로 전개되기 시작한 '그린마켓'이 비료와 농약 사용이 안된 유기농(organic) 농산물에서 진일보해 지역민들이 직접 재배하거나 생산한 과일, 채소, 육류 등 식재료 여부와 사용자와의 거리를 중점적으로 보는 도농상생(win-win) 협력형태의 도시와 지역농촌의 협력모형으로 로컬푸드(local food) 운동과도 밀접히 관련되어 있다.

(4) 지역산품의 지역소비와 학교급식 및 농가맛집

미국의 오레곤 주에서 일찍부터 시행하던 'Buy Oregon'도 지역산물의 지역소비 촉진 정책으로 전개되어 왔고 주로 학교급식에 대한 재료 혹은 현물 기부 형태로 실천되었다.

우리나라에서도 학교급식에 대한 지역농산물 연계의 지원강화 및 학교급식 지원센터의 설립 및 지역먹거리 운동의 네트워크화를 향한 연구제안들이 발표되고 있다(김종덕 2008; 김현철, 2009; 윤병선 · 유학열, 2009; 고장석, 2011; 김지용, 2014). 이에 대한 소비자 신뢰와 만족도 간 영향이 긍정적인 결과를 시사하는 연구도 이를 뒷받침하고 있다. 김지웅(2014)은 제과(업)에서의 로컬푸드에 대한 사용이 안전성, 미각, 건강, 지역사회 유지 등 요인에 대한 소비자들의 신뢰와 호응도란 측면에서 외식 내지는 식품 소비자들의 구매의도에 긍정적인 영향을 미친다는 연구결과를 발표한 바 있다. 이미 외식 중심형 로컬푸드 농가 맛집 소개(정유경 외, 2011), 고객중심형 메뉴개발의 차별성(민계홍, 2008) 등의 연구에서처럼 소위 향토음식점이나 음식메뉴의 선택속성이나 고객이 추구하는 가치들을 찾아내고 검증하는 연구들도 많다. 그 밖에 산업 자체의 성장발전 가능성의 평가와 강력하고 지속가능한 경쟁우위를 향한 가치들의 발견과 결정에 기여할 연구(최정숙 외, 2012)와 데이터베이스 등 기초지표 개발, 생산 및 부가가치 유발효과 등에 대한 경제적 접근도 향후 연구로 제안되고 있다.

한편 로컬푸드(local food) 운동의 정착이나 정책방향에 대한 여러 가지 방안들을 중심으로 한 견해들도 제시되고 있다(허남혁, 2011; 국승용, 2012: 김종덕, 2008).

로컬푸드의 관광자원화 차원에서 신토불이 항노화 웰빙 친환경 식자재 중심의 레스토랑 선택속성, 식품으로서 로컬푸드의 힐링(healing) 이미지 속성 반영 연구(강재희 · 강진희, 2014) 등도 부분적으로 이루어지고 있다.

(5) 스토리를 입힌 로컬푸드의 문화적 업그레이드

최근 우리나라에서 발표되는 농산물관련 학 · 연 · 관 · 실무계의 연구들은 '치유(healing) 농업'이란 말이 트레이드마크처럼 포함되고 있음을 쉽게 목격할 수 있다.

이런 추세 또한 건강에 대한 사회적 관심 혹은 농산물 행정이나 실무가 지향하는 지향점을 짐작하게 해준다. 그러나 향후 이에 대한 건강상 특장점들을 중심으로 하는 세일즈 토크가 실효를 거둘 것으로 예상되는 만큼 이런 스토리를 입힌 문화적 로컬푸드(cultural local food) 개발은 식품마케팅에 도입돼야 할 필요성을 제기하는 측면이다.

현재의 소비자는 상품의 기능뿐만 아니라 상품이 갖는 이미지나 스토리를 소비하는 것(신현암, 1999)이므로 브랜드 자산에서 말하려는 상품 자체보다는 암묵적 주장처럼 브랜드력의 유무가 마케팅 활동에 중시되고 있다. 상품의 기능 못지않게 상품의 이미지와 스토리를 중요한 기능으로 받아들이기 때문이다. 그러므로 경영성과 제고의 운영효율에 기여할 시장환경 조성이라면 가령 스토리를 입히고 이것을 광고에서 말하는 스토리텔링 같은 제안에 힘을 실어볼 수 있다는 제안을 드린다.

제3절 로컬푸드의 특화 개발과 지역특화 축제

1. 로컬푸드의 진화와 성과지향적 운영전략

지역축제는 새로운 볼거리와 일상생활에서 경험하기 어려운 것들에 대한 다양한 체험의 기회를 제공함으로써 관광객을 유인하고 유치확대를 통하여 지역경제의 활성화를 도모한다는 차원에서 의의가 크다고 할 수 있다(심상화, 2010; Getz, D., 1991b; 조선배 · 진재수 · 현성협, 2012). 이는 또한 지역주민의 삶의 질에 미치는 영향도 다대하다(이봉구 · 이충기, 2004).

2000년대 와서 활발히 전개되는 사회적 기업 내지는 커뮤니티 비즈니스(community business) 형태의 로컬푸드 생산과 유통은 관광 상품화에 대한 중요성 인식으로 본격적인 마케팅 및 판로개척 차원에서 점차 지역산물 중심 지역축제로 재조직되면서 진화와 발전을 거듭해 오고 있다.

제품은 건강, 안전, 환경을 중시하지만 축제는 지역과 제품에의 접근성 개선으로 지역의 자연환경, 고유한 사회 · 역사적 정체성 등 문화적 요인에 의한 외부인의 내방을 유인할 관광자원으로 개발됨으로써 매출 증대에 크게 기여하고 있다.

관광객의 입장에서 볼 때 그들의 관광활동 중 관광지의 음식구매에서 추구할 새로움, 즐거움 등 다양한 경험가능성에 대한 기대와 실제 체험은 여행을 풍요롭게 해줄 매력요소로 평가되기 때문이다(이정자, 2010; Quan & Wang, 2004; Mark, Lumbersa, Eves & Chang, 2011; 정호균 · 김영태 · 최규환, 1012; 장양례, 2015). 이런 과정에서 관광객들은 지역과의 상호의존적 성향을 보이면서 좋은 결과를 초래할 수 있다는 점에서 각급 지자체들은 성공적인 지역-산물의 홍보와 관광객 유치로 지역민소득 향상을 통한 지역경제와의 시너지효과 창출 기대로 다각적인 지역축제 개발에 주력하고 있다.

축제들은 지역의 자연환경과 시설물은 물론이고 농산물, 축산물, 수산물, 임산물 외 다양한 산물을 막론하고 실제로 지역내방 관광객 증가 실현 결과 지역경제 활성화에 기여하고 있다(이재완, 2012). 관광객의 구매(소비)는 관광지 지역사회의 주요 소득원천이고(Budeanu, 2007, p.450) 축제는 관광객 유입의 도구(정유경 · 김냉지 · 송현주 · 이명은, 2009; Tomlinson, 1991) 역할을 하기 때문이다.

성공적인 축제가 지역 전반적인 산물의 인기를 높이고 경기부양 효과를 초래하는 많은 사례들(조선배 · 진재수 · 현성협, 2012)이 관광객을 통하여 목표성과가 달성될 수 있음을 설명해 주고 있다. 이런 점에서 높은 축제관광객 유치실적은 로컬푸드(local food) 사업의 가장 큰 성과측면이라고 하겠다.

실제로 지역축제 현장에서 지역 및 산물에 대한 홍보와 판매촉진 활동들은 관광객들에게 많은 볼거리, 살거리, 먹거리 및 색다른 체험기회를 부여하면서 지역 이미지의 개선, 고객만족과 호응도를 이끌어내 지역경제를 활성화하고 주민소득을 증대시켜 준다. 그러나 더욱 값진 효과는 지역민들의 참여도와 협력이 고도화된다는 성과에서 기대되고 있다.

전국 각 지자체들은 이런 성과에 힘입어 다양한 상품, 혹은 관광상품 개발과 이와 연계한 지역축제 개발에 예산, 인력, 노력을 기울이고 있다.

실제로 겨울에 개최되는 강원도 화천의 '산천어축제'는 축제의 지역적 실수혜 체험으로 지역민의 참여를 동기화해 지속적인 발전을 이루어 성공한 축제의 본보기로 유사한 지역축제에 벤치마킹 사례가 됨으로써 로컬푸드(local food) 중심의 전국적 관광상품 개발에 주요한 계기를 마련해 주고 있다.

2. 로컬푸드 중심 지역축제들

국내에서 개최되는 지역축제들은 주로 지역산물을 핵심으로 하고 있다. 우리나라 전국의 지역축제는 문화예술형, 관광특산물중심형, 전통민속형 및 기타의 순으로 나타나고 있다(문화체육관광부). 지역축제는 상품성 잠재력, 세계적인 관광자원으로의 육성가능성으로 국가의 지원을 받는 문화체육관광부 지정축제와 비지정축제로 분류되지만 전체에 대한 지정축제의 비중이 높아지고 있다. 지정축제는 그것만으로도 행사의 품격을 제고하고 지역브랜드 상승효과로 관광객유치, 경제파급효과, 축제분위기 고조 등 수혜가 가능하다(강인규, 2011).

축제는 계절적인 차별성, 대상 로컬푸드의 차별성, 건강이나 재미지향의 축제 등 다양한 내용을 담고 있는 다음과 같은 것들을 예로 들어볼 수 있다.

(1) **겨울축제**: 화천의 산천어축제, 인제의 빙어축제

(2) **식품별 축제**: 언양의 고추, 홍천의 옥수수, 감자, 딸기

(3) **건강약선재료 중심의 축제**: 금산 인삼, 풍기 인삼, 홍천 인삼, 횡성 더덕

(4) **한방의료중심 축제**: 전국 4대 약령시장 중 하나로 한약재 생산과 유통중심의 제천에서 약초건강축제, 국제한방바이오엑스포

(5) **임산물 중심의 축제**: 가평 잣, 가평의 밤, 양양의 송이

(6) **명품한우 축제**: 횡성의 한우

(7) **전통 장류 축제**: 순천의 간장, 된장, 고추장 등 장류

(8) **발효식품관련 축제**: 전라도의 김치류

(9) **젓갈류 등 염장식품 축제**: 새우젓, 명란젓, 황세기 등 외

(10) **해산물 중심 어촌 축제**: 게, 전어, 굴, 과메기, 홍어회, 홍어, 꼴뚜기 등

각 식품들은 계절적인 성수기, 산지의 차이에 따라 각기 다른 분포와 특성을 가질 수 있다. 축제는 주로 사람들의 이동이 가능한 주말 등을 이용한 개최일 결정이 흔하다. 축제는 지역홍보, 지역소득, 지역산물의 지역소비, 상품의 제값받기 등에 의한 지역산업의 활성화로 지역 일자리 창출과 지역노동력 활용에 따른 원가절감을 통한 이익률 증진은 물론 지역민의 의식개조와 삶의 질 향상에 미치는 영향도 커지고 있다(김철원 · 서현숙 ·

이태숙, 2012; 이봉구 · 이충기, 2012; 곽용환 · 서철현 · 김병국, 2012).

3. 장기적 지역기업 생태계 조성의 플랫폼

1) 장기적인 지역전략의 대안

장기적으로는 지역축제가 지역기업 생태계 조성의 플랫폼 구축으로 실효성 있는 지역산업 발전의 촉진전략이 될 수 있다.

로컬푸드 중심의 축제는 또한 교육 및 기술수준, 서비스나 직장근무 기회가 취약했던 사회적 약자들의 근로의욕 고취, 사회적 접근성 강화, 일자리 부여 등 지역사회의 기회균등과 복지실현에 대한 잠재력이 크다.

2) 로컬푸드의 개발 잠재력과 R&D

또한 로컬푸드의 재배 및 생산, 식음료상품개발, 포장용기 및 전달 서비스, 향 · 허브 · 영양 등 건강성과 연계된 색, 조리방식, 서비스 방식의 차별성 강화가 푸드의 서비스스케이프를 향한 R&D개발을 요하는 측면이다.

가령 재료(흑미, 현미, 발효미, 찹쌀, 멥쌀 등)나 요리방식(무쇠솥, 압력밥솥, 돌솥, 냄비)이나 저장방식(냉동, 보온, 냉장, 온장이나 분말, 재조합 등)이 다르고, 담는 용기(식물 잎, 천연용기, 나무그릇, 죽통이나 종이팩)와 서비스방식을 달리한 밥 등 식음료서비스의 차별성과 다양성을 위한 서비스 아이디어 개발로 마케팅에 변화를 초래할 수도 있을 것이다.

3) 로컬푸드의 브랜드화 촉진 성과

각 지역들은 다른 지역과의 차별화 및 마케팅 목적으로 각 지역의 로컬푸드를 상징하는 브랜드명을 붙여서 홍보하고 있다. 식당, 식품원재료, 사업체 등 브랜드명을 붙이는 단위는 다양하게 나타나고 있다. 그러나 현대에 와서 어떤 산물을 가지고 사업을 하든 간에 이러한 네이밍 효과(naming effect)에 대한 기대는 한결같다.

브랜드자산(brand equity)은 같은 상품마케팅 활동에서도 이 브랜드력의 유무 혹은 크기에 따라 나타나는 이익의 차이를 말하는데 흔히 제품 자체보다 브랜드가 더 중시되는 현상으로 나타난다. Aaker(1991)에 의하면, 브랜드자산은 브랜드와 그 브랜드 네임과 심벌에 관련된 브랜드자산과 부채 모두를 말하는 것으로 이것이 제품과 서비스 및 기업과 고객에게 제공하는 가치를 증대시키거나 감소시킨다고 하고 있다.

개인 집에서 소규모로 담그는 영세한 작업장의 토종된장, 간장, 고추장, 청국장은 물론이고 신선한 야채나 곡물, 꿀, 쌀, 밀, 콩이나 엿기름 등 각종 가루들과 종자에도 브랜드명을 붙인다. 이것은 소비자와의 커뮤니케이션 수단 강화를 위해서 불가피한 지경이지만 또 업소의 브랜드자산을 위해서도 필요한 조치이다.

사람들은 제품을 구매할 때 상품의 기능 외에 이것이 지닌 이미지나 스토리를 소비하는 것이기 때문에 사람들은 붙여진 상품의 브랜드명을 통하여 그 이미지를 떠올리고 차별성을 머릿속으로 그리면서 기대감을 갖고 구매에 대한 의도를 가질 수가 있을 것이다. 소비자가 지각하게 될 로컬푸드의 이미지는 그들의 선택속성에 영향을 미쳐 상품과 맛집, 식품재료 선택을 결정하도록 촉진하며 나가서 충성도 조성에도 긍·부정의 영향을 미치게 될 것이다.

4) 지역사회의 사회적 자본과 로컬푸드에 대한 정보공유 및 공동대처

(1) 사회적 자본의 의미

사회적 자본이란 신뢰, 규범, 네트워크라는 사회적 조직의 특징을 말하는데, 사람들의 협력행동을 활발히 함으로써 사회의 효율성을 개선시킬 수 있는(Putnam, 1993) 속성들의 합이라고 할 수 있다. 여기서 사회적 자본의 구성차원들은 사회구성원 간 네트워크 형성 개념인 구조적 차원, 사회구성원 간에 공유된 규범 또는 신뢰의 개념인 관계적 차원 및 사회구성원 간에 공유된 이해의 개념인 인지적 차원 등의 3개 차원으로 분류하고 있다(Nahapiet & Ghoshal, 1988).

사회적 자본이 일반자원과 구별되는 점은 이것이 사회관계 속에서 발생되기 때문으로 개인적인 역량에 의해 습득되거나 개인소유가 될 수 없는 형태로 존재한다는 데 있다. 이런 의미에서 사회적 자본을 전략적 무형자산이라고 보는 시각(Mentzer et al., 2001)도 있다. 그러면서 사회적 자본에 의해서 발생되는 이익은 사회 전반에 대해 파급효과가 있는 공공재적 성격을 지닌다.

(2) 지역민의 정보공유 및 공동대처 사례

공공재적 성격의 로컬푸드 운동이 제대로 시행된다면 장기적 지역발전과 성장에 능동적 참여와 자부심 제공으로 지역상품 개발, 판매로 축제서비스의 품질 강화로 이어지고 지역민에게는 일터 제공을 통한 직무만족과 근로생활의 질은 지역 전체의 삶의 질 향상 효과를 초래할 것이다.

그러므로 지역발전 차원에서 로컬푸드의 편익 도모에는 주체들 간의 긴밀한 신뢰관계, 규범, 네트워크 등 사회적 자본(social capital)의 형성이 전제된다.

이런 네트워크, 규범, 신뢰는 곧 사회적 자본의 구성요소들로 이들이 구축될 수 있을 때 이를 통하여 로컬푸드 운동의 원활한 전개가 가능하고 그 결과 각종 혜택 수혜로 지역발전 촉진도 가능해질 것이다(Sonnino, R. & T. Marsden, 2006).

이러한 사회적 자본화 즉 네트워크가 활발하고 강화될수록 이런 기반 가동을 통하여 로컬푸드(local food)의 생산, 가공, 판매 등 단계에서 기대될 수 있는 부가가치는 더 많이 창출될 수 있을 것이다. 이러한 업무수행을 통하여 참여인력의 개발과 활동을 통한 수혜가능성은 점진적인 지역사회의 삶의 질 개선에 기여할 수 있을 것이다.

이처럼 로컬푸드 운동의 의미는 지역사회의 공동체성 회복에 있고 그 중심에 로컬푸드 운동의 존재가치가 확립될 수 있을 것이다.

전국에서도 소득수준이 높은 마을로 알려진 강원도 인제 용대리 황태마을의 지역주민들처럼 정보공유와 상생방안 공동모색 및 실행 등을 통한 마을의 공동대처가 경쟁력을 본격화하는 데 성공한 공동체성 구현사례들도 상당수 있다.

(3) 지역사회 자본의 지속가능성

지역사회 개발에 소요되는 그리고 지역사회가 가지고 있는 자본들은 인적 자본, 사회적 자본, 자연적 자본 및 일부러 마련된 재무적 자원 등의 4가지가 있을 수 있다. 이들은 개발에서뿐만 아니라 지속가능한 농촌사회의 존립과 발전에도 중요한 자산이요 자본적 요소들이기도 하다.

지역사회의 부를 창출하는 데 있어서 농촌사회가 직면하게 되는 도전들 중에는 종종 그 지역민들을 이 사업에 끌어들이고 유지할 수 있는가 특히 젊은층들의 참여 촉진이 가능한가의 문제라고 할 수 있다. 이런 측면에서 고찰할 때 문화체육관광부 산하 한국관광공사에서 대학수준의 교육기관으로부터 학생들을 농촌개발 및 관련 사업에 참여시키는 프로그램들과 예산집행은 농촌개발에 있어 매우 효과적이고 고무적인 일이 아닐 수 없다. 대규모 도시 또는 글로벌 경제 및 사회적 시스템으로부터 고립되어 왔던 종래 농촌사회의 고질적인 문제들에서 야기되는 일반적인 징후들로 지역개발을 지연 또는 악화시키지 않으면서 이를 점진적 혹은 획기적으로 극복하고 개선하는 데는 유능하고 건강한 인적자원의 투입보다 더 효과적인 방안은 생각하기 어려운 일일 것이기 때문이다.

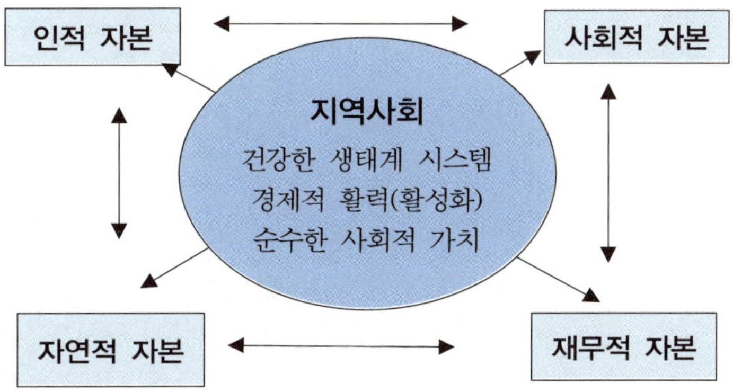

자료 : Flora, 2001.

[그림 6.1] 지역사회 제 자본과 시스템의 지속가능성

어떠한 형태의 지역사회 개발에 있어서도 지역 거주민인 인적 자본(human capital)과 그들 간의 관계결속은 결정적으로 중요한 변수요소가 되고 있다(Flora, 2001). 이러한 일련의 관계 및 이론과 실무적 연구들은 주로 사회적 자본관련 문헌(OECD, 2007; Lin et al., 2001; Cohen & Prusak, 2001)과 인적 자본관련 문헌(OECD, 2007; Seltzer, 1999; Ferienger & Mandle, 2000; Fukuyama, 1995; Mincer, 1993; Mankiew et al., 1992)을 통해서도 쉽게 확인되는 사실들이다(Flora, 2001).

제 3 편

외식서비스관리의 실제

제7장

외식서비스 실무와 위생관리

제1절 식음료서비스 실무

1. 서비스방식의 결정과 고려요소

1) 결정에 고려할 요소들

외식업체라면 그것이 일반 식당이든 호텔 식당이든 서비스 종사원이 고객으로부터 식사할 식음료메뉴 품목에 대한 주문을 수주하여 주방에 전달한다. 그 다음 준비된 음식을 고객에게 제공하는 과정에서 식사에 필요한 여러 가지 필요성 및 고객의 요구에 부응하는 식음료서비스 실무수행이 이루어진다.

식음료서비스 실무는 식탁을 중심으로 이루어지게 되므로 이것을 테이블 서비스(table service)라고 한다. 식탁(table)이란 단순히 배고픔을 채워주는 물리적인 공간만을 지칭하는 것이 아니라 사람들이 사랑과 정을 나누고 많은 것들을 수수하고 학습하는 장소이기도 하다.

고객에게 주문된 음식을 제공하는 과정에서 이용할 수 있는 테이블 서비스 방식들은 다음에 나오는 바와 같이 여러 가지가 있다. 이런 형식들을 서비스 스타일이라고 한다.

식사할 때 서비스의 종류가 정해져 있는 것은 아니다. 식사서비스에서 특정 스타일 이란 식사 내용과 현장관련 제 요소들을 고려해 고객에게 가장 편안하고 행복한 서비스가 되고 서비스 기업은 효율적인 업무수행에 적절하고 효과적인 방식으로 선택된다.

이렇게 결정된 서비스 방식은 고객과 기업 양측에 대해 가장 성공적인 서비스가 될 수 있을 것인데 이에 고려할 요인들로는 다음과 같은 것들이 있다.

(1) 고객층이나 고객 수

(2) 식사 모임이나 이벤트의 형식, 성격, 품격 및 규모

(3) 식사모임에서 추구되는 목적과 어울리는 서비스

(4) 행사장소와 주방과의 거리, 현장의 음식 저장설비

(5) 서비스될 코스의 수 및 식음료의 내용과 특성

(6) 전체 서비스 과업량과 서비스에 허용된 시간

(7) 서비스에 투입될 서비스 요원의 숙련도와 인원 수

(8) 고객에게 허용된 예산이나 주문한 객단가

(9) 행사에서 기업이 목표로 하는 서비스와 성과 등

2) 성공적인 서비스 실무의 성과

고객 서비스결정 문제에 대한 전략적 접근의 배경은 이런 환경에서 기대되는 재무적 및 비재무적 경영성과들 때문이다. 이처럼 모든 기능을 목표에 귀일시키려는 유기적인 노력은 외식사업 브랜드의 약속이행 차원에서 결국 성공적인 서비스 통합을 위한 투자가 된다.

외식사업의 행복한 고객서비스는 결국 기업의 매출증진과 수익증대, 서비스 실패요인의 방지와 마케팅비 절감 등에 따른 원가절감, 고객 구전효과(word of mouth) 등을 통하여 기업의 장기적 순이익 성과실현에 기여할 것이다. 이들을 살펴보면 다음과 같다.

(1) 서비스 만족으로 고객의 지속적인 애고를 이끌어내는 데 효과적인 방법이 선택된다.

(2) 고객과 더 큰 기대감(expectations)에 영향을 미칠 의시결정 기반에 충실한 보고체계가 조성된다.

(3) 가급적 서비스시간을 더 허용함으로써 감정노동자인 서비스요원의 감정악화를 줄여 더 좋은 서비스를 수행한다.

(4) 기본적인 문제요인의 개선으로 문제를 줄이고 고객이 실질적으로 기대감을 갖도록 해준다.

(5) 고객과의 높은 결속감이 경쟁자에게 틈을 허용하지 않아 브랜드에 대한 고객 충성심 고조효과가 있다.

(6) 성공적인 과업수행 결과 강한 팀과 소속감 및 직무만족을 통하여 이직률을 낮출 수 있다.

(7) 긍정적인 구전효과가 증진됨으로써 고객 스스로 기꺼이 어떤 세일즈관련 활동에 참여한다.

(8) 독특한 고객서비스의 문화적 요소들은 경쟁자의 모방이나 추종을 어렵게 만들기 때문에 기업의 장기적 경쟁력 확립에 도움이 되고 시장적 이점 수혜를 가능하게 해줄 수 있다.

2. 다양한 식음료서비스의 방식

1) 플람베서비스(Flambee Service)

특급 혹은 초호화 호텔이나 기타 품격 높은 상류의 양식당에서 가장 정중하면서 우아하고 귀족적인 서비스를 수요하는 고객에게 제공되기에 적합한 서비스 방식이다. 전형적으로 서비스되는 요리로는 크레페수제트(Crepes Suzette: 디저트), 시저샐러드(Caesar salad), 체리주빌레(Cherries jubilee: 아이스크림), 바나나플람베(Banana flambee: 후식류) 및 스테이크 타타르(Steak tartar: 육회와 유사한 요리) 등이 있다. 이를 게리동서비스(gueridon service) 또는 트롤리서비스(Trolley service)라고도 한다.

주방에서 기본 조리를 한 후 게리동(gueridon: 우아한 사이드테이블)에 놓은 반제품 요리를 식당 홀의 고객 앞으로 운반해 조리사가 직접 음식을 특히 브랜디 같은 알코올성 음료를 가해서 직접 불(꽃)에 조리한 후 고객에게 몫(portion)을 나누어 서비스하는 것이다. 단점이라면 게리동과 트롤리(trolley)의 이동과 안치에 소요되는 넓은 공간면적 때문에 상대적으로 고객과 종사원이 사용할 수 있는 식당공간이 좁아지거나 매우 넓은 면적을 요한다는 점이다. 또한 2인 이상의 조리사를 요하므로 서비스의 효율이나 안전성 및 수익성 면에서도 점차 이런 서비스가 지양되는 추세이다.

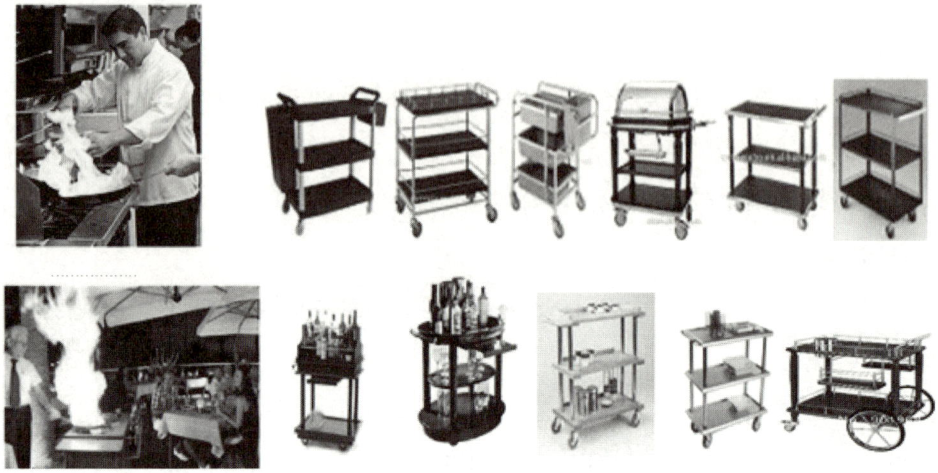

▲ Flambee Service

자료 : google.com

[그림 7.1] 여러 가지 용도의 trolley들

2) 러시안스타일 서비스(Russian Style Service)

러시안스타일(Russian Style) 서비스는 일명 플래터서비스(Platter Service)라고도 한다. 대부분의 음식을 플래터(platter)에 담아 서비스하기 때문에 붙여진 명칭이다. 주방에서 조리된 음식을 큰 접시(platter)에 담아 운반용 서비스 카트에 싣고 고객의 테이블까지 이동해서 고객에게 보인 후 각 고객의 접시에 음식을 골고루 덜어주는 서비스이다. 이때 신속한 서비스를 위해서 종사원에게는 음식을 고르게 배분하는 데 필요한 숙련된 경험과 능력이 요구된다. 플람베서비스에 비해 생산비 및 인건비 등 원가 절감이 가능하며 세심한 서비스까지 이루어질 수 있다는 점에서 장점이 크다.

현대 컨벤션이나 이벤트 혹은 각종 연회서비스에서 일시에 많은 수의 고객에 대한 서비스를 해야 할 경우에는 주로 러시안서비스 방식(Russian style service)이 많이 이용된다. 숙련된 종업원이 음식을 덜어 서비스하는 것이 몫을 나누는 것도 균등하게 되고 또한 서비스에서 가장 중요한 요건이기도 한 신속한 서비스가 이루어질 수 있기 때문에 의존도가 커지는 서비스라고 하겠다.

▲ 플래터에 담긴 요리(Hospitality Shaw, Javitt Center, 2010)

3) 아메리칸스타일 서비스(American Style Service)

미국식 서비스는 일명 플레이트서비스(Plate Service)라고도 한다.

주방에서 요리를 완성한 후 개별 접시에 담아서 각각 고객에게 접시로 제공하는 신속한 특징의 서비스라는 점에서 일명 플레이트 서비스(plate service)라고도 한다.

이 서비스는 신속성을 특장점으로 하는 만큼 고객 회전이 빠른 패밀리 레스토랑이나 약간 고급화된 패스트푸드 스타일의 식당 및 고급식당에 이용되기에도 적합한 형태의 서비스이다. 플람베서비스(flambee service)나 플래터서비스(platter service)에 비해 그만한 종류의 인력이나 장비를 요하는 종류의 품격 있는 서비스와는 다르지만 전문적인 역량을 익히기 위한 오랜 교육 및 경력에 따른 숙련도가 비교적 높지 않은 종사원에 의해서도 가능한 서비스로 이용 가능성도 상대적으로 크다.

종업원의 이직이 빈번한 외식산업이 겪게 되는 숙련 인력 확보의 어려움에도 무난히 대처할 수 있는 서비스 방식으로 종사원당 커버(cover) 고객 수가 늘어날 수 있다. 또한 그 결과 수익성에도 긍정적인 효과가 기대된다는 점에서 장점이 크다. 그러나 종업원의 이직에 따른 신입 직원의 교육에 대한 필요성 문제는 여전히 피하기 어려운 과제가 되고 있다.

▲ 음식이 담긴 접시를 직접 고객에게 제공하는 아메리칸 서비스 스타일

4) 패밀리 서비스(Family Service)

조리된 음식을 큰 접시(platter)에 담아 고객 테이블 중앙에 놓으면 고객 스스로가 회전시켜 손쉽게 음식을 덜어 먹도록 하는 서비스이다. 이러한 서비스의 경우에는 주로 회전 가능한 테이블이 이용되기도 한다. 음식의 서비스 절차가 비교적 간편하여 신속한 서비스에도 장점이 있지만 인건비 절약과 저렴한 가격결정에 유리하게 작용될 수 있다. 이런 형태의 서비스는 주로 중식당에서도 많이 이용되고 있다.

5) 카운터 서비스(Counter Service)와 카페테리아 서비스(Cafeteria Service)

카운터 서비스(counter service)는 학교식당, 회사식당 혹은 대부분 인건비 절약에 관심을 두는 비교적 대중적인 식당에서 선호하는 서비스 형식이다.

카운터를 통해 조리과정을 고객이 직접 볼 수 있도록 주방을 개방하는 경우에 많이 이용되는 서비스이다. 그러므로 요리에 대한 고객의 신뢰감을 높일 수도 있고 볼거리 제공도 돼 지루함을 감소시키면서도 신속하게 음식을 준비하거나 준비된 음식을 제공하게 된다. 그러므로 사람들이 많이 몰리는 시간대에도 짧은 시간 내에 식사를 마치고 대부분 즉시 자리를 떠나게 되므로 많은 식객의 수용이 가능하다. 그러므로 외식단가는 높지 않아도 인건비 절약과 동시에 많은 수량의 판매가 가능하므로 높은 좌석회전율도 높일 수 있어 수익성 측면에서도 강점이 크다.

이것은 카페테리아 서비스(cafeteria service) 혹은 이 방식의 외식서비스와도 유사하거나 동일 개념으로 이용되고 있다. 이 형식의 서비스는 준비된 음식 중에서 원하는 것을 골라 접시에 담는 개념을 중심으로 하고 있다. 미국이나 서양 등지의 학교식당(cafeteria)들은 사전에 준비된 요리, 음료, 과일, 후식 등의 음식을 진열해 놓고 외식 고객들이 원하는 음식을 접시나 컵 등에 골라 담고 라인의 끝에 가서 대금을 계산한 뒤에 식사하는 경우가 흔하다. 그러나 우리나라 대학교의 급식에서 보면 한식 음식의 특성 때문도 있지만 그보다는 카운터 너머에 있는 요리사들이 주문에 따라 이미 어느 정도 준비된 반제품조의 음식을 덥히거나 요리해서 접시에 담아주는 반 정도는 주문요리 방식으로 서비스하는 경우가 더 흔하다.

패스트푸드(fast food)점, 카페테리아점은 대부분 외식소비자들이 전광판의 메뉴와 가격확인을 거쳐 선택하고 주문한 식음료 메뉴를 카운터에서 직접 받아 식탁에서 식사하는 시스템으로 운영된다. 인건비 절약, 저렴하고 신속한 식사 서비스가 가능하므로 각 계층의 바쁜 현대인들에게 어필되고 있다.

6) 뷔페레스토랑 등에서의 셀프서비스(Self Service)

셀프서비스(self service)란 고객의 자가 서비스라는 의미로 식사에 필요한 사항을 스스로 담당하는 서비스의 형식이다.

셀프서비스는 다양한 식당에서 자주 그리고 다양하게 이용될 수 있는 서비스유형이지만 주로 뷔페식당(beffet restaurant)에서 이용되는 서비스이다. 그래서 이것을 일명 뷔페서비스(Buffet Service)라고도 한다. 자신의 기호에 따라 직접 음식을 확인하고 고르는 것이 편리하므로 셀프서비스로 음식을 고르고 담아 먹는다.

뷔페레스토랑(buffet restaurant)에서는 고객이 이용할 음식을 미리 완성해서 테이블에 배열해 두기 때문에 메뉴를 보고 음식을 주문할 필요가 없다. 고객들은 다양한 음식들 중 자기들이 원하는 품목의 요리를 골라서 자기 접시에 가져다가 먹는 재미를 즐길 수가 있다. 그러므로 뷔페사업에서는 별도의 메뉴제작을 하지 않고 마케팅 목적으로 제작된 레스토랑 브로슈어나 유인물을 비치하고 있을 뿐이다. 일반적으로 뷔페식당은 메뉴 없이 운영되는 노 메뉴(no menu) 외식사업체이다.

여기서 서비스직원들은 빈 접시에 음식을 채워 넣거나 빈 그릇을 치우는가 하면 와인이나 기타 별도의 주문으로 이용할 수 있는 메뉴 주문을 돕는 등 기타 서비스를 수행할 뿐이다.

▲ 음식이 진열된 뷔페 테이블

뷔페서비스(buffet service)나 셀프서비스 식당에서는 대량 판매위주로 운영되므로 식음료의 내용에 비해 가격이 비교적 경제적이다. 이런 형식의 서비스는 좌석이 많은 대형 외식업장의 좌석을 커버할 수 있고 거기다 식재료의 대량구매에 의한 할인이나 인건비 절약이 기대되는 긍정적인 측면도 있다. 반면 진열된 음식을 고객 스스로 가져다가 이용하기 때문에 1인분 몫에 대한 개념도 약해져서 음식이나 재료 낭비의 소지가 크다. 그러므로 운영관리상 이런 점에 유의하지 않는다면 오히려 식음료 원가상승 요인이 될 수 있고 수익성을 해할 수도 있다. 뷔페식당에서 원가가 높은 몇 가지 요리에 대해서는 품질관리 차원 겸 셰프(chef)가 요리를 해서 고객의 접시에 일정 양을 담아주는 서비스로 원가관리를 도모하는 것도 종종 목격된다.

제2절 외식서비스의 매너

1. 서비스 매너 갖추기

(1) 상대방을 배려하여 편안하게 하려는 따뜻한 마음씨를 가지려는 정신적 자세와 몸가짐을 가지고 문화적 차이에 대한 깊은 이해를 통하여 고유 관습이나 풍습, 문화 전통에 대한 넓은 이해와 예의를 가지고 행동해야 한다.

(2) 서비스 담당 남녀 직원은 의상부터 잘 갖추어야 한다. 여성은 단색 옷에 원피스보다는 투피스를 주로 하며 스타킹도 한 톤 어두운 색으로 하고 화장은 투명하며 너무 진하지 않게 해야 한다. 액세서리는 가능하면 피하고 향수도 자극적이지 않은 것으로 약하게 해야 한다.

남자는 진회색이나 감색 정장에 전통적인 3버튼 슈트로 번쩍이거나 달라붙지 않는 차림으로 조끼를 입어도 단정해 보여서 좋다. 넥타이를 깔끔하게 매고 구두는 손질이 잘 된 정장용 구두를 착용한다.

2. 좌석위치에 대한 서비스 매너 익히기

테이블 매너로 좌석배치는 식당의 위치, 출입구의 위치, 전망, 동부인 여부, 직위, 테이블 모양, 연령 등 여러 가지 요인에 의해서 달라질 수 있기 때문에 중요한 모임에서는 사전에 좌석을 정하여 배치하고 그 위에 이름표를 올려 놓는 것이 일반적인 서비스매너이다. 식당 지배인은 상석과 일반석을 구별하여 좌석에 배치된 대로 안내를 한 후 각 좌석에 착석하도록 한다.

먼저 정해야 할 상석은 연령 우선원칙, 여성우선 원칙, 기혼자 원칙을 적용하여 선정한다. 상석은 벽을 등진 자리로 입구에서 멀고 가까울수록 말석이며 경치가 바라다 보이는 자리가 상석이다.

3. 전채요리의 서비스 시에도 알맞은 기물 제공하기

전채요리(appetizer)는 식욕을 돋우기 위해서 먹는 요리로 새우칵테일, 게살이나 바닷가재(lobster)칵테일, 훈제연어 등으로 다양하다. 전채요리를 제공할 때에는 전채용 포크(fork)와 나이프(knife)를 사용하여 식사할 수 있도록 서비스해야 한다.

4. 아페리티프의 장식물에 대한 식사매너 돕기

식전주(aperitif)는 칵테일 글라스에 올리브, 체리, 레몬 등으로 장식하는데 이것은 먹어도 되지만 그대로 꺼내 놓아도 무방하므로 고객들이 그리할 수 있도록 자연스레 안내할 수 있어야 한다. 식전주는 식욕 촉진을 위해 차갑게 준비되며 글라스의 목부분 혹은 손잡이부분(stem)을 잡으며 마시는데 너무 오래 마시지 않는 것이 예의이므로 이를 도울 수 있도록 서비스해야 한다.

5. 주요리로 육류 수주 시 익힘 정도를 반드시 주문 받기

고기주문을 받을 경우에는 어떤 정도로 익힐 것인지를 반드시 확인하여 주방에서 고객이 원하는 스테이크로 정확하게 굽거나 조리하도록 주문을 넣어야만 한다. 사람마다 익히는 정도에 대한 선호도가 다르므로 이를 지키지 못할 경우 외식업체에서 외식고객들의 불만은 커지고 경우에 따라서는 새로운 요리를 해서 서비스해야 하는 경우도 발생하게 된다. 서비스 실패는 고객의 불만을 발생시키고 외식업소의 원가고 요인으로 작용된다는 점에서 유의해야 한다.

고기 굽는 정도와 비프스테이크 중 안심의 종류

고기요리는 다음과 같이 굽는 정도에 차이가 있다.

1. 레어(Rare, 프랑스어로는 세냥 Saignant)
   표면만 살짝 구워 중간은 붉은 날고기 그대로의 상태

2. 미디엄 레어(Midium rare, 프랑스어는 블뤼 Bleu)
   중심부가 핑크인 부분과 붉은 부분이 섞여 있는 반쯤 덜 구운 상태
3. 미디엄(Medium, 프랑스어는 아 포앵 a point)
   중심부가 모두 핑크빛을 띠는 중간 정도 구운 상태
4. 웰던(Welldone, 프랑스어는 비엥 퀴 Bien cuit)
   표면이 완전히 구워지고 중심부도 충분히 구워져 갈색을 띤 상태

안심 스테이크

스테이크 요리에 사용되는 쇠고기는 대개 등심(tenderloin)이나 안심 부위이다.

안심 스테이크를 프랑스어로 필레(Filet) 스테이크라고 한다.

안심이란 소의 등뼈 안쪽으로 콩팥에서 허리에 이르는 가느다란 양쪽 부위를 말하는데 안심부위 중에서도 앞쪽의 넓은 부분의 안심으로 만든 스테이크를 샤토브리앙(Chateau briand)이라 부르며, 이 부분은 비프 스테이크(beef steak) 중 최고급으로 여긴다. 똑같은 안심육이라도 부위별로 명칭이 다른데 헤드(head), 샤토브리앙(chateau briand), 필레(filet), 투르네도(tournedos), 필레 미뇽(filet mignon), 굴라시(goulash)용 등으로 명칭이 각각 달라진다.

6. 샐러드 드레싱도 고객요구에 따라 서비스하기

샐러드를 먹을 때 익혀 먹기도 하지만 서양요리에서는 주로는 생야채나 과일 등의 재료를 사용하고 있고 그 위에 뿌려 먹는 샐러드 드레싱(salad dressing)을 요한다. 드레싱은 단체객의 경우 일괄적으로 뿌려 서비스될 수도 있지만 고객의 취향이나 선호도에 따라 이용할 수 있도록 두세 가지의 드레싱을 서브하거나 서비스 요원이 들고 다니면서 고객의 주문에 따라 해당 소스를 얹어 서비스하기도 한다. 그러므로 샐러드 드레싱에 대한 기초지식을 가지고 서비스에 임해야 한다.

드레싱(Dressing)의 종류

샐러드에는 아래 중 어떤 드레싱을 뿌려서 먹게 된다. 샐러드 드레싱은 한 가지만 뿌리는 것을 원칙으로 하고 있다.

드레싱(Dressing)이란 '옷을 입히는 것'이란 의미이다. 옷을 입힌다는 사전적 의미처럼 샐러드에 덧입혀 먹는 소스라고 할 수 있다.

어떤 사람은 소스가 샐러드에 뿌려지는 모습이 마치 드레스와 유사하다고 해서 샐러드소스를 이렇게 부르기도 한다.

프렌치드레싱은 샐러드 위에 직접 뿌리지만, 마요네즈 소스는 접시 한쪽에 놓고 조금씩 찍어가며 먹는 게 좋다.

대개 나이프와 포크가 따라 나오지만 포크만으로 먹어도 관계없다. 샐러드를 칼로 자르면 안 되며, 큰 조각을 쉽게 먹기 위하여 포크와 칼로 접어 먹는 요령을 익히면 좋다.

1. 프렌치 드레싱(French dressing)

   기름(올리브유 등)과 식초를 이용한 소스로, 맛이 산뜻해서 정식 테이블에 잘 어울린다.

2. 사우전드 아일랜드 드레싱(thousand Island dressing)

   진한 맛을 낼 때 사용하며, 한국이나 미국에서 가장 일반적으로 사용되는 드레싱이다.
   샐러드를 양이 많은 일품요리로 먹을 때 사용하면 좋다. 마요네즈가 베이스를 이룬다.

3. 이탈리안 드레싱(Italian dressing)

   기름과 식초를 주재료로 한 맑고 시원한 드레싱이다. 그리고 이탈리아 사람들이 피자에까지 넣어 먹는 멸치젓(anchovie)을 가미해 만든 연한 갈색 드레싱도 있다.

7. 대부분 주방에서 요리와 함께 서브되는 가니시

대부분 가니시(garnish)는 주방에서 이미 요리되어 주요리 곁에 놓여 서비스되지만 컨벤션의 경우 서비스요원이 접시에 담아 서비스하는 경우도 있을 수 있다. 그러므로 가니시의 의미를 이해하는 가운데 모양, 맛, 향, 영양 면에 유의하면서 서비스에 임해야 한다.

가니시(Garnish)

뜨거운 야채, 구운 감자, 버터볶음밥 등 메인요리 옆에 장식되거나 메인요리와 함께 요리되는 것이다. 대개 요리의 미각이나 영양을 살리기 위해 혹은 입안을 환기시키기 위해 혹은 구색을 갖추기 위해 곁들여지는 일종의 장식품이다.

여러 종류의 가니시(garnish)가 제공될 경우 접시 상단에 '흰색-녹색-붉은색'의 순서로 놓이는데, 가니시(garnish)는 메인디쉬(main dish)와 교대로 먹는 것이 원칙이다.

가니시로 나오는 야채는 단순한 장식 이상으로 맛, 향기, 영양 면에서 요리와 조화를 이루기 위해 내놓는 것이다.

제3절 서비스의 위생과 손 씻기

1. 현대 외식사업과 위생관리의 의미

위생(sanitation)이란 식재료의 재배, 수확, 생산 및 이를 원료로 한 식품의 제조부터 그 음식물이 최종 소비될 때까지의 모든 과정에 있어서의 건전성, 안정성, 완전성 확보를 위한 조처이다(세계보건기구의 규정). 우리나라 「식품위생법」에 의하면, 식품위생이란 "식품으로 인한 위생상의 위해(hazard)를 방지하고 식품영양의 질적 향상을 도모함으로써 국민보건의 증진에 기여하는 것에 목적을 두고 식품 및 첨가물, 기구, 용기포장을 대상으로 하는 음식에 관한 위생"이라 규정하고 있다.

세이프 서브 자격증(safe serve certificate)

외국의 요리과정을 이수하는 학과에서는 대부분 안전한 서비스 자격증(safe serve certification)을 필수적으로 취득하도록 하고 있다. 이것은 식당의 기물이나 주방기물 등을 중심으로 해서 어떻게 안전관리를 도모할 수 있는지를 중심으로 한 내용들로 이루어진 교과과정을 이수하여 일정 자격이 되면 시험을 거쳐 취득하는 자격증이라고 이해하면 된다.

현대생활에서 외식이란 모든 계층의 다양한 위생배경을 지닌 대중들이 일정한 장소에 모여 가정식 못지않게 높은 빈도로 이용하는 식사이다. 그러므로 때와 장소를 가리지 않고 이용되는 식사형태로 인해 외식 대중들은 그만큼 위생상 불확실한 상태에 놓이는 동시에 이에 따른 위험에도 노출된다고 볼 수 있다. 특히 단체급식을 통하여 많은 사람들이 일거에 질병 감염으로 발병하는 사례들은 많았다. 이런 위험성은 식음료상품으로 인한 경우도 있고 외식 대중이나 기타 요인에 의할 경우도 있다. 그러므로 외식사업체의 위생관리가 과거 어느 때보다 긴요해지고 있다.

1) 외식서비스에서의 청결유지 및 관리

생산요원, 관리요원, 서비스요원 모두가 깨끗한 몸차림과 단정한 복장으로 청결을 유지하는 것이 중요하다. 우선 직원의 청결한 복장과 위생적인 서비스 태도는 서비스 위생에 대한 시각적 효과를 통하여 고객들의 불쾌감을 없애주고 식당의 먹거리와 위생처리에 대한 안전성을 신뢰하게 해준다.

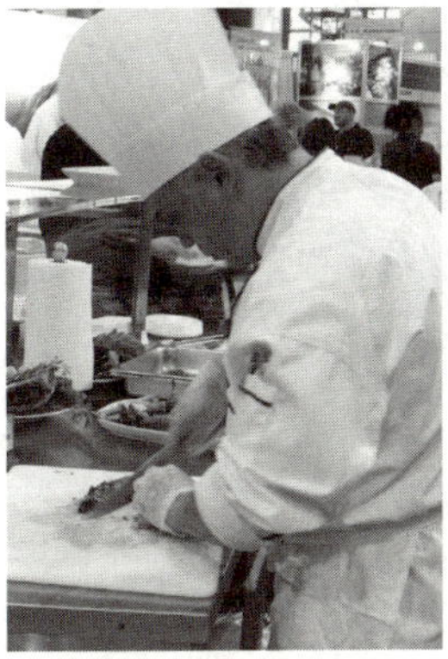

▲ 청결한 의상의 셰프(chef)

이처럼 위생적으로 당당한 기반 위에서 직원은 예의 있는 접객 응대서비스에 집중할 수 있어 직무성과 제고를 통하여 기업과 직원에 대한 고객의 신뢰감을 높일 수 있을 것이다.

2) 외식산업 종사자의 손 씻기

서비스 위생관리는 식음료 위생 및 외식사업의 내부 직원이나 고객의 건강과 안전을 위해서 매우 중요하다. 청결이나 위생관리는 우선 수시로 손을 깨끗이 씻는 것으로부터 시작되고 또 많은 위험들을 방지할 수 있다.

위생적인 서비스를 위해서 다음에 소개되는 손 씻는 방법을 숙지해 두자.

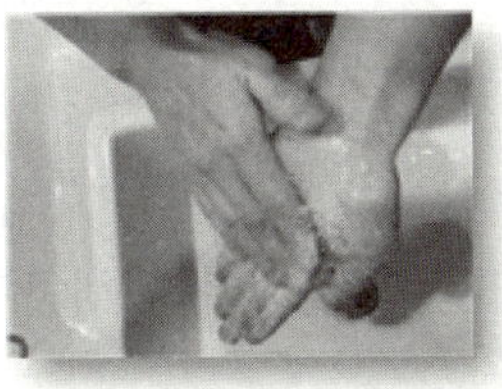

1. 손바닥 씻기

2. 손등 씻기

3. 손가락 사이 씻기

4. 엄지손가락 씻기

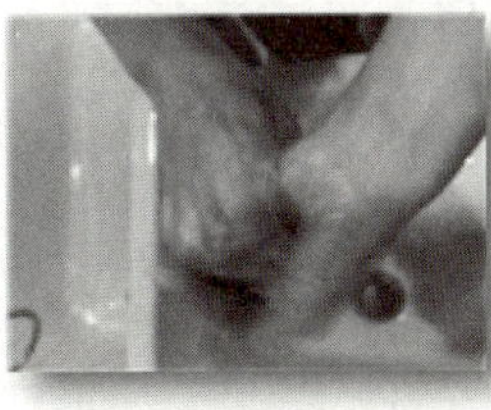

5. 손가락 씻기

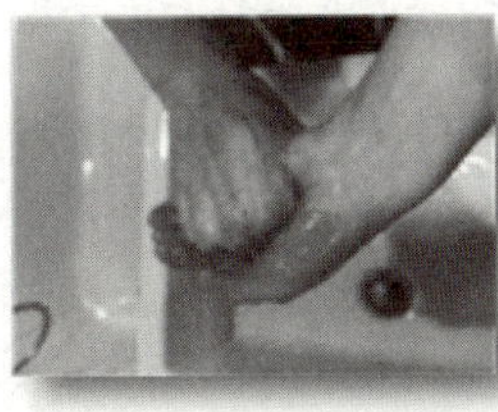

6. 손가락마디 씻기

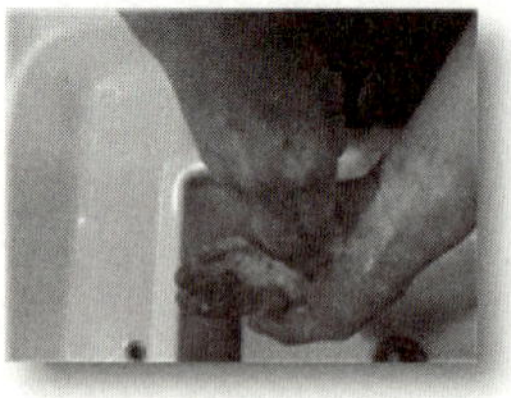

7. 손가락 끝 씻기

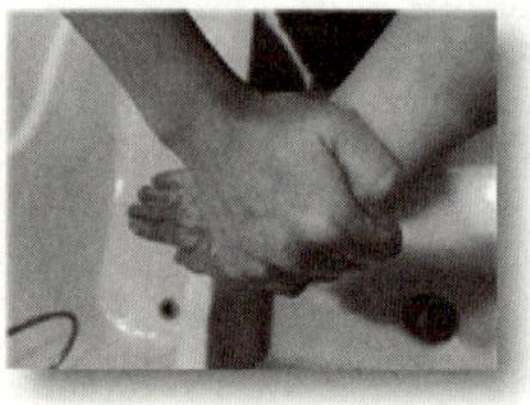

8. 손목 씻기

[그림 7.2] 손 씻는 요령

2. 부패성 높은 식음료의 위생관리

1) 식음료의 위생관리

외식사업의 특징 중 하나가 부패성이 강한 상품을 취급한다는 점이다. 식품의 변질은 부패, 발효, 변패 등의 유형에 의해 발생되는 결과이다. 이러한 식음료의 변질을 방지하고 원래의 맛과 품질유지를 위한 철저한 관리를 하려면 저장관리 시설이나 주방이나 서비스관리 요원의 위생지식과 위생처리과정의 엄격한 준수 등의 관리가 요구된다.

일단 식품이 부패로 변질 또는 손상되면 기업 내부적으로는 영업원가고의 요인이 되므로 수익성을 저해함은 물론이고 고객이나 식료를 접하는 인력의 인체에 질병이나 식중독 등 유해한 결과를 야기할 수 있다. 그러므로 이런 결과는 업소의 서비스나 신뢰성 저하문제 발생과 더불어 심할 경우 법적 송사 혹은 행정당국의 제재 대상이 될 것이므로 사업에 치명적인 결과를 초래할 수 있다. 그러므로 외식사업에 있어서 위생안전을 위한 지속적인 관리는 중단 없는 노력으로 수행돼야만 한다.

2) 식품변질 발생 원인과 사후관리

(1) 미생물

미생물(microbiology)에는 효모, 곰팡이 등 진균류, 구균류, 간균류 등 세균류, 리케차, 바이러스, 스피로헤다, 원충류 등 다양한 종류들이 있고 또 모두가 유해한 것은 아니지만 대부분의 유해한 결과도 이들을 통해서 일어나고 있고 또한 눈으로 식별할 수도 없다.

미생물은 각각 저온, 중온 및 고온에서 생존할 수 있는 것들이 있다. 또한 미생물의 생장에는 영양, 수분, 온도의 조건을 요한다. 그러므로 질병발생 가능한 미생물이 자라지 못하도록 하는 식음료 관리에 유의해야 한다.

(2) 식중독

대량의 식음료를 여러 사람들이 준비하는 과정에서 위생적인 관리의 과정을 거치지 못했거나 외부에 오래 노출시키는 경우에 흔히 발생되는 위생상 문제가 식중독이다. 식중독은 원인별로 세균성, 화학성, 자연독 등 다양한 원인에 의한 것으로 분류되지만 주로 세균성 물질이나 농약 등에 의한다. 세균성 식중독은 다시 감염형과 독소형으로 구분되지만 미생물에 대한 전문적인 지식 없이 이들을 상세히 이해하고 방지하기가 어려우므로 전문가의 도움이나 교육이 필요한 부분이다.

식중독의 유형을 사례별로 살펴보면 다음과 같은 원인들에 의한다.

① 재료나 음식에 넣는 감미료, 착색제, 표백제, 기타의 첨가물로 인한 식중독

② 놋그릇 등 금속제, 기물에 사용되는 유약, 멜라민이나 플라스틱 제재의 용기에 의한 식음료의 변질이나 식중독

③ 오래된 재료 사용이나 복어알(테트로도톡신), 독미나리(사이프톡신), 감자(솔라닌) 외에 독버섯 등 자연독

④ 유해방부제(베타나프톨 등)의 사용이나 조리용 기구에서 나오는 포름알데히드나 페놀, 식품재료나 식음료에 과도하게 들어 있는 수은이나 잔류 농약성분, 기타 기생충, 세균, 화학약품, 물리적 원인 등에 의해 식중독이 발병되고 있다.

(3) 식품변질에 의한 사후관리

식품변질에 의한 문제발생 경우에는 내부적 및 외부적으로 신속한 조치가 이루어져야 한다. 조기대책이 마련되지 않을 경우 더 큰 문제로 비화되면서 사업에 있어서나 인체 안전에 되돌릴 수 없는 문제를 유발할 수도 있다. 이것은 단순히 사업체의 수익성 목적에서만 이루어질 조치가 아니라 대중을 향한 공중위생 측면에서 만약의 경우에 대비한 조기 확산 방지를 위한 철저한 노력으로써 이행돼야 할 사안으로 유의해야 한다. 그러므로 외식기업들과 식품업에서는 국제적 및 국가적 차원에서 이런 경우에 대비해서 철저한

보고체계 및 사전이나 사후에 취해야 할 조치와 내용을 강령화하는 대안 마련과 사전교육을 통한 훈련이 제도화되고 있다(HACCP).

(4) 식음료의 부패, 폐기, 식중독의 예방관리(이정자, 1981)

① 식중독을 예방하려면 우선 좋은 재료를 구매하여 위생적인 저장과 처리를 해야 한다.
② 주방, 냉장 및 기타 저장고, 냉동설비의 청결성, 직원의 라커룸, 화장실, 쓰레기통, 주변의 청결성 및 파리나 모기 등의 방충방제가 중요하다.
③ 식음료의 조리기구 및 설비의 청결성 유지관리에 주력해야 한다.
④ 식료 준비 및 서비스 직원의 청결·위생관념 고취와 지속적인 교육훈련을 해야 한다.
⑤ 식음료의 준비 및 서비스지침서 작성으로 조리, 요리, 저장, 서비스 단계별 주의사항이나 적정온도와 시간관리 및 식음료별 적정 냉온관리로 서비스에 만전을 기해야 한다.

해썹(HACCP): 식품위해요소 중점관리기준의 국제적 통용

해썹(HACCP)은 hazard analysis and critical control point의 약어로 '식품위해요소 중점관리기준'이라 하며 당초 미항공우주국(NASA)의 요청으로 미국 굴지의 식품제조업체인 Pillsbury사 개발의 무중력상태에서 병원균이나 생물학적 독소가 전무한 우주식 제조에 미육군 Natick연구소와 공동 실시한 것이 최초이며 일반화된 것은 1980년대에 와서였다. HACCP이란 위해분석(hazard analysis)과 중점관리점(critical control point)의 복합어로 전자는 전체 공정의 흐름에 따라 위해 가능성 요소들을 분석·평가하는 것이고 후자는 전체 공정과정에 있어서 위해가능성이나 위해가 확인된 요소들을 정하고, 이에 대해 설정된 기준에 따른 철저한 관리로 위해를 사전에 예방하고 식품 안전성을 도모하려는 제도로 국제식품규격위원회에서 규정한 12단계와 7원칙을 현장에 적용하고 있다.

식품의 원재료 생산부터 최종 소비자가 직접 이용할 수 있는 완제품을 만들어 사용할 때까지 각 생산, 유통 및 소비 등의 전 과정에서 어떤 단계에서 생물학적, 화학적 및 물리적 위해요소들이 식품재료나 음식에 혼입되어 들어오거나 오염되는 것을 지속적으로 관리함으로써 식품 또는 제품의 안전성(safety)

확보, 보증, 예방(방지) 차원의 위생관리 시스템을 일컫는 용어이다. 그러므로 HACCP은 식중독 예방을 위한 감시활동과 관련된 식품의 안전성, 건전성 및 품질 확보를 위한 계획관리시스템인 것이다.

1995년 12월 우리나라에 이 제도가 도입되면서 「식품위생법」 32조에 식품위해요소 중점관리기준이 규정되고 조항이 신설되기에 이르렀으나 후에 48조로 개정변경되었다. 식품위생관리는 식품에만 그치지 않고 시설설비 등의 일반적인 위생관리 업무이행으로 종합적인 위생관리가 가능한 식품제조, 가공, 조리법에 모두 적용되는 종합위생관리 시스템이 되었다. 이는 식품안전성 확보, 식품업체의 자율적이며 과학적인 위생관리 방식 정착, 국제기준 및 규격과의 조화를 도모하려는 것이다.

국제적으로 대부분의 축산학, 식품영양학, 식품조리 및 기타 관련학과에서는 정규교과과정에서 이에 대한 실무과정이나 이론과정을 거의 두고 있다.

제4절 고객이 원하는 내용에 맞춘 서비스 실무

1. 고객이 외식체험 만족을 위해 원하는 서비스

외식서비스는 고객이 정당하게 기대하고 요구하는 사항을 신속하게 충족시켜 주는 것과 관련된 직무이다. 그러자면 서비스 종사원들이 그들이 알고자 하거나 받으려고 기대하는 서비스 내용을 잘 파악하는 것으로부터 업무를 시작해야 한다. 서비스는 이해하는 것에서 출발하지만 생각에서 완성되는 것이 아니라 행동으로 필요사항을 충족시킬 수 있을 때 고객이 그 품질을 긍정적으로(만족스럽다고) 인식함으로써 완성되는 것이다. Gronroos(1983)는 이런 서비스 관계를 설명하는 과정에서 서비스란 무엇(What)을 어떻게(how) 제공할 것인가를 품질요건으로 본다(평가한다)고 하고 있다. 즉 서비스의 무엇에 해당되는 기술적 품질(technical quality) 요인으로는 기술적, 지적, 기계적, ADB시스템을 들고 있으며 어떻게와 관련된 기능적 품질(functional quality) 요인들로는 태도, 가능성, 고객접촉, 환경 등의 요소를 들고 있다.

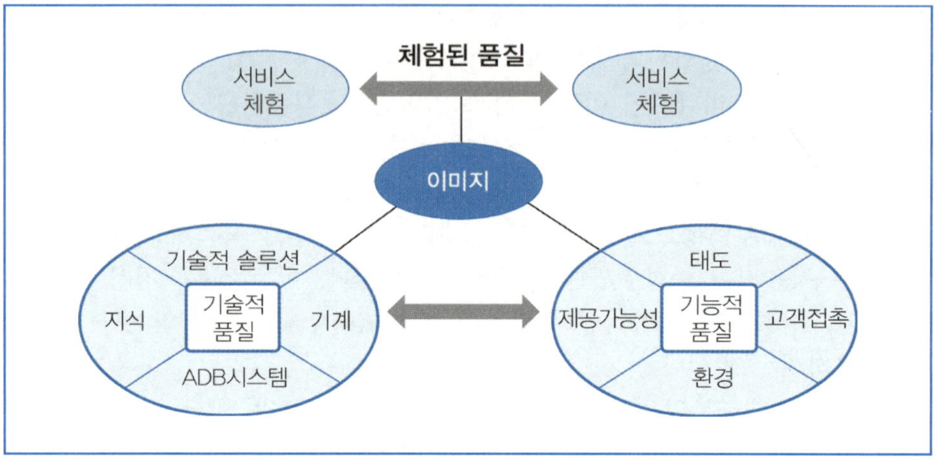

[그림 7.3] Gronroos의 서비스품질 모델(1983)

외식산업에서 종사원들에 대한 지속적인 교육과 훈련은 그들의 서비스관련 지식수준을 제고하고 숙련된 서비스역량을 통하여 서비스제공 과정에서 고객들이 만족체험이나 느낌으로 받을 수 있는 위험성을 감소시켜 줌으로써 서비스가치를 증진시키는 데 직간접적으로 기여할 것이다. 실제로 연구조사에 의한 고객중시 서비스 요소들로는 다음과 같은 것들이 있다(Dougherty & Murphy, 2009).

고객들은 무엇보다도 해당 기업이 지식기반 서비스직원이 있는지의 유무를 중시한다. 지식기반 서비스직원들은 고객 대면 즉시 신속한 고객 요구사항 파악으로 필요한 정보에 대한 접속이 빠르며 예의 있는 태도로 고객을 중요하게(valued customer처럼) 그리고 공정하게 처우하며 개별고객에 맞춘 적정한 수준의 맞춤형 서비스를 제공할 역량을 보유하고 있다는 점에서 차별성이 현저하다. 이러한 지식기반 종사원들의 차별적 서비스는 기업의 경쟁역량이 됨으로써 외식기업의 브랜드에 대한 신뢰성을 높일 수 있기 때문에 결국 충성고객을 증가시키게 되고 사업의 수익성 증대에도 기여하게 된다(이정자, 2011).

2. 접객서비스 직원의 기본자세

1) 기본자세의 확립

서비스 직원의 정중한 태도와 청결한 몸차림 및 단정한 복장은 접객자세의 기본이 된다.

각급 직무담당자에게 합당한 차림과 복장은 고객을 안심시킨다. 화려하지 않고 정갈한 차림은 그들의 예의, 성의, 배려하는 태도를 그대로 신뢰하게 만드는 데 있어 중요하다.

로열티 프로그램(Loyalty program)

기업고객이 이용 기업에 대해 충성을 할 때 기업과 고객이 상호 간에 주고받는(give and take) 관계를 통하여 상호작용과정을 반복함으로써 결속관계를 강화시키고 지속적인 관계를 통하여 지속적인 기업의 고객으로 남게 된다. 여기서 로열티 프로그램이란 상품 및 서비스 등을 반복적으로 이용하는 고객들에 대한 특별한 처우를 위해서 이를 조건으로 포인트나 캐시백 등 보상을 프로그램화하여 제공하고 고객 자신이 자기의 정보제공을 하도록 만드는 마케팅 프로그램이다.

경영환경이 급변하는 경쟁심화 여건에서 기업의 제품, 서비스에 대해 고객이 접하는 정보의 양은 비약적으로 증가되며 고객만족도의 내용과 수준에도 변화가 초래되고 있다. 서비스품질에 대한 고객만족은 다음과 같은 행동의도를 갖고 있어서(Zeithaml, Berry, & Parasuraman, 1996) 재무적 성과에 기여한다(Anderson & Sullivan, 1990; Reichheld & Sasser, 1990). 기업에 충성(loyalty), 전환(switch)의도 약화, 외부적 책임(external response)에 대한 반응, 내부적 책임(internal response)에 대한 반응 등 긍정적인 효과를 발휘함으로써 기업성과 개선에 기여한다. 적극적인 행동으로는 새로운 고객유치에 기여하며 방어적 행태로는 기존 고객의 유지에 기여한다(Fornell & Wernerfelt, 1987; Rust & Zathorik, 1993; Zahorik & Rust, 1992).

더구나 일단 고객이 다른 기업으로 전환하게 되면 기업은 고객의 빈자리를 채우기 위해 신규고객을 유치해야 하는데 여기에서 발생되는 신규고객의 유치비용은 기존고객의 유지를 위한 마케팅 비용보다 5배나 높을 정도로 고비용을 요한다. 그러므로 기업들은 기존고객을 유지하고 그들의 구전효과 등을 통하여 새로운 고객을 유치하려 한다. 그러므로 기업에서 기존고객의 유지는 어떤 마케팅 성과보다 중시되고 있다.

또한 로열티 프로그램을 운영할 경우 주로 발급하게 되는 멤버십 카드 등을 통한 매출은 실제로 호스피탤리티 기업의 경우 총매출의 30% 이상이나 될 정도이다. 이런 매출실적을 시사하는 기업사례들은 많다. 이제 로열티 프로그램은 기존 고객을 잡아두는(retention) 가장 신뢰할 만한 프로그램으로서 거의 대부분의 서비스기업에서도 마케팅 경쟁, 즉 고객의 구매의도를 높이고 기업의 충성고객으로 남도록 하려는 전략수행에 있어서 경쟁우위 선점에 필수불가결한 요소처럼 생각되고 있다.

2) 필요한 지식습득의 직무역량

종사원들이 직무를 수행하는 데 필요한 일반적인 능력을 갖추는 것은 당연하지만 그보다도 당해 외식사업에서 취급하는 상품에 대한 메뉴, 요리, 서비스관련 기초지식을 습득해야만 고객이 원하는 것에 대해 신속한 대처나 배려하는 서비스가 가능해진다.

3) 인간관계관리적인 접객태도

서비스의 생산과 판매 및 제공은 고객과 함께 이루어지는 것이다. 그러므로 고객과의 호의적인 관계가 되지 않으면 서비스 실패 가능성이 커진다는 점에서 고객만족 및 사업성과 제고 차원에서 인간관계관리는 관계마케터들의 주목을 받고 있다. 그러므로 항상 상냥한 얼굴과 말씨로 고객을 배려하는 태도견지가 중요하다. 배려하는 태도란 고객이 요구하기 전에 필요사항을 미리 파악하고 알아서 해주는 일 처리나 서비스라고 생각해두자. 성공적인 직무수행은 직원의 직무만족도를 높여 이직률 감소효과도 기대되므로 경영관리적인 의미도 크다.

3. 정보기술의 활용과 경영참여의식

각 기업들은 로열티 프로그램(royalty program)을 수립하고 지속적으로 애고하는 고객들에게 제공할 특별한 서비스패키지들을 개발하고 있다. 그러나 이것이 관리실에서만 이루어지는 최고 경영자들이나 마케터의 직무만은 아니다. 일선 서비스직원들이 서비스 현장에서 이런 정보를 알고 고객을 맞이하고 더 친근하고 특별한 처우를 하려는 노력을 통하여 고객은 기업에 대한 신뢰감을 높여갈 수 있을 것이기 때문이다. 그러므로 구축된 외식기업의 데이터베이스로부터 관련 정보들을 공유하면서 서비스의 질적 향상을 도모하도록 하는 것도 중요하다.

미식가들의 성서, '미슐랭 가이드(Michelin Guide)'

1900년 앙드레 미슐랭이 프랑스 여행자/운전자에게 유익한 정보제공 취지로 무료 배포하던 여행·식당정보 안내서를 효시로 하여 나온 미슐랭 가이드는 100년 이상 되었다. 지금도 엄격한 평가와 그 결과의 신뢰성에 정평이 있는 기드 미슐랭(Guide Michelin)은 매년 봄 1,300여 페이지 분량으로 출간되고 있다.

암행평가로 이루어지는 평가요소들로는 ① 맛, ② 종업원의 친절도, ③ 식당의 분위기 등 3개 요소가 주를 이루며 평가결과에 따른 평점이 부여된다.

평가결과 맛, 종업원, 분위기 모두가 좋으면 만점으로 검은 별 3개가 부여된다. 또 맛과 종업원은 좋은데 분위기가 중간 정도이면 검은 별 2개에 흰 별 1개를 받는다. 맛과 종업원은 좋은데 분위기가 별로인 경우에는 검은 별만 2개를 받는다. 그 다음으로 맛은 좋으나 종업원과 분위기가 중간이면 검은 별 1개에 흰 별 2개로 평점이 부여된다.

여기서 맛에 대한 평가는 절대적이면서 상대적인 평가를 하는데 누구나 먹어서 맛이 있어야 좋은 평가를 받으며 그 지방 특유의 고유 음식으로서 맛이 나야만 좋은 평점을 받을 수 있다.

종업원의 서비스 문제는 프랑스 식당 종업원의 경우 대체로 3년 과정의 학교 교육과정을 이수한 사람들로 한 사람이 보통 8~9개의 테이블을 담당하여 손님에게 세심한 주의를 기울이게 된다. 이들은 ① 3년간이나 손님을 맞는 방법, 손님 시중드는 방법, 메뉴판을 적는 방법, 주문을 내는 방법, 테이블에 음식을 제공하는 방법, 테이블에 음식을 놓는 방법, 포도주를 따르는 방법 등의 교육과정을 이수한다. 이들은 항상 복장청결, 손톱·발톱정리, 손님을 미소로 맞으며 고객 요구사항을 정확히 파악하여 주문한 음식과 실제 음식에 착오가 없어야 한다. 걸음을 조심하고 걸을 때에는 굽소리가 나선 안 된다. 이들에겐 직업에 대한 자부심, 긍지심이 중요하며 즐겁게 직무수행할 수 있는 마음과 태도가 중시된다. 오래 근무해 매너 좋고 서비스정신이 투철한 단골 종사원의 서비스를 받기 위해 일부러 한 식당만을 고집하는 고객들도 많다.

식당분위기 첫인상이 중요한데 눈으로는 식당 분위를 보고 귀로 식당에서 나는 소리를 듣고 코는 그곳의 냄새를 맡는다. 어수선하거나 시끄럽지 않으며 안 좋은 냄새가 나지 않는 분위기의 식당이다. 식당분위기로는 ① Table에는 우아한 식탁보가 덮이고, ② 샹들리에 아래 촛불이 켜져 있으며, ③ 벽에는 명화가 걸려 있고, ④ 조명은 은은하며, ⑤ 음악이 잔잔히 흐르고, ⑥ 종업원은 손님을 세심하게 살피고, ⑦ 음식 냄새는 식당 안을 고소하게 감돌고, ⑧ 와인잔, 샴페인 잔, 핑거볼 잔은 디자인이 고급스러우며, ⑨ 포크, 나이프는 빅토리녹스나 이녹스 같은 아주 품질 좋은 제품으로 디자인이 고급스럽고 음식과 조화되며, ⑩ 화장실은 청결하며, 향수 냄새가 은은하고 꽃 한 송이가 꽂혀 있다.

제8장

용어 해설과 요리기술 입문

제1절 외식 전문가가 되는 길

경영관리 계층을 막론하고 외식산업에 종사하려면 취급하는 상품의 생산과정에 대해서나 상품 자체에 대한 어느 정도의 이해력과 지식을 습득하여야만 한다. 요리사나 그런 것을 알아야 한다면 고객이 원하는 내용을 어찌 이해하고 좋은 서비스를 제공할 것이며 또 고객이 모르는 점에 대해 질문하면 어떻게 설명할 수 있겠는가? 요리전문가는 아니더라도 경영자나 서비스요원을 막론하고 요리에 대한 기본 실력은 갖추어야만 한다. 아니 생활의 질이 향상되고 있는 현대생활에서 모든 생활인도 어느 정도의 지식이나 실무역량을 갖추는 것은 문화인으로서 혹은 교양인으로서도 필요하지만 당장 품격 있는 가정생활에서 활용 가능한 잠재력으로 작용될 것이다.

그렇다고 억지로 요리나 식음료 경영과 관련된 용어를 익히거나 외우는 것은 지루해서 흥미를 잃기 딱 맞고 어려움만 가중시킬 수 있다. 요리는 실제로 해보는 것이 좋지만 이 또한 쉽지 않기도 하다. 무엇보다도 요리책이나 외식 등 관련 자료나 도서들을 꾸준히 대하게 되면 서서히 그러나 확실히 교양과 지식이 쌓여갈 것이라 생각한다. 평상시 알던 요리라도 간단한 설명이 때론 생소할 때도 있지만 사람들의 건강에 즐거움까지 더

할 방식으로 새롭게 접근해 보자.

천 리 길도 한 걸음으로 시작되고, 기본이 튼튼해야 장기적 및 지속적인 발전도 가능하다.

가정이나 직장 어떤 외식장소에서도 역할이나 담당직무가 무엇이든 간에 취급 식음료(상품이든 가정의 음식이든) 재료와 생산과정에 대한 기초지식 없이는 직무수행이 안 된다.

사람들과의 대화능력도 되고 생각을 주장해 볼 기회도 생긴다. 여기서 요리나 서비스 관련 기초 용어의 이해와 활용은 결정적으로 중요하며 선택사항 아닌 필수요건이 된다. 조급할 것 없이 생활상식의 연장선에서 친근감을 갖도록 차근차근 차분히 용어 이해력을 쌓아간다면 고수준의 조리기술 습득과 창의적인 기술이나 활용도 개발능력을 발전시켜 자신의 품격을 스스로 격상시키는 성과를 달성할 수 있을 것이다.

장차 대소 규모의 대중식당, 케이터링 사업체 혹은 고품격의 레스토랑에서 좋은 포지션에서 역량 있는 경영자로 일할 수 있게도 된다. 또한 외식관련 전문가로 경쟁역량을 갖고 사업창업도 하고 직무수행에 임할 수도 있다. 적어도 현재 위치에서도 이에 대한 유능한 결정이나 참여가 가능한 차별적 존재가 되는 데 도움이 될 것이다.

다음 소개할 용어들은 지극히 기초적인 것이므로 외식에서 알지 않으면 안 되는 기본적인 내용을 담았지만 이것이 전문적인 실력을 갖도록 여러분을 이끌고 경쟁력 있는 사람으로 만드는데 가정이나 사회적인 만남에서 여러모로 기여해 줄 것이다. 차분히 그러나 자주 용어를 대하면서 친근해지길 바라는 마음이다. 이것이 식음료와 조리에 대한 심층이해를 통하여 외식사업 경영의 첫걸음을 내딛게 해줄 것이다.

요즘 상당수의 TV 프로그램들이나 쇼핑 광고들도 요리와 관련되어 있다. 그만큼 식사와 요리가 대세인 현대인의 생활과 삶의 양식을 반영하고 있다. 자신과 다른 사람의 건강, 맛, 멋, 교양, 생활수준과 밀접히 관련되어 있는 사회에서 살며 활동하고 있기 때문이다. 잘 나가는 스타들이 대거 요리에 참여하고 있고 이런 이야기가 해외 뉴스에도 방영되는 배경을 진지하게 생각해 보는 것도 학습에 다소 도움이 될 것 같다.

제2절 여러 가지 조리용어 해설

〈업장에서 외식 수주 시 서비스역량 제고에 필요한 용어〉

(이정자, 메뉴관리, 1995)

- **글레이스**(Glace): 얼음가루, 냉동품목 혹은 젤리로 어떤 음식의 표면을 번쩍이게 해 주는 것.
- **길드**(Gild): 계란 풀어놓은 것으로 씌우는 것.
- **누들**(Noodles): 흔히 중국요리에 많이 사용되는데 밀가루 반죽을 여러 가지 다른 모양으로 빼낸 국수.
- **니드**(knead): 손가락 마디에 힘을 주어 밀가루 반죽을 세차게 치대는 것.
- **다이스**(Dice): 작고 일정한 크기로 네모지게 자르는 것.
- **더스트**(Dust): 가루로 된 설탕, 우유 혹은 밀가루를 살짝 뿌리는 것.
- **도우**(Dough): 단단한 정도로 밀가루에 액체를 넣어 혼합해 놓은 반죽.
- **드레지**(Dredge): 얇게 드문드문 음식의 위에 뿌리는(덮는) 것.
- **라드**(Lard): 고기의 지방(기름기).
- **로스팅**(Roasting): 팬에 넣은 육류를 오븐에서 굽거나 직접 열에서 조리하는데 가끔 겉에 양념이나 물기를 발라주면서 이리저리 뒤집어줌으로써 부드럽게 모든 부위가 골고루 익고 색깔도 좋게 나올 수 있도록 하는 것. 흔히 칠면조 로스팅이나 한국의 통돼지구이 등 사례.
- **마리네이트**(Marinate): 식초와 양념 혼합물 속에 담근 육류 혹은 생선.
- **마요네즈**(Mayonnaise): 난황, 기름, 식초 및 머스터드(겨자)를 혼합해 만든 걸쭉한 소스로 샐러드 드레싱에 사용됨.
- **마카로니**(Macaroni): 대롱모양으로 된 밀가루 파스타로 오래 삶아야 마카로니 요리가 됨.
- **마카롱**(Macaroons): 최근에 세계적인 인기를 얻고 있는 작은 주로 원형의 이탈리아 원산의 코코넛 케이크.

- **매스크**(Mask): 소스 혹은 판박이(moulded) 젤리로 요리를 코팅하는 것.
- **머핀**(Muffin): 일정한 틀에 구워낸 빵으로 버터로 반죽함(batter).
- **민스**(Mince): 가늘게 저미거나 혹은 채를 치는 것.
- **바비큐**(Barbeque): 사진 참조.

▲ 정원에서의 바비큐 (barbeque)

좌측의 사진은 뒤뜰에 바비큐 그릴을 놓고 굽는 모양이다. 이때 보통 향이 좋고 강한 허브식물을 밑에 깔거나 시중에서 판매되는 바비큐 소스나 홈메이드 소스나 양념장을 가미하여 고기를 직화구이하거나 혹은 널찍한 사각형의 팬 위에서 요리하는 방법이다.
흔히 시중에서 판매하는 바비큐 그릴을 구입해 이용하는데 가격대는 수만 원부터 수백만 원까지 다양하고 가정에서 석탄에 불을 지피거나 가스를 이용하기도 하는데 식객이 많을 경우 정원이나 데크 같은 장소에서 많이 이용된다.

자료 : 박선아 · 이정자, 2015.

- **발효제**(Raising Agents): 식재료에 섞어 열을 가해 활성화시켜 가스를 만들어내는 물질로 베이킹소다, 베이킹파우더 및 이스트(yeast) 등을 말함.
- **배터**(batter): 튀김(fry)을 위한 튀김옷을 입히는 데 사용되는 밀가루와 액체혼합물.
- **베이킹**(Baking): 사진 참조. 흔히 오븐에서 건조한 열을 이용해서 조리하는 방법으로 케이크, 파이, 과자 등 요리에 주로 이용되지만 다른 요리에도 적용됨.

▲ 오븐의 빵 베이킹

일반 가정에 오븐은 거의 준비되어 있는 주방기기로 다양한 목적으로 사용될 수 있다. 그중에서도 빵을 굽거나 과자를 구울 때 오븐 이용은 가장 대표적인 용도로 알려져 있다.

- **브라우닝**(Browning): 조리에서 어두운 색을 내기 위해 어떤 재료를 가미하는 것.
- **브러싱**(Brushing): 음식이나 제품의 겉에 빛을 내기 위해서 사용됨. 파이나 다른 음식이나 제품의 겉에 빛을 내기 위해서 계란 푼 것이나 우유를 이용해서 코팅하는 것.
- **브레이징**(Braising): 로스팅과 스튜잉(stewing)의 혼합방식의 조리법으로 처음에는 국물이 있도록 색깔을 내면서 익힌 다음 오븐에 넣어 물기를 조리는 방식.
- **브로일링**(Broiling): 열이나 뜨거운 석쇠(grill: 그릴)에 음식을 직접 놓고 조리하는 것.

브로일링은 주로 직화구이를 의미하는 용어이다.

- **블랜치**(Blanch): 몇 분간 끓는 물속에 식재료를 담가두는 것.
- **블렌딩**(Blending): 두 가지 이상의 재료들을 잘 섞이도록 혼합하는 것. 위핑(whipping)이나 비팅(beating)과도 유사하게 사용되는 용어임.
- **비트**(Beat): 공기 중에서 어떤 혼합물을 격렬하게 젓는 것.
- **시머**(Simmer): 끓는 온도(비등점) 이하의 얕은 온도의 액체에 담가 음식을 요리하는 방식.
- **시젤**(Cisel): 야채를 보기 좋게 잘라놓은 것.
- **에스칼로프**(Escalopes): 저민 고기를 계란과 빵가루에 넣었다가 프라이한 것.
- **오드볼**(Hors-d'oeuvre): 식사 전 전채(appetizer)로 입맛을 돋우는 데 이용되는 주로 짭짜름한 한입 거리로 된 요리를 말함.
- **전키트**(Junket): 우유를 치즈로 만들 때 사용되는 응고효소인 레니트(rennet)를 첨가해서 액체 유유를 응고시키는 것.
- **젤라틴**(Gelatin): 암소의 발굽으로 만든 제품으로 흔히 젤리에 사용된다. 현재는 야체소스에서도 젤라틴이 만들어지고 있음.

- **캐러멜**(Caramel): 요리의 코팅이나 장식 혹은 향기를 내기 위해서 흔히 사용되는 설탕에 열을 가해 만든 갈색 식료제품.
- **캐러멜라이즈**(Caramelize): 설탕에 열을 가해 갈색으로 졸여 만든 것.
- **커스터드**(Custard): 우유나 계란 혼합물을 찌거나 빵으로 구운 것. 흔히 슈크림이라고 함.
- **커틀릿**(Cutlet): 다진 고기를 둥글거나 타원형으로 빚어 흔히 굽거나 그릴(grilled)로 굽거나 프라이해서 서브하는 것.
- **컨디먼츠**(Condiments): 향신료(spices)와 시즈닝(seasonings).
- **컨시스턴시**(Consistency): 혼합물의 질감(texture).
- **컷 앤드 폴드**(Cut and Fold): 밀가루를 아주 천천히 혼합물로 만든 것.
- **케밥**(Kabab): 저민 작은 고기조각들을 푹 찌거나 카레를 넣은 것.
- **코트**(Coat): 얇게 입힌(덮어놓은) 상태.
- **콩카세**(Concass): 거칠게 잘라놓은 것.
- **크루통**(croutons): 수프에 모양을 내기 위해 사용되는 작은 장방형으로 된 빵조각(주로 $1cm^3$) 주로 튀기거나 토스트해서 사용.
- **크림**(Cream): 기름이 가볍고 깃털같이(fluppy) 될 때까지 나무수저로 저은 것.
- **파보일**(Parboil): 부분적으로만 조리된 음식.
- **파-스**(Farce): 무엇이든 속을 채운다는 것.
- **페어**(Pare): 껍질을 벗김.
- **포칭**(Poaching): 뚜껑 없는 팬의 뜨거운 액체에 넣고 저온에서 조리하는 방식으로 담겨 있는 물이 끓지 않도록 해야 한다.

▲ 포칭(Poaching)

냄비에 요리할 재료를 넣고 포칭방법에 의해 요리하는 모양이다.
포치드 에그(poached eggs)나 포치드 피시(Poached fish) 등 요리에 적용되는 요리 방식이다.

- **폰단트**(fondant): 설탕을 섭씨 122도(화씨 234도)로 끓여 납작하고 매끈한 사탕으로 만든 것.
- **퓌레**(Puree): 조리된 과일이나 야채를 으깬 후 약간의 물을 넣고 체에 걸러서 얻는 걸쭉하고 부드러운 배합물.
- **프라이**(Fry): 뜨거운 기름으로 음식을 조리하는 것.
- **프로스팅**(Frosting): 장식으로 얼음을 뿌리거나 설탕으로 코팅하는 것.
- **프리터스**(Fritters): 육류, 야채, 생선 혹은 과일 등과 같이 처음에는 반죽으로 코팅한 후 프라이하는 식품.
- **플러크**(Pluck): 가금류에서 털을 제거하는 것.
- **플루트**(Flute): 장식에 사용되는 바삭바삭한 긴 롤 크레스 빵.
- **필레**(Fillet): 가금류의 가슴부분 살을 저민 것이나 가시가 없는 생선살.

제3절 요리 및 메뉴관련 용어 해설

〈요리상태관련 용어들〉

- **굴라시**(Goulash): 많은 양파와 고추의 일종인 파프리카 향신료로 맛을 낸 쇠고기 스튜(수프)로 헝가리 원산지의 유명한 스튜형 수프로 헝가리언 굴라시 수프라고 함.
- **뉴버그**(Newburg): 난황과 셰리(포도주)를 가미한 크림소스로, 흔히 로브스터나 새우요리에 사용됨.
- **드미 타스**(Demi-Tasse): 반 잔 크기의 작은 컵을 말하는데 주로 진한 커피(에스프레소 등)를 넣어 마실 때 이용함.
- **라비올리**(Ravioli): 이탈리아식 요리로 밀가루 반죽을 밀어 속에 고기, 치즈, 야채 등을 넣어 만든 주로 네모형의 요리로 동양의 만두 같은 요리지만 속재료가 다름. 흔히 스파게티 요리에 넣어 만들거나 함께 서브되는데 예를 든다면 라비올리를 곁들인 스파게티 요리(spagetti with ravioli) 등의 방식임.

• **라자냐**(Lasagna): 이탈리아식 파스타(pasta)요리 중 하나로 특히 치즈, 고기, 토마토를 넣어 만드는 요리.

▲ Lady M. Boutique, N.Y.

좌측은 세계적으로 대중적 인기를 누리는 파스타 라자냐

• **루**(Roux): 소스나 수프를 진하게 하기 위해 기름과 밀가루를 넣고 섞어 만든 걸쭉한 국물.
• **리요네즈**(Lyonnaise): 소테된 감자와 양파를 튀긴 가니시(garnish)가 곁들여진 리옹풍 요리. 향과 버터를 넣은 파슬리(parsely), 레몬주스, 우스터 소스 등에 향료를 섞어 넣은 버터.
• **메달리온**(Medallion): 쇠고기나 돼지고기 등심을 잘게 잘라 놓은 것.
• **멜바**(Melba): 원래 가니시(garnish)의 이름으로, 유명한 호텔경영자 Litz시대의 유명 음악인의 이름을 딴 것으로 그와 콤비를 이루었던 호텔 조리장 Escofier가 개발한 일명 멜바소스라고도 하는 소스임. 꼭대기에 라즈베리 소스를 얹고 그 위에 반쪽의 복숭아를 올려 생크림(whipped cream)으로 장식함. 아이스크림에 많이 이용되고 있음.
• **무슬린**(Mousseline): 거품 낸 네덜란드식(Holland style) 생크림 소스 무슬린을 첨가해 만든 소스가 홀랜다이즈 소스(Hollandaise sauce)임.
• **미네스트로네**(Minestrone): 야채와 파스타(국수)로 된 이탈아식 진한 수프.
• **베샤멜**(Bechamel)**소스**: 흰색의 크림소스에 대한 불어식 표기.
• **보르드레즈**(Bordelaise): 보르도 와인과 호박(marrow)을 넣어 만든 브라운 소스.
• **부용**(Bouillon): 원래는 그냥 깨끗한 흰색 고기국물인데 오늘날엔 육류, 생선 또는

야채를 가지고 만든 맑은 수프(see consomme soup).

- **비스크**(Bisque): 어패류(새우, 로브스터)의 크림수프 또는 아이스크림의 모양.
- **샤토브리앙**(Chateau Briand): 등심의 더블 컷(cut), 혹은 두터운 안심 스테이크. 원래 샤토브리앙은 안심 중 가장 부드러운 부분임.
- **샤프론**(Saffron): 매우 값비싼 고급 노란색 허브로 샤프란 난초꽃의 붉은색 암술에서 얻는 허브인데 한 송이의 꽃에서 한 개의 암술이 생산되기 때문에 귀한 허브. 모양이나 향을 내기 위해 사용되는 노란색의 염색용 향신료인 샤프란은 동양이 원산지이지만 프랑스에서 많이 재배되고 있음.

좌는 노란색 염색용 향신료에 이용할 샤프란의 붉은색 암술 묶음임(박선아 · 이정자, 2015).

- **소스**(Sauce): 다른 요리의 향과 맛을 돋우려고 붓거나 발라서 사용하는 여러 가지 배합물.
- **소테**(Saute): 갈색이 될 때까지 지방을 살짝 가해 조리하는 것.
- **쇼트닝**(Shortening): 빵을 굽는 데 사용되는 지방.
- **수플레**(Souffle): 달걀 흰자위, 밀가루, 우유를 섞어 거품을 낸 것에 치즈, 과일 등을 넣고 살짝 굽거나 찌는 요리로 약간 부풀려진(puffed) 부드러운 푸딩 요리.
- **스컬드**(Scald): 끓는 액체에 음식을 담그는 것.
- **스톡**(Stock): 육류, 야채, 생선 혹은 가금류를 이용해서 얻는 맛나는 향기가 좋은 액체로 수프, 수튜, 소스를 만들 때 사용됨.
- **스튜**(Stew): 약간의 물을 가해서 조리하는 것.
- **스팀**(Steam): 수증기로 조리하는 것.
- **스팁**(Steep): 액체에 담그는 것.

- **스파게티**(Spaghetti): 마카로니보다 더 가늘고 가느다란 버미첼리(vermicelli)보다는 더 굵은 크기의 이탈리아의 대표적인 파스타로 널리 사용되고 있음.
- **시레드**(Shred): 보기 좋게 가늘고 긴 조각으로 자르는 것.
- **시프트**(Sift): 마른 재료들을 체에 넣어 거르는 것.
- **아라**(A La): '어떤 모양으로' 또는 '어떤 특정의 방식으로 준비된'이라는 의미임.
- **아라모드**(A la mode): 아이스크림을 곁들인.
- **아라브로셰**(A La Broche): '꼬치에 끼워 로스트한'이라는 의미.
- **아라킹**(A La King): 피멘토(pimento: 고추)와 버섯을 넣고 조리한 크림소스.
- **아스픽**(Aspic): 육류, 생선 또는 야채국물(우려낸)로 만든 투명한 젤리.
- **아이리시 스튜**(Irish Stew): 아일랜드 토속음식으로 양고기(다져 양념하거나), 감자 및 양파를 유사한 비율로 넣어 서서히 장시간 요리한 스튜.
- **알라카르트**(A La Carte): 주문에 따라, 각 품목의 가격이 따로 매겨진.
- **앙트레**(Entree): 본요리, 주요리(main dish).
- **앤초비**(Anchovies): 전채나 가니시로 사용되는 염장 또는 젖으로 담근 멸치 같은 작은 생선. 앤초비 피자가 있음.
- **에그 베네딕트**(Eggs Benedict): 토스트한 영국식 머핀 위에 얹은 햄 위에 올려놓은 수란(poached egg)을 말하며 홀랜다이즈 소스(Hollandaise sauce)로 위를 덮음.
- **에스칼로프**(Escalopes): 얇게 저민 살코기에 빵가루를 발라 흔히 버터에 소금 쳐서 구운 송아지 고기를 말함.
- **에스파뇰**(Espagnol): 갈색으로 볶은 루(roux)인데 쇠고기 국물로 만드는 기본 소스 중 하나인 브라운 소스.
- **오 그라탱**(Au gratin): 요리 맨 윗부분이 약간 갈색으로 구워진 요리.
- **오 주스**(Au jus): 그 본래의 국물로 서브되는.
- **오르되브르**(Hors d'oeuvre): 프랑스어로 전채(appetizer)를 뜻함.
- **오믈렛**(Omelet): 잘 푼 계란으로 만든 요리로 그냥 계란만을 재료로 하거나 그 속에 치즈나 야채 등 다른 재료들을 넣기도 함.
- **체리 주빌레**(Cherries Jubilee): 꼭대기에 체리를 얹은 바닐라 아이스크림
- **카나페**(Canape): 위에 계란, 해산물이나 육류 등을 얹은 작은 조각의 빵 혹은 토스

트해 낸 빵.

- **카르트 뒤 쥐르**(Carte du Jour): 그날의 가격, 오늘의 요금.
- **캐비아**(Caviar): 소금을 약간 가한 철갑상어의 알. 최고품은 알이 크고 부서지지 않은 것으로 러시아산을 들 수 있음.
- **캐서롤**(casseroles): 주로 유리나 도기로 된 뚜껑 달린, 냄비 같은 비교적 큰 그릇에 직접요리를 하거나 음식을 담아서 서브하는 요리를 일컫는 용어로 주로 여러 명이 먹을 수 있는 분량으로 되어 있음.
- **콩소메**(Consomme): 맛을 낸 농축된 맑은 고기 국물, 흔히 격식 있는 만찬에는 크림 수프보다 콩소메 수프가 서브됨(see bouillon 부용).
- **크레페수제트**(Crepe suzette): 오렌지향의 소스에 적신 얇은 팬 케이크.
- **크로켓**(Croquettes): 고기나 생선을 대강 잘게 썰어서 빵가루를 씌워 튀긴 후 걸쭉한 화이트 소스에 버무려 놓은 것.
- **크루통**(Croutons): 보통 1cm 정도의 장방형으로 썬 빵을 그냥 또는 향을 첨가해서 토스트한 것으로 흔히 수프나 샐러드에 넣어서 사용함.
- **파르페**(Parfait): 생크림으로 달게 하고 향이 첨가된 전형적인 무스로 만든 후식(dessert). 오늘날 파르페 유리그릇에 서브하는 2개 이상의 향이 섞여 있는 아이스크림.
- **퓌레**(Puree): 고기 및 생선류의 식품재료들을 말려서 만든 기루.
- **프리카세**(Fricassee): 장방형으로 썬 가금육류를 화이트 소스에 섞은 것으로 송아지 고기를 쓰기도 함.
- **필로, 필라프**(Pilau, Pilaw, Pilaf): 모두 동양식(중국식) 밥요리의 명칭들인데 잘게 다진 양파에 소금과 기름을 넣어 볶는 방식으로 만든 요리.
- **홀랜다이즈 소스**(Hollandaise sauce): 네덜란드식 크림소스로 기본적인 화이트(옐로) 소스로 버터, 와인, 레몬주스, 파슬리, 후추, 난황, 타라곤 등을 넣는데 익힌 야채요리, 계란요리, 연어찜 등에 이용함.

제4절 외식서비스관련 용어의 이해

- **경성의 주류**(Hard Liquor): 리커 종류 중에도 주정분 80도 이상의 술에 이용되는 용어
- **구르메**(Gourmet): 요리해서 내놓는 좋은 음식 혹은 이를 좋아하는 사람을 말하며 흔히 먹는 것(eating)보다는 식사(dinning)를 즐기는 사람임.
- **노호스트바**(No-host bar) or **캐시바**(Cash Bar): 모임에서 마시는 각 잔 매출수량에 대한 가격을 손님 각자가 지불해야 하는 바(bar) 서비스.
- **러시안 서비스**(Russian Service): 주방에서 이미 완전히 조리해 큰 접시(Platter)에 담긴 요리를 서비스요원들이 식당에 가져와서 각 고객에게 적정량의 몫을 나누어 서브하는 방식임.
- **리큐르**(Liqueurs): 흔히 '코디얼'이라고도 하며 보통 식사 후에 서브되는(creme de menthe 등) 단맛의 알코올성 음료들이 여기에 속함.
- **메트르 도텔**(Maitre d'hotel): 옛날에는 호텔이나 식당에서 식료 운영의 모든 책임을 지는 직책(자)을 일컫는 말이었으나 오늘날엔 수장(head waiter)이나 한 식당만의 총체적인 책임자를 지칭함.
- **미국식 서비스**(American Service): 주방에서 이미 완성된 요리를 각각 몫을 나누어 개인용 접시에 담은 후 웨이터나 웨이트리스가 고객에게 가지고 가서 서브하는 접시 서비스방식(plating service)으로 더 이상의 준비나 조리가 필요 없는 간편 · 신속한 서비스.
- **본요리**(Entree): 오늘날 주요리란 뜻으로 사용되는데 생선, 가금류, 고기 등 다양한 품목에 다양한 조리방법들로 만든 요리를 말한다. 오늘날에는 다이어트 등의 이유로 야채를 주재료로 한 주요리도 많아짐.
- **오픈 바**(Open Bar): 호스트 바에 대조되는 개념의 주장(bar)임. 여기엔 실제의 주최자가 따로(개인으로) 없으므로 손님은 보통 그 모임에 참석하기 위해 티켓을 구입하고 그들이 마시고 싶은 모든 음료수를 포함한 대금을 지불함.
- **타블도트** or **테이블 도트**(Table d'hote) **메뉴**: 고정된 가격에 고정된 코스 수와 코스별 요리품목들이 미리 편성된 메뉴형식으로 고객은 그중 하나를 택하기만 하면 그

내용에 따라 식음료가 일괄순서대로 서브됨.

- **프렌치 서비스**(French Service): 주방에서 어느 정도 조리를 끝낸 다음 최종적인 조리, 완성, 준비 및 서브는 고객의 테이블이나 곁에서 이루어지는 방식의 정중한 서비스.
- **호스트 바**(Host Bar): 개별파티나 모임에서 주최자가 사전에 소비된 모든 음료수의 대금을 지불하기로 하고 준비된 바(bar).

제5절 리커(Liquor)에 사용되는 여러 가지 향

1. 여러 가지 리커 향

바에서 각종 술들을 섞거나 칵테일을 만들 때 다음과 같은 여러 가지 향을 사용한다. 또한 리큐르(liqueur)를 주조할 때 이용되기도 한다.

원래 용어(프랑스어)	설명	원래 용어(프랑스어)	설명
Creme d' Anaras	파인애플향	Creme de Marldarnle	오렌지향
Creme de Banane	바나나향	Creme de Menthe	박하향
Creme de Cacao	코코아향	Creme de Moka	모카커피향
Creme de Cafe	커피향	Creme de Noyaux	아몬드향
Creme de Casis	검정 커런트(currant)향	Creme de Prunelle	야생자두(sloe)향
Creme de Chocolat	초콜릿향	Creme de Roses	장미향
Creme de Cumin	캐러웨이 씨앗향	Creme de The	홍차향
Creme de Fraise	딸기향	Creme de Vanille	바닐라향
Creme de Frawboise	라즈베리향	Creme de Violette	바이올렛향

2. 향과일과 향식물들(박선아 · 이정자, 2015)

여러 가지 와인을 서브할 때 사용될 수도 있지만 특히 리큐르(liqueur)를 만들 때에는 다양한 향신료들이 수 종~수십 종 이용되기도 한다. 샤르트뢰즈(Chartreuse)나 베네딕틴(Benedictine) 등에는 수십 종의 약초(향식물)가 이용되는 것으로 유명하다.

▲ 바닐라

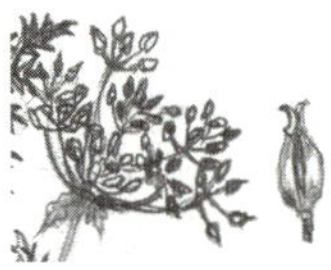
▲ 캐러웨이 종자

▲ 바나나

▲ 파인애플

▲ 박하

▲ 라즈베리

▲ 아몬드

▲ 블랙커런트

▲ 딸기

▲ 오렌지

▲ 장미

▲ 박하

▲ 야생자두

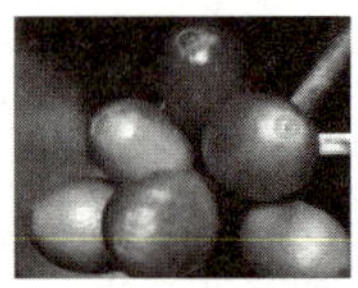
▲ 아라비카 커피

제9장

외식사업의 생산 및 서비스관련 장비류

▲ 용평 인터컨티넨탈호텔(2014)

제1절 식당에서 사용하는 서비스용 장비

1. 플람베 왜건(Flambee Wagon)

자체에 알코올, 가스버너 갖추고, 고객 앞에서 전채, 본요리, 후식 등 요리 시 사용하는데 요리할 때 사용할 간단한 양념류, 프라이팬, 소스, 와인 등을 비치하고 있다.

2. 로스트 비프 왜건(Roast Beef Wagon)

고객 앞에서 육류요리를 직접 잘라 서브할 때 사용되는 장비이므로 바퀴가 달린 운반대라고 생각할 수 있다. 여기에는 도마, 칼, 소스가 준비되어 있다. 또한 요리의 적당한 온도유지를 위해서 아랫부분에 연료를 두고 사용하며 식지 않도록 요리를 덮어두는 뚜껑도 준비되어 있다.

3. 디저트 트롤리(Dessert Trolley)

고객이 잘 볼 수 있도록 후식(dessert)을 전시할 수 있도록 되어 있는 손수레(trolley)로, 각종 케이크나 치즈를 진열하여 고객 테이블 옆에서 판매하거나 서비스할 때 사용되는 장비이다. 냉장시설이 부착된 것도 있고 그렇지 않은 것도 있다.

4. 바 트롤리(Bar Trolley)

각종 주류와 조주(mixing or cocktailing)에 필요한 기물과 주류를 비치한 장비로 사용된다. 이런 기물이 비치된 손수레는 어디든 간편하게 끌고 다닐 수 있으므로 고객 앞에까지 가서 직접 조주나 칵테일을 만들어 서브할 수 있다.

5. 서비스 트롤리(Service Trolley)

각종 음식을 운반할 때 사용되는데 식탁과 비슷한 높이로 되어 있으며 장애물이 있으면 들어 옮길 수도 있어야 하고, 영업 전에 암타월(arm towel), 서빙(serving), 기물, 접시 등을 비치해 두고 있다.

6. 서비스 스테이션(Service Station)

이것은 연회장에서 사용하는 이동식 바 트롤리로 일명 사이드테이블(side table) 혹은 서빙테이블(serving table)이라고도 한다. 신속한 서비스에 사용되는 만큼 이에 필요한 준비물 등을 비치해 두게 된다.

7. 룸서비스 트롤리(Room Service Trolley)

객실 투숙고객의 요구에 의해 객실로 식음료서비스를 할 때 이러한 객실용 룸서비스(room service)를 제공할 때 이용되는 장비이다.

제2절 식당에서 사용되는 리넨류

리넨(linen)이란 마직, 면직 등 천에 사용되는 자재의 종류를 말하는데 외식사업에 있어서는 주로 식당 테이블의 식탁보(table cloth) 및 고객이 사용하는 냅킨(napkins) 등을 총칭한다.

1. 테이블 클로스(Table Cloth)

품질 좋고 특별한 재질 사용은 고객에 대한 경의표시가 되기도 한다. 식탁의 청결성을 돋보이게 하기 위해 백색이 주로 사용되었으나 최근 유색이나 무늬가 놓인 클로스의 사용도 늘고 있다. 테이블 클로스의 길이는 덮었을 때 네 귀의 길이가 모두 40cm 정도가 적정하지만 경우에 따라서는 바닥까지 오는 것을 사용하기도 한다. 또 고급스러운 식사 장소에서는 탁자 옆면을 테이블 스커트(table skirt)로 화려하게 장식하는 경우도 많다.

2. 언더 클로스(Under Cloth)

테이블 클로스 밑에 깔아 그 수명을 연장하거나 탁자에 식기를 놓을 때 소리도 나지 않고 특히 테이블 클로스의 색을 선명하게 하는 효과가 있다. 테이블 고정에 좋은 얇은 스펀지나 두툼한 플란넬(flannel) 재질을 주로 사용하기도 한다.

3. 매트(Mat)

매트는 테이블 클로스 위에 까는 개인용 혹은 부분별로 이용되는 1인용 매트를 말한다. 이것은 다양한 재질, 색감 등을 식탁, 식당의 분위기에 어울리는 것으로 선택하고 화려한 색상으로 테이블에 포인트를 줄 목적으로 이용되기도 하지만 얼룩이나 더러워지는 것으로부터 테이블 클로스(Table Cloth)를 깨끗하게 유지하는 데도 도움이 된다.

4. 미팅 클로스(Meeting Cloth)

회의용 테이블을 덮는 탁자보(Meeting Cloth)는 식탁보와는 다른 특성을 요할 때가 많다. 실용적이거나 견고성, 혹은 엄격한 느낌이나 공식적인 분위기, 학습하는 태도나 집중을 요할 때가 많다. 그러므로 미팅용 탁자보(Meeting Cloth)는 흔히 녹색의 융단이나 의전장소와도 같은 금색 테이프가 천 끝에 둘린 장식이 이용되기도 하는 등의 방식과 디자인으로 제작되며 촉감이 부드러운 천을 사용하기도 한다.

5. 냅킨(Napkin)

냅킨(Napkin)은 식사 중 고객이 입을 닦거나 옷에 음식이 떨어지는 것을 방지하기 위해 주로 무릎에 까는 리넨이다.

다양한 종류들이 있지만 테이블 클로스와 어울리는 색상, 재질 사용이 좋다. 접는 방식도 캔들, 다이아몬드, 바나나, 크라운, 로즈, 튤립, 턱시도 등 다양한 모양이 있으므로 회의장이나 식사장소에 조화될 수 있는 모양과 재질로 멋을 낼 수도 있고 화려하거나 검소 혹은 단정한 것들을 선별적으로 사용할 수도 있다. 이런 점에서 냅킨은 실용성과 더불어 식당과 식탁의 분위기를 살리는 형식과 장식품으로서의 탁월한 역할도 가능하다.

▲ 테이블 세팅과 리넨류와 기물류 보기: table cloth, napkin, silverware, chinaware, glassware

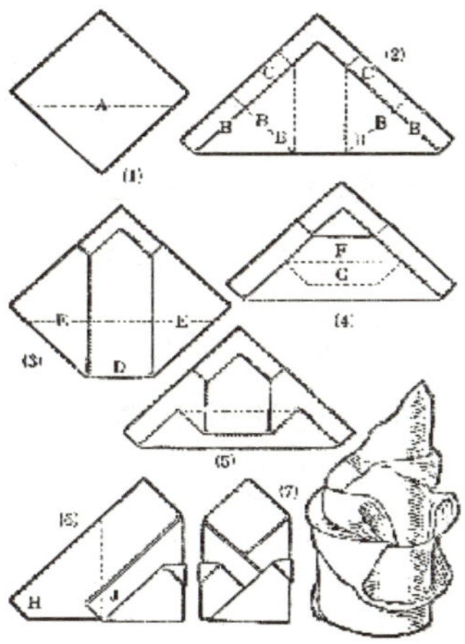

▲ 냅킨 접는 법 중 한 가지

6. 도일리(Doily)

주로 컵받침으로 사용하는 사각형이나 둥근 모양의 받침이다. 가끔 레이스를 붙이고 수를 놓은 것도 있지만 최근엔 주로 면소재나 종이 재질 혹은 플라스틱제나 기타 조개껍질 등 천연재료를 사용하는 등 다양한 소재도 사용된다. 이것도 식당의 물리적인 환경을 강화하는 데 기여할 수 있는 격조와 분위기에 조화되는 것이어야 한다. 간혹 접시와 접시 사이(main dish와 요리접시 등)에 깔아 마찰음이나 접시가 긁히는 것을 방지하는 데 사용되기도 한다.

7. 클리닝 타월(Cleaning Towel)

각종 기물이나 집기류를 닦을 때 사용하는 천으로 냅킨이나 기타 클로스와 색상이나 모양을 달리함으로써 사용 시 편리한 구별을 돕기도 한다.

8. 기타

일반적으로 외식사업체에서는 탁자를 미팅의 규모나 용도에 따라 디자인을 다양하게 변형시켜야 하므로 가정에서 사용하는 고급재질의 완성품 테이블을 사용하기보다는 오히려 소박한 나무판 등으로 만들어진 여러 가지 탁자의 부분들을 사업자산으로 또 기물로 보유하고 있다. 그러므로 때로는 이런 모양을 탁자보(table cloth)나 테이블 스커트(table skirt) 혹은 프릴로 가려야 할 필요성이 있기도 있다. 때로는 테이블 모양이 직사각형, 반원, 혹은 다른 모양의 테이블 조각(물론 다리가 달려 있음)들이 마치 조립되듯이 맞추어지고 그 위에 언더테이블을 깐 다음 테이블 클로스를 덮고 옆부분은 화려한 색상의 프릴이나 테이블 스커트로 장식해야 마무리가 된다.

제3절 기본적인 식당의 기물류

1. 외식사업체의 콘셉트와 테이블 톱 5의 선택

식사할 때 식탁에서 사용하는 각종 기물류는 많은데 이를 테이블웨어(tableware) 혹은 디너웨어(dinnerware)라고 총칭한다. 또한 이것은 식탁 구성의 '테이블 톱 5(table top 5)' 라고도 하는데 이들의 분류는 다르게 할 수도 있다.

식사용 테이블에는 납작한 접시(flatware) 등 도자기류(crokery: chinaware), 식사용 나이프류(cutlery)나 스푼, 포크, 은색 식기류 등 은도금류(silverware), 각종 유리잔류(glassware), 리넨류(linen) 및 식탁 중앙에 놓이는 화병이나 기타 장식용 소품류(centerpiece) 등이 배치된다. 또한 이들 외에도 요리가 서비스될 때 함께 식탁에 서브되는 별도의 기물류들도 있다.

이런 테이블 톱5로 지칭되는 기물들이 어떤 자재, 모양, 색깔이어야 하는가는 전체적인 레스토랑이나 외식사업체의 콘셉트(concept) 또는 이미지와 서비스스케이프 차원에서 이미지 강화를 야기할 수 있도록 결정될 일이다.

▲ 쇼 booth에 진열된 테이블 톱 5, New York Javitt Center(2010)

표적고객들의 선택이 고전적(classic), 우아한(elegant), 평상적(casual)이거나 모던(modern), 에스닉(ethnic), 친환경(eco-friendly) 및 내추럴(natural) 중 어떤 속성과 라이프스타일을 지향하는가에 따라서 수행될 의사결정 사안이다. 식당의 외식서비스에 꼭 필요한 기본 기물류들 중에서도 가장 기본적으로 갖추어야 할 기물류로는 은색도금류(Silverware), 도자기류(Chinaware), 유리잔류(Glassware) 등이 있다.

2. 실버웨어(Silverware)

이것은 은기물, 은도금기물류, 혹은 스테인리스 기물류나 다른 재료로 만든 은색이나 금속성 소재의 조리와 서비스용 기물 및 식탁용 기물들을 총칭한다.

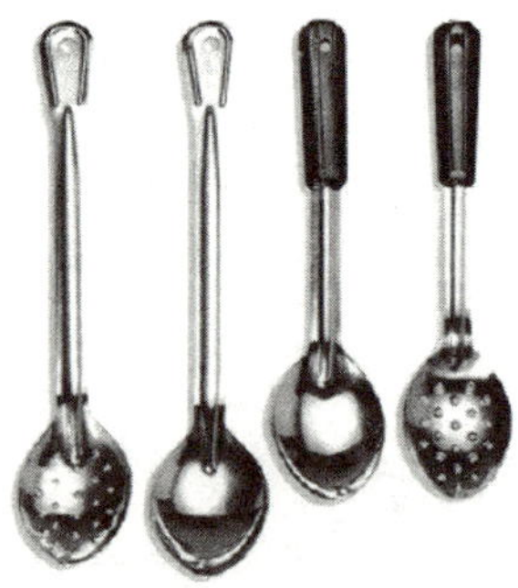

1) 나이프와 포크 및 스푼

- 소스 스푼(sauce spoon)
- 드미 타스 스푼(demi-tasse spoon)
- 티스푼(teaspoon)
- 아이스크림 스푼(ice cream spoon)
- 디저트스푼, 포크 및 나이프(dessert spoon, dessert fork, & dessert knife)
- 오이스터포크(oyster fork), 패스트리포크(pastry fork), 버터 나이프/스프레드(butter

knife/butter spread), 부용스푼(bouillon spoon), 테이블스푼(table spoon), 피시 포크 & 나이프(fish fork & fish knife), 스테이크용 디너포크 & 나이프(dinner fork & dinner knife) 등.

2) 쟁반류(platters) 기물

대소의 사각형 혹은 원이나 오발형의 쟁반

3) 테이블 서비스용 기물

- 스탠드와 와인 바스켓과 소스 보트(Sauce Boat)
- 수프용 튜린(Soup Tureen)과 음식 덮개(Food Cover)
- 채핑 디시(Chafing Dish: 다리가 4개 있고 뚜껑이 있는 기물로 식당, 연회장, 뷔페에서 흔히 사용되는 음식 보온용 신선로풍의 대형 혹은 소형의 냄비류들을 총칭함)

▲ 채핑 디시(chafing dish)

4) 서빙 기물류

- 수프 및 소스 서비스용 국자(soup laddle & sauce laddle)
- 생선 서비스용 나이프와 칼(fish serving fork & fish serving knife)
- 요리를 자르는 용도의 포크와 나이프(carving fork & carving knife)
- 케이크 및 파이 서비스 용도의 기물(cake server & pie server)

- 아이스크림을 나누어 서브하는 데 사용되는 서빙 스푼(ice cream serving spoon)
- 로브스터 분해용의 특별한 크래커와 포크(lobster cracker & lobster fork)
- 치즈 덩어리가 서브될 경우 이를 자르는 데 사용되는 나이프(cheese knife)
- 달팽이요리에 사용하는 작고 뾰족한 집게 및 포크(snail tongs & snail fork)
- 샐러드를 덜어 서빙할 때 사용하는 포크와 스푼(salad serving fork & spoon)
- 대소의 다양한 집게류(tongs) 및 설탕용 스푼(sugar spoon)

다음 예를 통하여 세팅된 테이블 모양과 세팅에 필요한 테이블용 기물들을 알아보자.

〈예 1〉 호텔의 풀 테이블세팅과 기물들

자료 : 롯데호텔박물관

〈예 2〉 풀코스를 위한 테이블 세팅에서의 기물 종류와 명칭

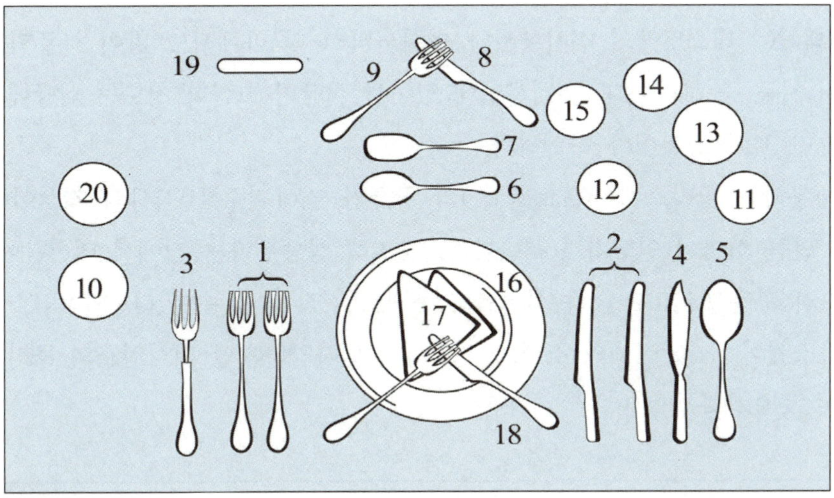

기물설명:

1. 포크(fork)
2. 나이프(knife)
3. 생선용 포크(fish fork)
4. 생선용 나이프 (fish knife)
5. 테이블 스푼(table spoon)
6. 디저트스푼 (dessert spoon)
7. 아이스크림 스푼(ice cream spoon)
8. 과 9. 디저트 나이프 & 포크(dessert knife & fork)
10. 치즈 접시(cheese plate)
11. 셰리 글라스(sherry glass)
12. 물잔(water tumbler or goblet)
13. 화이트와인 글라스 (white wine glass)
14. 레드와인 글라스 (red wine glass)
15. 샴페인 글라스 (champagne glass)
16. 오드볼(hors d'oeuvre) or 서비스플레이트(service plate)
17. 냅킨(napkin)
18. 오드볼 나이프 & 포크 (hors d'oeuvre knife & fork)
19. 차림표(menu)
20. 빵/버터접시(bread/butter plate with butter spreader)

▌잔이 여러 개 세팅될 경우라도 기본적으로 물잔(water glass or water tumbler)은 앞쪽 중앙에 세팅된다. 그러나 기타 와인용 잔들은 식사 때마다 모두 세팅하는 것이 아니라 식사나 술의 주문 내용에 따라 세팅하거나 하지 않을 수도 있다. 대체로 바깥쪽에서 안쪽으로 그리고 앞쪽에서 뒤쪽 방향으로 이용한다.

▌포크, 나이프, 스푼의 종류와 수는 물론 식사코스의 수와 내용에 맞추어 세팅되며, 고객은 좌우 양쪽 모두 밖으로부터 안쪽 방향으로 순서대로 사용하게 된다.

3. 글라스웨어(Glassware)

글라스웨어(glassware)란 유리잔류를 총칭하는 것이다.

글라스웨어는 레스토랑의 식사에서나 연회서비스 및 바에서도 많이 사용되는 외식사업의 주된 기물 중 하나이다. 외식사업에 있어서 식당의 고급화 정도는 식당에서 사용하는 기물류만 보아도 차이가 확연하다.

또한 사용하는 글라스웨어(glassware)의 종류가 많아질수록 식사의 격식이나 수준도 높아지는 만큼 식사의 인당가격(객단가)도 당연히 상승된다는 점에서 테이블에 놓인 유리잔의 수와 모양만으로도 대략 식음료의 품격도 짐작이 될 수 있다. 외식업소에서 사용하는 글라스웨어(glassware)의 소재, 모양, 가격은 다양하지만 외식업소의 물리적 환경과의 매칭이 중요하다.

1) 글라스웨어의 분류

글라스웨어(glassware)란 유리잔 종류 일체를 말하는데 이것은 물잔, 술잔 및 샴페인이나 칵테일 잔 등으로 분류되며 용량은 대체로 다음과 같다.

(1) Water glass(10온스 정도): water tumbler, water goblet

(2) Wine glass(5~8온스)로 적포도주glass가 백포도주 잔보다 크고 셰리잔은 더 작다.

(3) Champagne glass는 Tulip shaped(5온스)와 삼각형의 Cocktail glass(3~4온스)가 있다.

2) 글라스웨어 취급 시 주의할 점

(1) 파손 위험이 크므로 조심해서 취급해야 한다.

(2) 가는 손잡이(stem)가 달린 유리잔은 이곳을 잡고 서비스한다.

(3) 유리잔을 다룰 때는 글라스 안이나 입이 닿는 부분에 손을 대지 않는다.

(4) 글라스 운반 시에는 반드시 매트나 냅킨 등을 깔아 미끄럼을 방지해야 한다.

(5) 세척 시 유리잔을 꽂아두는 선반 같은 곳(glass rack)을 사용하며, 뜨거운 수증기를 쏘여준다.

(6) 글라스는 타월로 내 · 외부, 손잡이, 밑바닥 순으로 돌려가며 닦고, 밝은 쪽으로 들고 비춰보아 세척상태를 확인해야 한다.

3) 한눈에 학습하는 글라스웨어(Glassware)의 높이와 크기

유리공장에서 생산되는 다양한 크기와 모양 때문에 어떤 것이 무슨 종류의 컵이고 어떤 음료수나 와인을 마실 때 사용되는 것인지를 구분하기가 쉽지 않다.

그러므로 컵이 항상 일정한 규격으로 생산되지는 않더라도 이에 대한 개략적인 이해를 촉진하기 위해서 다음과 같이 일련의 선상에서 여러 가지 컵을 그려 놓아보고 익히도록 하는 데 도움이 되었으면 한다.

같은 종류의 유리잔이라도 디자인에 따라 모양이 다를 수 있으므로 학습효과를 위해서 다음에서 두세 번 반복적으로 잔들을 보고 모양의 차이나 이름을 기억하면 외식전문가가 아니더라도 식사관련 교양으로 사회생활에 많은 도움이 될 것이다.

좌로부터 우측 방향으로 다음 13종의 잔류(glassware)를 익혀보자.
브랜디 글라스(brandy glass), 사워 글라스(sour glass), 저그(jug)(스타인stein, 또는 조끼나 머그라고도 함), 샴페인글라스(champagne glass), 칵테일글라스(cocktail glass), 전형적 칵테일잔(cocktail glass), 와인잔(wine glass), 셰리잔(wine glass), 푸스카페잔(pousse cafe glass), 리큐르잔(liqueur glass), 올드패션드잔(old fashioned glass), 텀블러(tumbler), 위스키잔(whisky glass) 등이다.

푸스카페(pousse cafe)란?

칵테일의 일종인데 각기 색깔과 비중이 다른 술을 이용해서 가장 비중이 무거운 술부터 가벼운 순으로 각 술이 섞이지 않게 잔에 따라 만든 다양한 색층이 색동처럼 보이는 가장 화려한 스타일의 칵테일이다. 주로 리큐르, 증류주, 시럽 등을 이용하므로 달달하지만 알코올 성분이 약하지만은 않은 칵테일이다. 서비스용 글라스는 잔목(stem)의 유무에 상관 없이 술을 섞는 데 필요한 길이를 요하므로 어느 정도 길이가 긴 잔이 이용된다.

4) 다양한 글라스웨어(Glassware)의 분류

다양한 유리잔류의 모양과 크기 비교	글라스 이름
	좌로부터 위스키(whisky)글라스 1개 올드패션드글라스(old fashioned glass) 3종, 브랜디(brandy)글라스 1개
	좌로부터 스파클링(sparkling) 와인 또는 샴페인(champagne) 글라스 2종 사워(sour)글라스 1개 리큐르(liqueur)글라스 1개 콜린스(collins)글라스 1개

다양한 유리잔류의 모양과 크기 비교	글라스 이름
	칵테일글라스(cocktail glass) 모양 5종
	왼쪽부터 와인글라스(wine glass) 4종: 좌로부터 셰리(sherry), 화이트(white), 레드(red), 포트와인 잔(port wine glass) 순 저그(jug: 조끼: stein) 1개
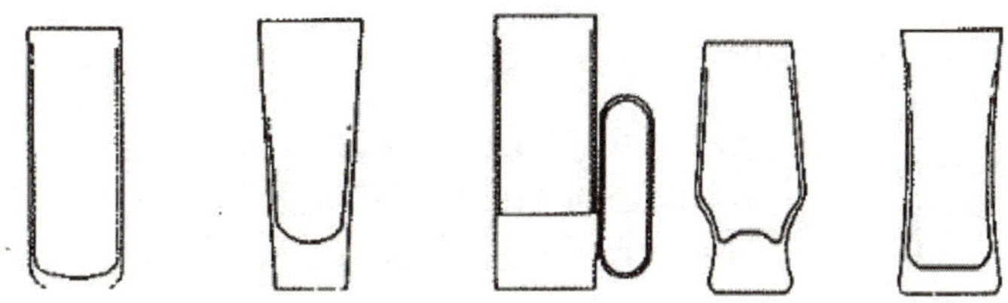	텀블러(tumbler) 5종
	고블릿(goblet): 5종 모양 우측 맨끝의 고블릿을 필스너(pilsner)라고도 함

5) Bar와 식당에서 사용하는 유리잔 모양

각종 글라스의 종류 및 모양	각 글라스별 명칭(좌측부터)
	셧글라스(Shot glass), 올드패션드(Old-fashioned), 롤리폴리(Rolypoly)
	코르디알(Cordial), 스탠다드 와인(Standard wine), 올퍼포스 와인(All-purpose wine)
	스템드 칵테일글라스(Stemmed cocktail glass), 위스키 사워(Whisky sour), 튤립 샴페인(Tulip champagne)
	소서 샴페인(Saucer champagne glass), 브랜디 스니프터(Brandy snifter glass), 셰리 글라스(Sherry glass)
	스템 필스너(Stem pilsner), 필스너(Pilsner), 태퍼드 콘 필스너(Tapered cone pilsner)
	샴 필스너(Sham pilsner), 고블릿(Goblet), 스탠다드 하이볼(Standard highball) or 텀블러(Tumbler)
	쿨러(Cooler), Stein(스타인) or 비어머그(Beer Mug)

4. 바의 여러 가지 기물류

<table>
<tr><th>용도</th><th colspan="3">기물의 종류와 명칭</th></tr>
<tr><td rowspan="4">술을 믹싱 하고(혼성주) 칵테일을 만드는 데 사용되는 기물들</td><td colspan="3">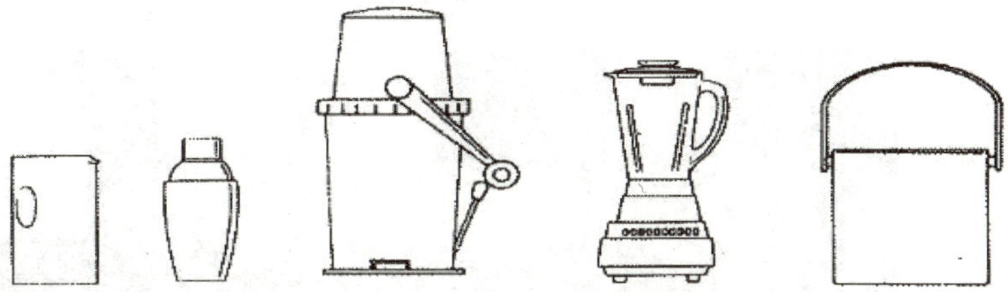</td></tr>
<tr><td colspan="3">좌로부터 → 피처(pitcher), 셰이커(shaker), 아이스크러셔(ice crusher), 믹서(mixer), 얼음통(ice pot)</td></tr>
<tr><td colspan="3">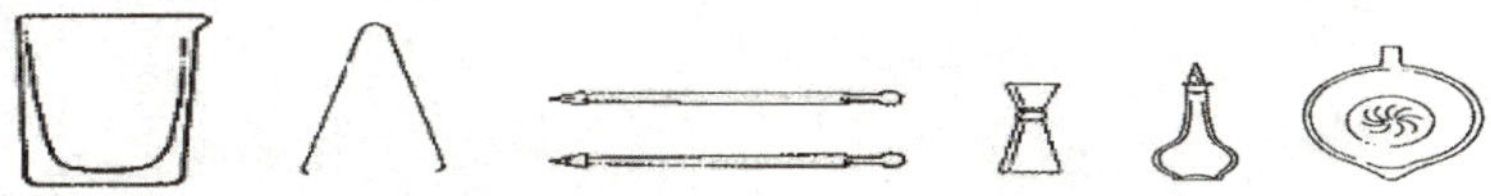</td></tr>
<tr><td colspan="3">좌로부터 → 믹싱 글라스(mixing glass), 얼음집게(ice tongs), 아이스핀(ice pin), 계량컵(measure cup), 비터스병(bitters bottle), 스퀴저(squeezer) 등.
여기서 비터스병은 조주 시 용이하게 향료를 떨어뜨리게 된 유리용 용기임.</td></tr>
<tr><td rowspan="4">스푼, 머들러, 나이프, 아이스픽, 병따개 등</td><td></td><td colspan="2"></td></tr>
<tr><td>바 스푼(bar spoon)</td><td colspan="2">나이프(knife)</td></tr>
<tr><td></td><td></td><td></td></tr>
<tr><td>젓는 기물(muddler)</td><td>아이스픽(ice pick)</td><td>깡통 마개(can opener)</td></tr>
<tr><td rowspan="2">세척용 브러시와 유리 닦는 타월</td><td></td><td colspan="2"></td></tr>
<tr><td>글라스 타월(glass towel)</td><td colspan="2">세척용 브러시</td></tr>
<tr><td>서비스용 스트로</td><td></td><td colspan="2"></td></tr>
</table>

5. 차이나웨어(Chinaware)

각종 도자기로 된 기물류에 대한 총칭이다.

1) 종류

(1) 서비스용 큰 접시(platter)

직경 30㎝ 정도의 대형접시. 기본 세팅은 접시 중앙에 냅킨을 접어 세워둠. 접시의 모양, 무늬, 색에 따라 식탁 분위기가 좌우됨.

(2) 본요리용 접시(Entree plate)

직경 24㎝ 정도로 주요리에 담아 서브하는 접시로 주로 뜨거운 요리 제공에 사용되므로 보관도 뜨겁게 하는 게 원칙이다. 테이블 중앙에 놓아두는 서브스 플레이트는 일명 디너 플레이트라고도 한다.

(3) 빵접시(Bread plate)

빵은 접시나 바스켓에 내지만 전자는 흔히 개인용으로 사용되는 기물이고 바스켓은 테이블 중앙의 적정한 위치에 보기 좋게 빵을 담아 테이블에 앉아 있는 식객들이 적정하게 빵을 가져다가 자기 접시에 놓고 먹기도 하고 처음`부터 각자의 빵 접시 개인용 빵을 서브하기도 한다.

개인용 빵 접시의 크기는 직경 16㎝ 정도가 적당하며 다양한 종류가 있다.

빵과 버터를 함께 올려 서브하는 접시, 약자로는 흔히 B&B plate(Bread & Butter plate)로 통하는 접시는 직경 20㎝ 정도가 적당한데 디저트 접시(dessert plate)로도 이용된다.

(4) 수프용 볼이나 부용 컵

수프를 담는 기물로 깊이가 얕은 접시나 깊이가 깊은 컵이 있는데 그중 수프용 볼(soup bowl)은 주로 크림수프(potage)처럼 국물 농도가 비교적 진한 수프 제공에 사용된다.

반대로 맑은 수프(consomme soup)를 제공할 때에는 콩소메 타스(consomee tasse) 혹은 부용 컵(bouillon cup)이라고 하는 양손잡이가 달린 컵 모양의 기물을 사용하게 된다. 이 콩소메 타스(consomme tasse) 혹은 부용 컵(bouillon cup)은 맑은 수프용 기물로 적합하다. 일반적으로 격식을 갖춘 만찬에서는 전통적으로 맑은 수프가 메뉴로 이용된다.

부용 컵(bouillon cup) 혹은 콩소메 타스 (consomme tasse)의 모양		납작한 수프 볼 (soup bowl)의 모양

bouillon cup (Consomme Tasse) 의 손잡이 모양 비교	색상, 문양이 화려한 consomme tasse (bouillon cup)	수프 볼

[그림 9.1] 수프용 기물들

주로 흰색의 수프용 볼이나 컵이 많이 사용되는 것은 청결해 보이는 이미지도 있지만 또 깨끗한 상태를 유지하기 위해서는 잦은 고온 세척에도 탈색 염려가 없고 내구성도 강하기 때문일 것이다. 반복적으로 많은 고객서비스를 하는 호텔, 대형 외식업소일 경우도 있지만 다양한 목적별 미팅(occasions)에 대해 구별 없이 사용 가능하다는 장점도 크다. 그러나 품격이나 개성을 강조하는 업소나 개인 가정에서는 좀 더 화려하고 고급스러운 색상과 자재의 고가 수프용 접시나 컵이 사용되기도 한다.

(5) 커피 잔과 밑받침 접시(coffee cup and saucer)

커피는 그냥 커피가 담긴 잔만을 서비스하는 것이 아니라 컵에 밑받침 접시를 받쳐서 세트로 서비스하는 것이 격식을 갖춘 서비스이다.

그러나 현대의 많은 카페에서는 머그잔이나 종이컵 등을 이용해서 밑받침 접시 없이 간편하게 서비스하는 추세이며 시간에 쫓기는 현대인들에게는 격식보다도 신속한 서비스가 중시되는 경우가 많다. 바쁜 근로생활 및 삶의 환경에서는 시간이 중요한 가치가 되고 있다.

급할 경우 별도의 비용지불 없이 간편한 휴대가 가능하기 때문에 품격은 좀 덜하지만 편의성을 추구하기 때문이다.

그러나 도자기 컵에 서브하는 커피는 원칙적으로 밑받침 접시를 받치도록 되어(underlined) 있으므로 서비스에서는 올바른 서비스 매너를 지키는 것이 바람직하다.

▲ 에스프레소커피 컵(demi tasse)과 종이컵의 커피

격식과 웰빙라이프

커피숍 어디에서나 도자기 컵과 종이컵의 공존은 목격된다.

잠시라도 격식 있는 망중한의 여유를 즐겨보는 것도 일에 피곤한 사람들에게 치유의 시간(healing time)을 갖는 데 도움이 될 것이다.

자연친화적인 흙의 예술, 도자기 컵을 이용해 커피를 마시면 환경, 위생, 느낌 면에서 웰빙 라이프스타일의 표출과 더불어 만족스러운 체험이 될 것이다.

(6) 물리적 증거/단서(clue)가 세분시장에 주는 일관된 메시지

오늘날 바쁜 일과 속에서 움직이는 외식고객들이 주로 찾는 요인 중에 시간을 뺄 수 없다. 서비스요원들도 마찬가지라고 하겠다. 항공기 기내식 서비스에서도 음료수 등은 1회용 종이컵이나 플라스틱 소재의 컵이 많이 사용되지만 가격이 고가인 프리스티지 클럽이나 일등석 고객에 대한 서비스에서는 주로 서비스의 품격 차원에서 도자기 기물류나 유리잔들이 사용되고 있다. 다음에 나오는 사진은 오랜 역사와 더불어 많은 고객들이 캐주얼하게 드나드는 뉴욕의 명소라고 할 정도로 인기 있는 외식장소, Paul & Pauliana의 내부사진이다.

▲ New York, Paul & Pauliana

항상 도시민들의 만남으로 분주하고 붐비는 이곳의 실내 분위기는 활기가 있고 뭔가 독특하며 화려한 느낌으로 사람들을 즐겁게 해준다.

▲ Uno Pizza점 가구 위의 양념통을 이용한 복고풍의 식당 서비스스케이프

친환경 웰빙 서비스스케이프(servicescape)를 위한 외식업의 여러 가지 물리적 증거(physical evidence)들 중에는 식음료를 제공하는 기물로 어떤 것을 사용하는가도 매우 중요하다. 그중 유리그릇은 청량감을 더해주는 데 효과적일 수 있을 것이다. 이러한 단서들은 표적으로 하는 세분시장을 겨냥하여 외식업소나 외식기업이 자사의 목적, 서비스의 본질과 관련된 강력한 메시지를 담고 있으며 또한 일관성 있게 외식사업체에서 고객에게 보내려는 전체적인 서비스 메시지를 통하여 고객에 대한 학습효과를 기대하는 것이라고 하겠다.

▲ 잘 정돈된 호텔 팬트리(pantry: 기물실)

제10장

음료(Beverage)의 이해와 서비스

제1절 음료의 분류와 운영

1. 음료의 이해

음료(beverage)란 일을 쉰다는 의미의 라틴어 'bever'에서 유래되었다고 한다. 실제로 대부분의 음료수는 당분이나 알코올을 통하여 열량이나 무기질(mineral)과 소금 및 비타민 등과 같은 영양소를 공급해 준다. 사람들은 일을 마친 후 갈증을 느끼거나 피로할 때 갈증해소, 피로회복을 위해서 상쾌한 기분을 느낄 수 있게 해주는 청량제, 원기를 북돋우기 위한 회복제 혹은 심장박동이나 혈압을 높이는 자극을 진정시키고 영양소를 공급하는(nourishing) 등의 목적으로 물, 또는 기타 간편한 음료수를 마시는 경향이 있다. 이 경우 우유는 단백질이나 칼슘을 제공하고 대부분의 과일은 비타민 A나 비타민 C의 공급원이 된다. 녹차나 홍차, 커피 혹은 알코올성 음료 중 어떤 것은 심장, 콩팥 기능을 촉진하기도 한다.

알코올(alcohol)은 에너지 외에 긴장감, 염려 등을 줄여주는 등 신경시스템에도 긍정적 또는 부정적인 영향을 미친다. 일반적으로 모든 알코올성 음료를 리커(liquor)라고도 한다. 그러나 양조장(brewery)에서는 특별히 술의 품질을 저해하지 않고 주조(brewing)에 사용가능한 물을 말하기도 한다.

2. 음료의 분류

음료는 다음과 같이 크게 알코올성(alcoholic)과 비알코올성(non-alcoholic) 음료로 나눌 수 있다.

1) 알코올성 음료(alcoholic beverages)의 분류

알코올 함류량이 0.5~76% 정도로 함유된 음료는 모두 알코올성 음료이다. 76% 이상의 알코올성분을 함유한 것은 마취제(anaesthetics)와 같은 약으로 알려지고 있다. 알코올에 에틸알코올만이 소비재(consumable)이고 모든 여타의 알코올들은 독(poison)으로 분류된다.

알코올성 음료는 또한 발효주(fermented), 증류주(distilled) 및 혼성주(compound) 등의 세 가지로 재분류된다.

(1) 증류주(Distillation: distilled alcoholic beverage)

증류주는 용액(liquids)이나 혼합용액이 정제될(purify) 때까지 증류(evaporation)와 농축(condensation) 과정을 동시에 진행시키는 것을 말한다. 증류주는 보리맥아 위스키(barley malt-whisky), 호밀라이 위스키(rye whisky), 감자와 고구마 전분, 기타 제종의 곡류(grain)를 원료로 해서 발효, 증류하여 주조된다. 대부분의 소주, 양주가 이에 속한다.

(2) 양조주(Fermentation: fermented alcoholic beverage)

이 중 이스트균의 발효작용에 의한 발효주는 곡류를 원료로 당화시켜 발효시킨 술이거나 포도, 사과, 복분자처럼 당분이 있는 것을 그대로 발효시켜 만드는 술을 말한다. 양조주로는 막걸리, 약주, 청주, 맥주 등이 있고 포도주도 발효주이다. 양조주는 알코올농도 20도 이상은 제조할 수 없으므로 비교적 덜 강한 술이다. 발효주는 포도주(table wine), 강화주(fortified), soarklinn, 베르무트(vermouth)처럼 천연와인에 향료나 약초로 향을 착향한 가향와인(aromatized) 등으로 나눠는데 원래 베르무트는 이탈리아산으로 달고 프랑스산은 쓴맛이 나지만 현재는 세계적으로 생산되고 있다.

(3) 혼성주(Compound: compounded alcoholic beverage)

혼성주는 증류주의 총칭이라고 이해하면 된다. 주로 Gins(Dutch, English, American 등지의 주조회사에서 수입된), liqueurs(sweetened, coloured, flavoured spirits)로 재분류될 수 있다. 리큐르(Liqueurs)는 가당하거나(sweetened), 색소를 첨가하거나(coloured), 향을 첨가한(flavoured) 알코올성분이 강한(25~60%) 독한 술(Sprits)로 엑기스 성분이 비교적 적어서 블렌딩(Blending)에도 많이 사용된다. 이것을 다시 분류하면 냉커피, 넥타(nectors), 호박(squashes) 등의 식물 리큐르(plant liqueurs), 열매 리큐르(nut liquerus), 과일 리큐르(fruit liqueurs) 등이 있다.

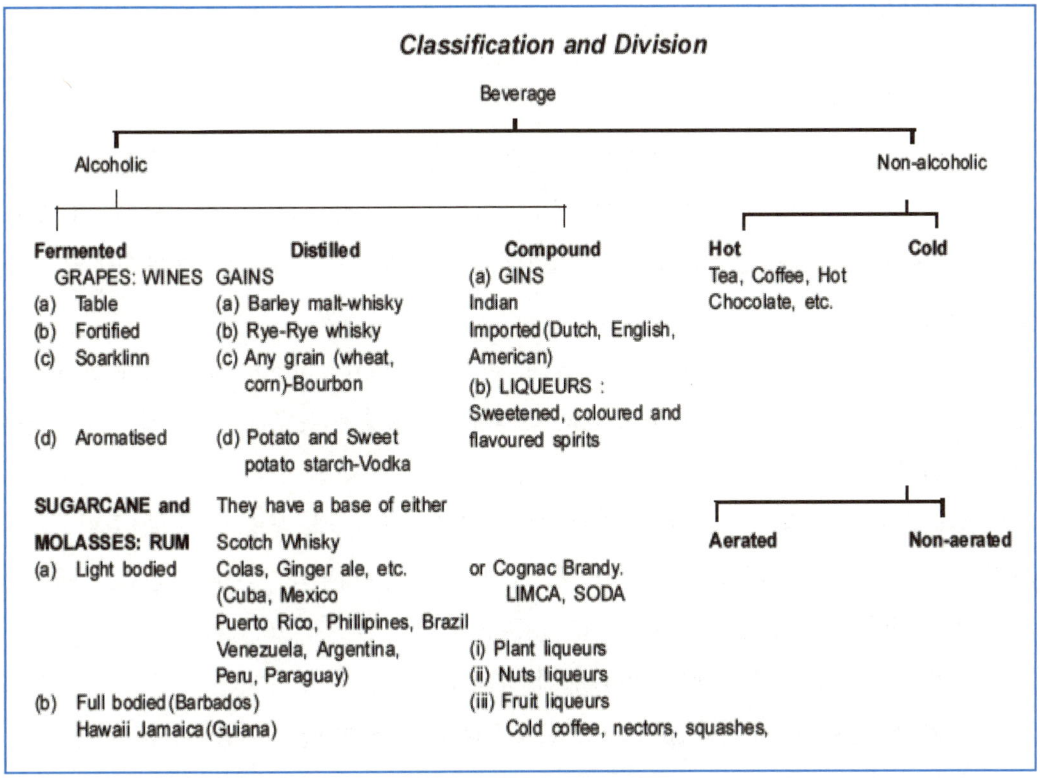

[그림 10.1] 음료의 분류표

여기에 속하는 증류주로는 진(Gin), 럼Run), 위스키(Whisky), 버번(Bourbon), 보드카(Vodka), 증류주(spirits), 혹은 코냑(Cognac brandy) 등이 있다.

2) 비알코올성 음료(non-alcoholic beverages)의 분류

비알코올성 음료(non-alcoholic beverage)는 더운 음료와 찬 음료로 구분된다.

찬 음료는 또한 비알코올성의 탄산(aerated) · 비탄산(non-aerated)의 과일음료로 구별된다.

제2절 알코올성 음료에 대한 이해

1. 와인(Wine)

1) 와인에 대하여

영국 와인 · 스피리트협회에 의하면, 와인은 생으로 채취된 포도주스를 발효시켜 얻는 포도의 원래 산지에서 지방의 전통과 제조방법으로 제조돼 나온 알코올성 음료(Wines and Spirits Association of Great Britain)로 아무런 인공적인 요소들이 첨가되지 않은 것을 말한다.

오늘날 포도주 산지는 프랑스, 미국, 칠레, 이탈리아(Vermouths), 스페인(Sherry wine) 등 외에도 전 세계적으로 많지만 포도의 특성에 따른 맛과 용도에 어느 정도 특징들을 가지고 있다.

와인에 많이 사용되는 아로마향으로는 사과, 레몬, 멜론, 배, 복숭아 등 과일 향, 버섯, 그린페퍼 등 유기농산물 향, 초콜릿과 잼, 장미, 제비꽃, 라벤더 꽃 등 향신료, 나무, 식물, 과일, 열매 등의 향이 양조주, 특히 증류주에 많이 이용되고 있다.

식전와인(aperitif)은 본격적인 식사 전에 식욕 돋우기용으로 마시는 와인으로 주로 드라이한 와인, 샴페인, 셰리와인(Sherry wine: 원래는 스페인산이었음) 등을 이용한다.

디저트 와인(digestif wine)은 식후에 마시는 와인으로 입안을 개운하게 하고 소화를 촉진시켜 준다. 단맛 나는 와인이나 포르투갈의 포트와인, 헝가리의 토카이(tokay)와인, 기타 아이스와인이 많이 이용되고 있다.

▲ 우아한 와인전시 판매장: 각종 브랜드가 독특한 물리적 환경을 조성한다.

와인에 대한 프랑스인의 역설(French Paradox)

영미인 못지않은 고지방 식사와 흡연에도 프랑스인들이 허혈성 심장병에 덜 걸리는 현상을 **프렌치 패러독스**(French Paradox)라고 한다. 이 연구는 1980년대부터 진행되었는데 1982년부터 WHO에서 지금껏 지속되는 소위 모니카 프로젝트로도 지원된바, 그 떫은 적포도주가 건강 애호가들의 인기를 모으고 있다. 요는 레드와인의 경우 1리터당 1.3g, 화이트와인에는 1리터에 0.2g이 각각 함유되어 있는 폴리페놀 때문이라는 것이 이 역설의 열쇠이다.

포도 껍질이나 씨에 주로 함유된(타닌, 안토시아닌, 카테킨 등으로 구성된) 폴리페놀은 동맥경화의 원인인 콜레스테롤의 산화를 억제해 심장질환의 발병

위험을 줄여주는 것으로 밝혀지고 있다. 체내에는 각종 지방질 산화로 세포노화와 손상 초래의 활성산소가 있는데 이것을 제거하는 항산화제 역할을 하여 심장혈관에 좋은 작용을 하는 폴리페놀이 적포도주에 많다고 해서 사람들은 레드와인을 선호한다. 이탈리아나 프랑스의 특정 지방에는 고령자들이 많다고 알려져 있는데 이들은 공통적으로 적포도주를 많이 마신다는 특징이 있다. 프랑스인은 와인이 건강음료라고 말한다. 어떤 작가는 남부 프랑스에서 물은 설거지와 목욕용이고 음료수로는 포도주를 마신다고까지 말하고 있다.

정말 아이러니한 일이니 프랑스인의 역설(French Paradox)답지만 그도 현대인이 중시하는 항노화(anti-aging)작용을 한다니 놀랄 일도 아니다.

고령화되는 사회 어디서나 이 프렌치 패러독스는 복음뉴스가 될 법도 하다.

2) 와인을 마시는 법과 예절

와인은 화이트나 레드와인은 8~12℃ 정도가 적정한데 마시기 전에 차게 하려면 2~3시간 전에 냉장고에 보관했다가 얼음을 넣은 차가운 물에 30분 정도 병째 넣어두었다 마시면 좋다. 와인을 마시기 전에 와인이 숨 쉬도록 짧은 시간 동안 미리 코르크 마개를 따서 놓아두는 것이 좋으며 잔(wine glass)에 부은 후에도 와인 잔을 살살 흔들어준(swirling) 다음 마시는 것이 맛이 좋다. 그러나 잘못해서 심하게 흔들면 와인이 엎질러질 수 있어 실수가 되고 에티켓에도 좋지 않으므로 유의해야 한다.

▲ 독일의 맥주와 와인 판매점

와인은 약 15℃ 정도에서 뉘어서 보관하는 것이 좋다.

와인은 소주문화처럼 급히 마시지 않고 또 식사 전후에 술을 마시는 동양의 예의와는 달리 와인은 '테이블 와인'이라고 해서 식사에 동반된 음식의 연장선에서 함께 마시면서 식사한다. 그러므로 식사 중이든 별도로 마시는 와인이든 그 맛과 향을 음미하며 천천히 마시는 것이 예의이고 또 맛도 좋다.

2. 맥주(Beers, Ales)와 샴페인(Champagnes)

대중적인 인기가 높은 맥주는 점차 다양한 브랜드와 맛, 색, 가격으로 경쟁하고 있다.

맥주는 일정량 혹은 소량의 홉, 유기산, 미네랄, 비타민 등도 포함되지만 93%의 물과 4% 내외의 알코올, 3.5% 정도의 당분과 단백질, 0.4%의 탄산가스로 구성되어 있다. 그러므로 맥주의 맛은 상당부분 물맛에 좌우된다고 할 수도 있다.

생맥주는 맥주를 성숙, 발효시킨 후 여과기로 걸러 통에 담은 것이지만 생맥주의 신선하고 독특한 맛과 향, 그리고 신선한 색깔도 효모활동으로 인해 일정 시간 경과되면 변질을 막기 어려워 고안된 맥주가 보존성 제고를 위해 열 처리과정을 거쳐 살균된 병 맥주이다. 그런데 맥주의 칼로리는 알코올 때문으로 탄수화물과는 달리 혈액촉진 및 체온상승작용은 되나 체내 축적은 적다고 한다.

맥주는 시원하게 쭉 마셔 짜릿하게 목에 넘어가는 맛을 보려는 것이므로 시원하게 쭉 마시고 빈 컵에 거품만 소량 남도록 마시는 것이 좋은 방법이라고 알려지고 있다. 그러므로 맥주를 마실 때에는 하계엔 온도가 6~8℃, 동계엔 8~10℃ 정도가 적정한데 이 정도에서 맥주의 탄산가스 맛이 제대로 살아나 거품이 잘 생성되기 때문이다. 이 흰 거품들은 맥주 속의 탄산가스의 방출을 방지해 맛을 유지시키는 데도 효과적이므로 전체 맥주의 20~30%의 거품층이 만들어질 정도로 맥주를 따르는 것도 맛을 내는 비결이다.

급격한 맥주온도의 변화는 맥주를 변질시킬 수 있으므로 보관온도와 환경이 좋은 맥주에 중요한 조건이다. 또한 과도하게 차면 맛을 잘 볼 수 없게 된다. 맥주 병 색깔이 대개 어두운 것은 직사광선을 받아 산화되는 것을 방지하고 맛을 잃지 않도록 하기 위함이다.

현재 왕관형 맥주병 마개(crown cork)의 톱니바퀴 수는 회사나 브랜드 관계없이 모두 21개로 알려지는데 윌리엄 페인터(William Painter)라고 하는 영국인이 고안해 낸 것으로 다음과 같은 문제를 완화하기 위한 것이었다. 즉 열기 어렵게 너무 단단하게 붙어 있지도 않고 일단 열어도 맥주가 쏟아진 후에야 맛보게 되는 불편 해소를 위해서 발명된 것이었다고 한다.

우리나라 주조의 맥주는 생맥주 등 모두가 라거 맥주(lager beer)이다. 흑맥주라고 하는 스타우트 맥주(stout beer)는 진한 갈색을 띠고 있으며 주정분이나 맛에서도 월등하다.

Miller's, Budweiser, 우리나라의 Kass, Hite 등이 있다. 독일에서는 가정이나 소규모 점포에서도 독특하게 주조된 특색 있는 맛을 지닌 다양한 맥주들을 상품으로 취급하고 있다.

샴페인은 프랑스 샹파뉴(Champagne) 지방에서 생산되는 포말성 와인(sparkling wine)만을 특히 샴페인(샹파뉴의 영어식 발음)이라고 하는데 그만큼 브랜드 가치가 알려진 지역특산 와인으로 지속적으로 잔 포말(기포)이 올라오는 걸 좋은 상품으로 알아준다. 이 술은 특히 축하행사에 빠질 수 없는 와인으로 애호되며 잔도 샴페인 전용 튤립 모양의 잔(champagne glass)을 이용한다(제9장 glass 종류와 모양 참조).

3. 브랜디(Brandy)

브랜디는 포도주스를 발효시킨 발효주인 포도주를 증류해서 참나무(oak)통에서 최소한 3년간 적정한 조건에서 숙성시켜 얻게 되지만 최고 70년이란 장기간의 숙성도 될 수 있다. 브랜디는 진한 오크통 속에서 아름다운 보석, 호박(amber)의 색을 얻기 때문에 절대로 색을 첨가하진 않는다. 브랜디 중 특히 프랑스 특정의 6개 지방(Champagne)인 코냑(6개 생산지 중 특히 맛이 묵직하고 강렬한 그랑드 샹파뉴와 프티트 샹파뉴 지역 생산 포도가 최상급임) 지역에서 생산되는 브랜디만을 코냑이라고 한다. 나폴레옹(Napoleon), 쿠르봐지에(Courvoisier), 에니시(Hennessy), 르미 마르탱(Remi Martin) 등의 브랜드들이 있다. 제조회사에 따라 다소 차이는 있으되 대체로 숙성기간별로 정해져 있는 다음과 같은 등급들이 상표에 표기되는 것도 특징이라면 특징이다. X(Extra)는 70년 이상, X.O.(Extra Old)는 35년 이상, Napoleon은 30년 이상, V.S.O.P.(Very Superior Old

▲ Cognac의 종류: Napoleon, Hennessey, Martell 등

Pale)는 25년 이상, V.S.O.(Very Superior Old)는 15년 이상, 3 Strar(☆☆☆)는 5년 이상의 숙성기간을 거쳤음을 의미하는 약자 혹은 표시들이다.

코냑을 마시는 것은 기다림과 인내의 미학을 즐기는 것이라고 한다. 그만큼 잔에 부으면 퍼지는 향을 즐기면서 한 모금씩 눈, 코, 혀로 음미하면서 마신다. 흔히 향을 위해서 코냑의 잔은 따뜻하게 해서 마신다.

4. 리큐르(Liqueurs)

이것은 코냑(Cognac), 브랜디(Brandy), 스카치 위스키(Scotch whisky) 혹은 간혹 럼주(Rum)를 기초(base)로 가당, 착색 및 향을 첨가한 알코올성분이 강한(27~28℃) 증류주(spirits)들이다. 색깔은 흔히 허브(herbs) 및 향신료(spices) 등 생약재나 야채 혹은 과일색 착색제(pigments)로 증류하거나(distillation) 혹은 우리는 방법(infusion)을 통하여 얻어진다. 달게 하는 가당은 항상 혹은 필요할 때 첨가된다. 박하를 넣은 Creme de menthe(흔히 페퍼민트라 함) 베르(green)나 블랑슈(white), '리큐르의 여왕'이라고 하는 샤르트뢰즈(Chartreuse)와 베네딕틴은 모두 프랑스의 수도원에서 수십 종의 약초로 만든 영약주들로 비밀 처방으로도 유명하다. 베네딕트 수도원에서 만든 베네딕틴(Benedictine)은 27종의 약초로 만들어져 약 효능과 함께 '최고의 신에게 바치는 술'이란 의미의 D.O.M(Deo Option Maximo)이란 라벨 문구로도 유명하다. 그 외에도 드람뷔(Drambuie), 쿠앵트로(cointreau), 퀴멜(Kummel), 삼부카(Sambuca) 등이 있다.

▲ Spirits ▲ Kummel ▲ Anisett ▲ Benedictine

5. 위스키(Whisky)

위스키에는 bourbons, Rye, Canadian, Irish, Scotch 등이 있다. 브랜드별로는 J. W. Harper, Old Fitzgerald, Old Forester, Old Grandad, Early, Time, Old Crow, Seagrams 7 Crown, Canadian Club, Ballantines, Black and White, Cutty Sark, Johnie Walker, Red-black-blue 등 종류, White Horse, Old Bushmill's 등을 들 수 있다.

위스키는 원료별로 맥아만 사용한 몰트(Malt), 호밀, 옥수수 등 곡물원료의 그레인, 양조장에서 원액을 구입해 숙성시켜 각종 원액을 혼합해 일정 품질의 상품으로 만들어내는 블렌디드 위스키 등으로 구분된다. 여러 가지 곡물을 이용한 술로 특히 보리몰트(barley malt)를 증류해 주조되는 스카치 위스키(Scotch whisky)가 블렌디드 위스키(blended whisky)인데 적어도 3년간, 아이리시 위스키(Irish Whisky)는 최소한 7년간 오크통 속에서 숙성된다. 흔히 보통 스카치 위스키는 3~12년간 숙성되지만 상급 프리미엄 스카치 위스키 혹은 고급 프리미엄 스카치 위스키(Deluxe premium Scotch Whisky)는 12~20년간 숙성된다. 최상의 오래된 블루라벨(blue label) 위스키는 최소한 20년 이상 숙성된다.

위스키는 원하는 캐러멜 색상을 첨가하기도 하는데 Pot Still방식(Pot Still method)이나 볼륨을 주기 위해(gives volume) Patent Still method로 증류되기도 한다.

▲ Whisky의 종류: Ballentine, Johnnie Walker Black, Royal Salute, Shivas Legal, Old Parr 등

pot still method란?

포트 스틸이란 증류소에서 이용되는 양파 모양의 증류기 이름이고 이것을 이용한 증류법을 침출법(pot still method)이라 한다. 이것은 그레인위스키 증류법과는 달리 소량을 증류시키는 단식 증류법을 말한다. 이 방식에서는 술의 농도, 밀도, 진한 맛 등을 준다. 이것을 '술의 보디를 준다(it gives body)'고 한다.

patent still method란?

그레인위스키(grain whisky) 증류기와 같은 의미로 맥아를 이용해 옥수수, 호밀(rye) 등 곡물을 이용한 위스키로 이를 당화시켜 발효해 생성된 알코올을 연속적으로 증류해(연속식 증류된) 만드는 위스키이다. 증류 후에는 위스키의 비율을 60% 전후가 되도록 물을 첨가해 뚜껑을 닫아 3년 이상 숙성시킨다. 그러므로 이것은 '술의 양을 준다(it gives volume)'고 한다. 술이 단기간 숙성되면 풍미가 가볍고 오래되면 풍미가 깊어진다.

6. 럼(Rum)

럼(Rum)이 17세기 초 처음 증류된 것은 Barbados에 이주했던 영국인에 의해서였다. 그래서인지 어떤 브랜드의 럼(rum)이든 스카치 위스키(Scotch whisky)를 베이스로 사탕수수(Sugarcane)와 설탕을 추출한 후의 당밀(Molasses)을 원료로 발효한 것을 증류해서 얻어지는데 최소한 3년간 오크통 속에서 숙성시킨다. 럼주는 대체로 색이 투명하거나 흐린 라이트 바디 와인(light bodied wine)과 향과 맛을 낸, 그리고 주로 어두운 캐러멜 색상이 첨가된 풀바디 와인(full-bodied wine)으로 다시 구분된다. 또 다른 방식으로는 화이트 럼주와 다크 럼주로 구별되기도 한다. 과자를 굽거나 케이크 만들 때에도 럼주가 많이 이용되고 있는데 색상별로 진한 색과 흐린 색이 이용된다.

럼(Rum) 중 colas, ginger ale 등 가벼운 맛과 농도(light bodied)의 술은 Cuba, Mexico, Puerto Rico, Phillipines, Brazil, Venezuela, Argentina, Peru, Paraguay 등 지역

에서 주조된다. 이에 비해 풀바디 와인(full bodied wine)은 Barbados, Hawaii, Jamaica, Guiana 등지에서 주조되고 있다. 여기서 바디(body)라고 하는 것은 마셨을 때 느끼는 어떤 무게감, 즉 기름진 음식을 무겁다(heavy)고 하듯이 술에서도 알코올, 타닌, 당분 등 술의 구성성분들로 받는 어떤 영향에 의해 진하거나 깊은 맛과 그 느낌이라고 할 수 있을지? 색으로도 대부분 풀바디 와인이 특별한 경우를 제외하면 비교적 짙다. 많이 애용되는 유명 브랜드로는 Barcardi가 있다.

7. 진(Gin)

시리얼과 곡물을 일정한 비율로 섞어 으깬 것을 발효해서 증류해 얻는 정류알코올(rectified spirit)이다. 진은 칵테일의 베이스로 가장 많이 사용되는 술이다. 진은 전형적으로 주니퍼 베리, 코리앤더 씨(coriander seeds) 및 오렌지 껍질 향을 가지는데 그 속에는 모두 108종의 식물이 들어 있어 향이 매우 신선하다. 진은 무색의 드링크로 최소한 3년간 오크통에서 숙성된다. 인기 있는 브랜드로는 Gilbey's, Gordon's, Fleishmann's 등이 있다.

▲ Dry Gin ▲ Tequilla ▲ Rum: Cacao/Bacardi ▲ Bacardi와 케이스

8. 보드카(Vodka)

러시아 국민들이 즐겨 마시는 45~50°C의 독한 술로 추위를 이기는 방법도 될 수 있어

추위로 패전을 맛보았던 나폴레옹의 러시아원정 패인 중 하나로 설명될 정도이다. 철갑상어 알(caviar)과 잘 조화되는 술이기도 하다. 이것은 당초 밀, 보리, 호밀을 사용하였지만 그 외 감자와 옥수수 전분에서 얻은 spirit를 증류해서(rectifying) 얻는데 숙성시키지 않는다. 이 술은 무색, 무취, 무미하게 만들기 위해서 모래, 야채, 자작나무 목탄(charcoal) 등 여러 층(layers)을 통과시켜 악취를 흡수/제거시킨다. 스미노프(Smirnoff), Samovar 등 브랜드가 잘 알려져 있다. 보드카는 칵테일에 베이스로도 많이 이용되고 있으며 칵테일의 베이스로 가장 널리 이용되는 진(gin) 대신 사용되기도 한다. 가령 스크루드라이버는 보드카에 오렌지주스를 곁들인 것이고 보드카 콜린스란 레모네이드를 곁들인 것을 말한다.

▲ Vodka

▲ Aperitif

9. 테킬라(Tequilla)

멕시코 특산 용설란에서 채취한 수액은 자연스레 풀케라는 지반 토속 탁주가 되는데 이를 증류한 무색투명한 주정분 40°C 정도의 강한 술이 테킬라이다. 테킬라를 마실 때 손등에 소금을 올려놓고 이를 조금 핥으면서 들이켜는 모습이 정열적으로 보인다. 세계적으로 알려진 것은 1960년대 이후 선풍적인 인기를 모았던 재즈곡, '테킬라'에 의해 인기가 급상승되기 시작했으며 유명 브랜드로는 Sierra가 있는데 알코올성분이 80°C 정도로 매우 높다.

제3절 비알코올성 음료(Non-alcoholic Beverage)의 이해

1. 비알코올성 냉음료(Non-alcoholic beverage-cold)

1) 탄산수(aerated water)

탄산수란 음용을 목적으로 하는 탄산음료, 탄산수, 착향 탄산음료 등을 말하는데 물에 탄산가스를 주입한 것이다.

여기에는 무색무취의 소다수(soda water)와 토닉 워터(tonic water), 향과 색을 가한 드라이진저나 진저에일 및 기타 향을 첨가한 레모네이드(fizzy lemonade), 오렌지, 진저 비어, 콜라나 기타 사이더(cider; soda) 등도 포함된다.

2) 비탄산수

천연 광천수 및 샘물 등 다양한 종류가 있다. 탄산수 중에는 독일의 중성 탄산수(appolianaris), 프랑스의 contrex나 향을 가하거나 천연 탄산수인 Perrier, Borsec, 초정 탄산수 등 많은 종류가 있다. 천연수로는 프랑스의 에비앙(Evian)이나 우리나라 및 세계 여러 나라에서 많은 브랜드의 샘물이 음용되고 있으며 근년에는 해저에서 끌어올리는 생수들도 많이 개발되고 있다.

천연수 중에는 레몬, 망고, 파인애플 등 다양한 과즙 음료들(Squashes: 스쿼시)도 생산, 시판되고 있다.

3) 주스

주스(juice)는 생과일 주스와 캔에 저장된 주스 두 가지가 이용되며 순과즙으로 되어 있을 때만 주스라는 용어가 사용될 수 있기도 하다.

시럽의 종류로는 석류(pomegranate), 블랙커런트(black currant), 레몬, 백설탕, 딸기, 체리, 아몬드 등의 시럽이 이용되기도 한다.

4) 냉 녹차

녹차는 전통적으로 더운 음료로 이용되었지만 근자엔 더운 계절에 다른 차들처럼 냉 녹차로도 시원하게 마시는 걸 선호하는 경향이 있다.

2. 비알코올성 더운 음료

1) 차(tea)의 분류

▲ 차밭-차엽-덖음솥

차는 찻잎의 채취시기, 잎의 모양, 차의 색상, 차의 발효여부 및 그 정도 등에 따라서 분류된다. 차는 봄, 여름, 가을 등 잎을 채취하는 계절과 시기에 따라서 찻잎의 강약이나 향, 품질에 차이기 생긴다. 봄에 첫물로 4월, 곡우 이전에 채엽하는 차를 우전이라 하며 잎이 아직 펴지지 않은 상태의 어린잎으로 부드럽고 향과 맛이 은은한 상품질의 차를 얻을 수 있다. 이어서 곡우~입하기에 채취하여 얻은 차는 세작이라고 하며 잎이 자라서 좀 더 펴진 모양의 보통 차이다. 그 이후 입하와 이를 지나서 잎을 채취하게 되는데 중작과 대작이라 불리고 시간이 경과될수록 찻잎들은 더 크고 질겨지므로 맛도 강하고 떫어져 차의 품질도 저하된다. 이 시기에는 채엽한 찻잎은 다도용의 고급 차로써보다는 물처럼 더 많은 양을 소비하는 음용목적에 이용된다. 일본 등지에서도 예부터 이런 찻잎을 끓여 밥 말아 먹거나 하는 데 사용하곤 했다.

또한 차는 발효시킨 차와 발효하지 않은 차로 구분해 볼 수 있다. 우리가 흔히 마시는 녹차는 불발효차로 대부분 덖음솥에 덖은 차이고 더러는 수제로 찐 차도 있다. 고유한 차의 질 좋은 맛과 품격 있는 음차 효과를 위해서는 찻잎을 따는 즉시 고온의 솥에 덖거나 쪄야만 색상과 향을 보호할 수 있다는 점에서 좋은 차를 만드는 데 중요한 조건이 된다.

발효차는 비교적 소화에 도움이 된다고 알려지며 이런 차 중에는 흔히 홍차, 황차를 꼽을 수 있다. 반발효차의 종류들도 많지만, 오랜 기간을 두고 발효시킨 보이차도 유명하다.

(1) 차(Tea)

차는 마실 때에는 차거나 덥게 마시지만 러시아식으로 덥게 끓인 차에 잼 등 단것을 가미하여 마시는 방법도 있다. 러시아식 음차는 잘라놓은 레몬, 박하, 설탕시럽 혹은 잼을 곁들인다(garnished).

홍차의 서비스에는 주로 레몬 티(lemon tea)와 밀크 티(milk tea)의 선택폭을 가진 경우가 많은데 밀크를 넣어 마시는 경우는 진한 홍차가 서브되고 레몬 티는 레몬 스퀴저

베르가못과 얼그레이 차

▲ 베르가못 꽃

베르가못(bergamot; Citrus aurantium bergamia)은 달면서도 신선한 오렌지와 레몬 향이 섞인 독특한 향이 좋으며 풍부한 고양 작용과 소화기계의 조정작용이 뛰어난 정유(essential oil), 구강, 피부, 호흡기계, 요도 감염증 등에 대한 효과 외에 피부와 두피의 지방과다 분비 조정을 한다고도 알려지고 있다.

▲ 얼그레이(Earl rey) 차

얼그레이(Earl Grey)는 홍차 중 진한 홍색 베르가못의 독특한 향을 입혀 맛과 품격으로 인기있는 제품이다. 차의 이름은 19C 영국 수상이던 그레이 백작에게 제공되었던 홍차에 백작 이름을 붙인 데서 유래되었다. 당시 최고가의 최우량 제품이던 중국 복건성産 홍차의 유사제품 생산을 위해 착향된 베르가못의 진한 향과 오렌지색의 홍차 맛이 뛰어나 이후 영국인은 물론 세계인들의 기호와 감성을 자극하고 있다.

(lemon squeezer)와 레몬이 서브되거나 한 조각의 레몬이 가장자리에 서브되기도 하지만 차를 마시기 전에 이를 건져내야 한다.

영국 등지에서는 홍차에 흔히 설탕과 뜨거운 우유가 함께 서브되기도 한다.

차는 원래 중국 윈난 성에서 식용 채소처럼 먹었던 것인데 후한시대(AD 25~220)에 와서 이것을 달여 마신 것이 차의 효시라고 전해진다. 유럽에서는 1602년 동인도회사를 설립했던 네덜란드가 차를 교역물품으로 거래하면서 처음으로 유럽에 소개돼 마시기 시작했다.

유럽의 동인도회사는 중국이나 일본과도 녹차 교역을 했었다. 홍차는 발효차인데 18세기 후반 중국에서 반발효차(우롱차)를 기초로 개량한 것이었다는 설이 지배적이지만 적도를 지나던 교역선이 온도와 습도로 인해 선적되었던 찻잎이 자연 발효돼 홍차가 나오게 되었다는 이야기도 있다.

녹차나 홍차 등 세계에서 차를 많이 마시는 나라로는 중국, 일본, 영국을 빼놓을 수 없다. 특히 영국에서는 거의 모든 호텔에서 일정 시간대에 정해진 영업 코스로 애프터눈 티(afternoon tea) 시간을 두고 서비스할 정도로 차를 중심으로 한 음료문화가 정착되었을 정도이다. 영국에서는 특히 더운 우유와 설탕을 넣은 밀크 티(milk tea)를 애호한다.

(2) 녹차(Green tea)

녹차는 아시아 여러 나라에서 만들어지는 차이다. 그중 반발효차인 우롱차(Oolong tea)가 전체 생산량의 상당량(절반 이상)을 점유한다.

▲ 오설록의 녹차아이스와 롤케이크

2) 다양한 허브차(herb tea)

항노화 건강에 대한 인식 증대로 사람들은 몸에 좋다는 성분들을 찾아 식품을 선택하고 이용하는 추세이다. 그러므로 몸에 좋은 것의 가치가 상승하면서 가격도 따라서 높아지고 있다. 꽃잎과 잎, 줄기, 뿌리 등을 건조시켜 끓여 마시거나 생잎을 끓인 물(더러는 찬물)에 넣어 마시는 차들을 '허브 티(영국식 발음)' 혹은 '어브 티(주로 미국식)'라고 한다.

차로 많이 마시는 허브로는 페퍼민트(peppermint), 라벤더(lavender), 생강(ginger), 레몬글라스(lemon glass), 캐모마일(chamomile), 레몬버베나(lemon verbena), 재스민(jasmine), 유칼립투스(eucalyptus), 노간주나무(juniper), 레몬(lemon), 파인(pine), 로즈(rose), 로즈메리(rosemary) 등 다양한 허브들이 이용되고 있다(박선아 · 이정자, 2015).

3) 커피

Cafe Brule는 브랜디, 설탕, 부스러 놓은 커피콩을 섞은 것으로 플람베서비스가 되는 경우에는 현장에서 덥힌 커피를 제공할 수도 있다. 그러나 대부분은 이미 추출된 커피를 포트에 들고 나와서 서비스직원들이 제공하거나 아니면 찻잔에 담아서 제공한다(뒷부분에서 커피에 대해 상세히 다룸).

3. 코코아와 초콜릿(Cocoa and Chocolate)

1) 코코아(Cocoa)

코코아는 카카오나무에서 생산되는 카카오 열매 속에 들어 있는 카카오콩을 갈아 만든 분말에서 얻는다. 가장 질 좋은 코코아는 가나(Ghana)의 Assra에서 생산된다. 세계 생산량의 70%가 코트디부아르(39%), 가나(13%), 나이지리아 및 카메룬 등 서아프리카 연안에서 생산되고 있고, 인도네시아(11%) 등 서남아시아 및 브라질(6%), 에콰도르(3%) 등지에서 생산된다.

코코아는 가로 4인치, 세로 12인치 정도의 큰 꼬투리로 된 열매이다. 꼬투리 안에는 20~40개의 낱알이 들어 있는데 일단 깍지를 발효시킨 다음 그 속에서 원두열매를 얻는다.

이 카카오 깍지의 겉껍질을 벗기고 까불려 내버리면 카카오 씨와 굵은 카카오 원두를 얻는다. 그 다음 소위 네덜란드식 처리과정(Dutch process)이라 불리는 처리과정을 거쳐 카카오씨는 덜 전형적인 코코아의 갈색과 강한 향기를 얻게 된다.

다음 단계로 압착처리 과정(Rolling Process)을 거쳐 원두를 으깨면 카카오 원두가루와 지방인 카카오 버터가 각각 분리되면서 반씩(각 50%) 얻게 된다.

이렇게 얻은 원두가루와 카카오 버터는 각각 초콜릿이나 화장품의 원료로 사용된다.

2) 초콜릿(Chocolate)

카카오 가루는 초콜릿에 사용되고 지방분은 초콜릿 향만을 이용할 수 있으므로 백색의 가짜 초콜릿 제조에도 사용되지만, 주로 화장품 생산에 원료로 쓰인다.

(1) 카카오 덩어리를 설탕, 버터와 섞어 68~70°C의 열을 가해 신속하게 저어(churned: 교유)주면 초콜릿이 된다. 초콜릿은 케이크, 캔디 및 기타 식품이나 식료제품의 마감재로도 많이 활용된다. 초콜릿 생산공정에서 우유분과 카카오버터를 첨가하면 밀크 초콜릿이 된다.

(2) 카카오 덩어리의 압착과정을 거쳐 분리된 카카오 가루와 버터는 초콜릿 향만을 이용한 가짜 초콜릿, 화이트 초콜릿 등 생산에 이용되기도 하지만 그보다는 주로 화장품 제조에 사용되고 있다.

▲ 멋스러운 프로즌 초콜릿

▲ 코지한 커피와 케이크의 조화

제4절 커피의 이해

1. 커피의 발전

흔히 좋은 커피를 "지옥같이 뜨겁고 사랑같이 달콤하며 실연당한 것처럼 쓰다"고도 한다. 일반적으로 커피의 카페인 때문에 잠이 안 올까 걱정하지만 커피를 마셔야 잠이 더 잘 온다는 사람도 있다.

어쨌든 커피는 당초부터 서양을 중심으로 상당기간 대단한 인기를 누리다가 이젠 세계적으로 애호되면서 놀라운 맛과 향을 가진 기능의 음료수로 각광받고 있다.

커피가 처음 유럽에 소개되면서 부유층이나 특권층 중심 사회에 확산되어 귀한 대접을 받았다. 당대에 커피는 만병통치약처럼 여겨지거나 혹은 다양한 용도로 쓰였다. 네덜란드의 한 귀족 부인은 이것이 귀한 나머지 닭고기 국물(chicken broth)에까지 넣었을 정도라니 당대에 커피의 효능에 대한 신뢰와 귀한 취급이 짐작할 만하다.

커피가 점차 대중적으로 파급되고 상품화가 촉진되면서 17세기 중 · 후반 영국 런던에서는 수많은 커피점들이 성업하였고 커피하우스가 대중적 미팅과 회합장소로 인기를 누렸다. 미국에서 커피하우스가 초기 호텔명(1676년 Boston Coffee House)으로 사용되었던 것도 그 영향을 받았던 때문이었다.

세계대전 후 인스턴트 커피(instant coffee)의 등장과 더불어 대량 생산과 소비체제로 발전이 촉진되기 시작했다. 1966년 피트(Peet's)의 다크 로스팅 원두커피, 1971년 스타벅스(Star Bucks)의 등장은 신 개념의 커피상품 출시를 통하여 새로운 커피시대의 장을 열면서 프랜차이즈 커피/커피점의 급신장세를 초래했다.

New Orleans 치커리 커피의 유래

치커리 커피는 보통의 치커리 식물 뿌리를 볶아서 만든 커피 대용품명이다. 치커리를 커피에 처음 사용한 것은 1750년경 네덜란드였는데 단기간에 커피 대용품의 인기확산은 1785년경 James Bowdoin에 의해 미국에도 소개되었다. 1806년 Napoleon은 프랑스의 자급자족(self-sufficient)을 위해서 당시 고가 호화 외수품이던 커피소비 감소책으로 커피에 치커리 혼용을 제도화했지만 그의 실각까지 불과 수년밖에 시행하지 못했어도 이런 프랑스인의 방식은 지속되었고 프랑스문화 영향권의 뉴올리언스(New Orleans)에도 전해졌다. 로스팅한 커피에 치커리 첨가물을 섞어 만든 흔한 커피대용품인 치커리 커피가 뉴올리언스식 전통 스타일의 역사문화적 가치를 지닌 커피로 정착돼 관광상품화에 기여했다. 사실 건조된 치커리 뿌리를 로스팅해 갈면 진하고 깊은 갈색의 풍부한 맛 외에 강한 후추처럼 톡 쏘는 쓴맛이 독해 원래 커피 맛과는 다르고 블랙으로 마시기가 거의 불가능할 정도이다. 그래서 여기에 우유를 넣어 시럽처럼 달게 한 더운 커피로 마시면 만족할 만한 음료수로 재탄생된다.

19세기 말엽까지 치커리는 커피대용품 외에도 대부분 커피광고 기업이 제품에 순수커피 사용량 감축 목적으로 저원가의 혼합재료로 섞던 업계 만연의 속임수 상술 관행을 촉진했다. 19세기 말엽까지 지속되던 커피제품 속임수의 치커리 커피가 인기에 종지부를 찍게 된 것은 순순한 커피 찾기가 어렵다는 New York Times의 문제제기 때문이라고 한다. 이후 커피제품은 개선과 신제품 개발로 오늘날과 같은 양질의 상품출시가 가능해지게 되었다.

한편 커피대용품, 치커리의 최초 사용이 1770년 독일인에 의해서였다는 주장도 있는데(Heinrich Jacob, Epic of commodity) 그 사용목적은 낮은 카페인 때문으로 고가 외국수입품인 커피소비와 관세부담 경감 목적의 경제적 배경에 의한 프랑스에서의 사용과는 다른 것이었다. 현재도 커피치커리(coffee chicory)의 주산지는 프랑스와 남아프리카이다.

이렇게 해서 뉴올리언스식 커피는 오늘날까지 이어져 오는 전통이 되었다.

커피를 볶는 전문 로스터(roaster) 양산과 바리스타(barista)의 육성, 커피 생산기술과 커피 제품의 다양화 및 고급화에 대한 인식이 확산되면서 새로운 커피의 흐름을 주도

하고 있다.

현대 산업사회에서 이제 커피는 생산, 재배, 상품화, 서비스 개혁을 통하여 음료수 시장에서 중요한 거래상품이 되었다. 뿐만 아니라 시간과 경비를 절약할 수 있는 인간관계의 매체로서 사회적 관계형성과 개선에 없어서는 안될 음료수 중의 음료수로 역할하고 있다. 또한 산업계에서나 일반 가정에서나 가족이나 고객 등 이용자들의 만족을 향하여 쉬지 않고 정진하는 고유 산업영역을 형성해 가고 있다.

바리스타(Barista)

전문적인 커피음료 생산장인이라고 할 수 있다. '바 안에서 제조하는 사람'이란 의미의 이탈리아어로 즉석에서 커피를 만드는 모든 사람을 지칭하는데 좋은 원두선정, 원두를 잘 볶는(roasting) 로스터(roaster), 완벽한 기계사용의 장인으로 고객 입맛에 맞추어 만족할 만한 커피를 만들어내는 일을 전문으로 하는 사람이다. 그러므로 재료, 기계, 완제품 및 새로운 커피 맛 생산의 전문가로 커피 맛, 향, 조합의 능력, 경험, 입맛이 뛰어나고 커피에 관한 한 고객이나 필요한 사람들에게 조언도 하는 사람을 일컫는다.

크고 작은 커피점포의 커피음료 주조자는 대부분 이러한 바리스타 자격을 갖추었다고 보면 대략 맞지만 또 요리사처럼 그러한 자격을 갖추고 항상 쉬지 않고 연구개발(R&D)에 정진하는 겸손하고 진지한 장인의 자세로 자부심을 갖고 정진해야 한다.

2. 세계 커피거래시장 지배의 3대 원종

커피의 종류는 매우 다양하지만 실질적으로 시장에서 원두 재배 및 생산, 제품화, 거래되는 주종의 커피는 시장에서 세 가지로 분류되며 이를 3대 원두커피 혹은 커피의 3원종이라 한다.

1) 아라비카(Arabica) 커피종

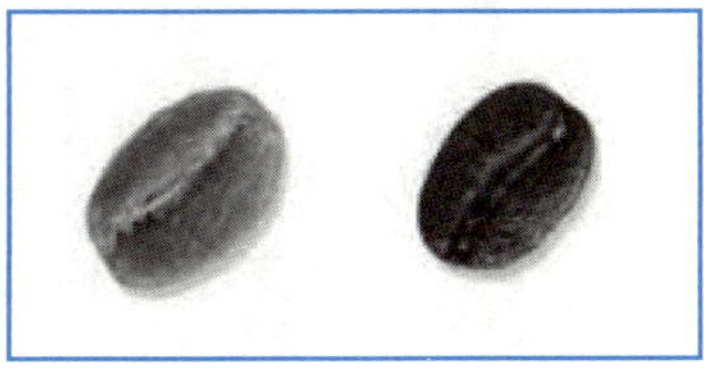

가장 품질이 좋은 커피로 Brazil, Paraguay, Columbia, Mexico 등의 산지에서 재배되며 좋은 품질의 커피에서만 생산될 수 있다. 커피콩의 알갱이(crops)는 매우 손상되기 쉽기 때문에 생산량도 매우 적지만 많이 재배되는 커피종인데다가 세계 커피 거래량의 주류를 이루고 있다. 카페인 함량도 적고 산미감이 있는 맛에서 풍기는 꽃이나 과일향이 좋다.

2) 로부스타(Robusta) 커피종

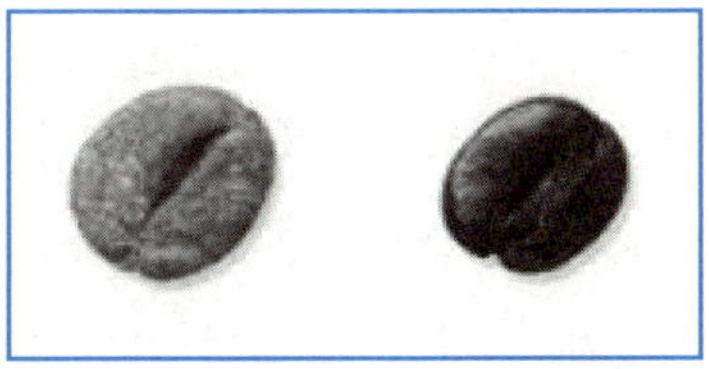

가나(Ghana) 등지의 서아프리카 해안 지방(West African coast)에서 잘 생장하고 재배되는 커피종으로 비교적 소출량도 좋다. 품질은 중질이지만 맛과 향은(flavour-wise) 좋다. 나무의 잎은 크고 열매는 비교적 작다. 우리나라 강릉 등지에서 재배되는 커피나무도 이 종이 많다.

3) 리베리카(Liberica) 커피종

3원종의 커피품종 중 가장 저렴한 브랜드의 커피이다. 이 품종은 Malaysia에서 많이 재배된다.

3. 커피존(coffee zone)

커피는 추위에 약하고 열대성 기후에서 적절한 햇빛과 일정 수준 이상의 강우량으로 습한 지역에서 잘 자라고 저지대보다는 배수가 잘 되는 경사도 높은 고지대에서 재배가 잘 되며 냉온의 온도 차이도 필요한 등 까다로운 생육 및 재배 조건을 요한다. 현대에 와서 재배기술이 좋아지고 비교적 환경에 강한 커피종도 발견되어 재배조건도 부분적으로 완화되고는 있다. 그러나 세계적인 커피 생산지역들을 보면 이런 조건을 갖춘 지역으로, 적도를 중심으로 남회귀선(남위 23°27분)과 북회귀선(북위 23°27분) 영역 내에 집중되어 있음을 알 수 있다.

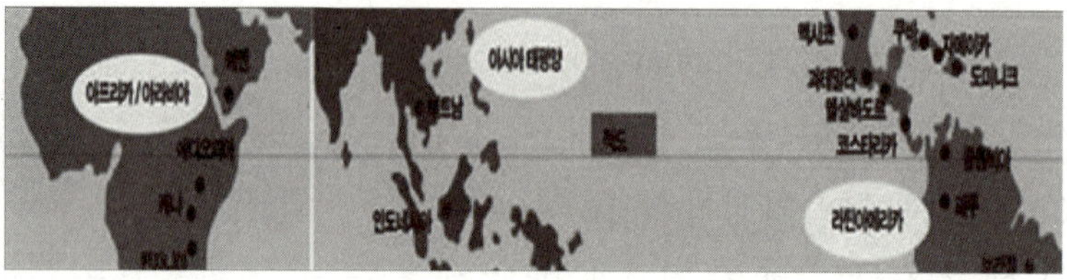

▲ 커피존(coffee zone)

위도상 커피생산이 가능한 일정 지역(zone)은 이처럼 지구에 일정한 띠를 형성하는데 이를 커피존(coffee zone) 또는 커피 벨트(coffee belt)라고 한다. 이 지역을 연결하면 커피 생산지 지도가 작성된다. 적도를 중심으로 남북으로 나뉘는 북회귀선(tropic of cancer)과 남회귀선(tropic of capricorn) 구분의 현실적인 의미는 적도 양쪽으로 계절이 반대가 된다는 것이다. 그러므로 더운 계절이 지나고 다른 계절엔 그만큼 온도 차이가 발생되므로 커피재배에 요구되는 냉온의 온도 차이 및 강수량 등은 재배조건을 충족시킬 수 있는 지역이 바로 이 존(zone)이기 때문이다.

커피 생산과 거래 이야기

커피(Coffea)는 식물학적으로 과, 속, 종(40개)별로 많은 품종들이 있다.

환경적응성이나 자연변이 혹은 재배연구, 실용측면에서 이루어지는 인공교배, 자연도태 등 많은 사례들이 있다. 커피의 종류는 재배 혹은 마케팅 중심적으로 ① 야생종·재배종 포함의 식물학적 분류, ② 경제성에 의한 분류, ③ 커피의 산지별 분류, ④ 상품명에 의한 분류, ⑤ 품질수준별 분류 등에 의한다.

그중 커피재배와 거래에 주종을 이루는 커피의 3원종으로는 ① 아라비카종(Coffea arabica L), ② 로부스타종(Coffea robusta L), ③ 리베리카종(Coffea liberica Bull ex Hiern) 등이 있다.

전장 5~6m 정도로 생장하는 아라비카종의 원산지는 에티오피아인데 평균기온 20℃ 전후, 해발 600~2,000m 고지대에서 주로 재배되며 온도에 민감하고 병충해에도 약해 재배면적당 커피 생산량도 로부스타보다 적고 수작업도 많아 높은 생산비 때문에 고가에 거래된다. 아라비카의 주산지는 중남미인데 이 커피종과 로부스타종 간에는 잎 모양과 색깔, 꽃 등이 약간 다르다.

세계의 커피재배는 1870년까지 아라비카 의존적인 형태였다가 1870년 이후 질병에 대한 저항력이 크고 고온다습한 해발 1,000m 정도의 저지대 평지에도 적응력 있는 작은 리베리카종 재배가 확산되었고 1898년 콩고에서 발견된 로부스타종도 질병에 대한 내성으로 주목받으면서 아시아권에서도 생산량이 적지 않은데 인도네시아가 최대 생산국이다. 그러다가 1869년 스리랑카와 수마트라에서 확산된 질병으로 저지대 아라비카종 생산에 타격을 입은 후 원종 특성 중심의 재배방법 도입으로 커피종의 적지이동과 생산비 절감방안이 연구되고 있다.

커피존(coffee zone), 즉 커피 생산지역은 아프리카/아라비아의 예멘, 에티오피아, 가나, 탄자니아 등지와 아시아의 베트남, 인도네시아 및 멕시코, 쿠바, 자메이카, 과테말라, 도미니크, 엘살바도르, 코스타리카, 브라질, 페루, 콜롬비아 등 라틴아메리카로 남북 회귀선 사이(coffee belt)에 위치한 지역으로 커피지도를 이룬다.

현재 세계 커피 생산량 1위국은 브라질로 아라비카뿐만 아니라 로부스타도 최대 생산지이다. 현재 세계 커피 총 거래량의 약 70%는 아라비카종이고 로부스타종과 리베리카종(2~3%)이 각각 30%를 점유한다. 그러나 교역편의상 커피는 마일드한 콜롬비아커피, 브라질의 자연건조 아라비카, 인도네시아의 로부스타로 구분되기도 한다. 점차 향상되는 커피 제조기술과 인력에 의한 커피등급제나 인증 시도가 점차 커피의 고급화로 유도되는 경향이 현저해지면서 새로운 시장개척을 향한 신제품개발 열기도 가일층 심화되는 양상이다.

4. 커피의 브랜드명

커피의 이름들은 흔히 생산국명 뒤에 생산지, 농장명 또는 애초에 거래가 이루어졌던 곳(해운교통을 주로 이용하던 시절의 항구 등)의 이름을 따서 명명되고 있다. 다음의 몇 가지 예 중 가끔 TV에 나오는 광고모델의 모습을 통해서 혹은 잡지광고에서 그 이름을 들어본 적이 있는 커피들이 있을 것이다.

에티오피아 에가체프 시다모 예멘 모카 하라 마타라 브라질 산토스 코스타리카 타라주	콜롬비아 수프리모 파푸아 뉴기니 과테말라 안티구아 탄자니아 킬리만자로 케냐 AA	자메이카 블루마운틴 인도네시아 코피루왁 (Kopi Luwak) 인도네시아 만델링 멕시코 알투라 인도 자바 하와이안 코나

커피 브랜드명의 사례들

코피루왁(Kopi Luwak)

인도네시아에서 생산되는 명품커피인데 일명 '고양이 똥 커피'라고들 한다. 코피루왁이란 인도네시아어로 사향고양이(루왁)와 커피(코피)의 복합어이다.

로부스타(Robusta)나 아라비카(Arabica)종 커피열매를 먹은 긴꼬리사향고양이 배설물에서 꺼낸 원두를 가공한 커피이다. 이것을 볶아 내린 커피가 코피루왁이다.

이 커피는 가격이 고가인 최상품 명품 커피 원두의 가격경쟁에서도 알아주는 세계에서 가장 값비싼 고가의 커피이다.

이 커피가 명품으로 인정되는 이유는 향이 독특하고 깊고 중후한 맛 때문이다. 즉 캐러멜, 풀 냄새와 같은 향이 나면서 맛을 보면 쓴맛이 덜하고 신맛이 적절하게 조화를 이루는 깊은 맛과 중후한 감을 갖는 것으로 알려진 유명한 커피이다.

5. 커피 마시는 매너

커피의 온도는 70℃ 내외가 가장 맛있다고 한다. 뜨거운 커피를 입으로 불어 식히는 것보다는 약간 놓아두고 천천히 조금씩 마시면 된다. 설탕이나 우유는 상석의 인사에게 먼저 권함이 좋고 묻지도 않고 다른 사람의 커피 잔에 이런 것들을 넣어주는 것도 실례가 될 수 있다.

설탕을 사용할 경우 자신의 개인 스푼이 아니라 설탕그릇(sugar bowl) 안에 있는 공용 슈거 래들(sugar laddle: 작은 국자모양의 순가락)을 이용해야 하며 커피를 너무 많이 젓지 않는다. 처음에 커피의 쓴맛을 즐기다가 천천히 녹아드는 설탕의 단맛을 즐기는 것이 좋다고 권하는 사람도 있다.

커피를 서비스할 때에는 커피 손잡이는 왼쪽, 그리고 스푼은 밑받침 접시의 앞쪽에 놓지만 마실 때에는 스푼 사용 후 접시 뒤쪽에 놓고 접시를 들지 말고 컵만 들되 오른 손잡이의 경우 잔의 손잡이를 돌려 잡지만 손가락을 끼우지 않고 나머지 손가락들도 살포시 구부리는 것이 우아하게 커피를 마시는 좋은 매너이다.

6. 커피음료의 유형(types of coffee)

1) 프렌치 커피(French coffee)

유럽에서 커피가 사용되기 시작하던 초기에 이것은 외국에서 수입되는 호화 사치품으로 고가에다 높은 관세까지 소요되는 소비재였기 때문에 이 음료를 경제적으로 마시려는 시도들이 있었다. 사실 대부분의 향신료나 기호음료들은 아라비아 상인이나 그 후에는 동인도회사 등을 통하여 유럽에 수입되고 전래된 것들로 그 가격에 거래되었던 진귀한 교역품목이었다.

이러한 여건에서 커피 사용량을 줄이기 위해 커피는 커피알갱이와 섞는데 가장 흔하게 이용되는 타입이 치커리(Chicory: Endive plant)의 뿌리였는데 이것을 커피와 함께 볶아서(roasting) 분말로 만들어 이용하던 커피가 프렌치 커피였다.

프랑스인이 모닝 커피(morning coffee)로 즐겨 마시는 커피음료로는 우유에 커피를 섞은 카페오레(cafe au lait)도 있다.

2) 헤나커피(Henna Coffee)

이는 오스트리아(Austria) 커피로 무화과(gigs)를 커피와 같이 볶아 가루를 낸 다음 끓는 물과 섞어서 서브하거나 우유와 함께 서브한다.

3) 에스프레소(Espresso)

이탈리아에서 개발된 커피로 뜨거운 증기를 넣어 향기 높은 커피성분을 순식간에 만들어낸다. 즉 코코아 가루와 함께 뿌려진 거품(분무된 거품: sprinkled froth)의 진한 막

(layer)으로 커피를 찐 것이다. 그 다음 끓는 물과 섞어서 서브되는 레귤러 커피(regular coffee)보다 옅은 맛의 아메리칸 커피(American coffee)로 혹은 '신사의 커피'로 불리는 카푸치노 커피(Cappuccino: coffee Italiano)처럼 우유와 커피 위에 뿌린 계피(cinnamon) 가루 향이 나는 이탈리아식 커피로 서브되기도 한다. 우유만 섞어 내는 커피는 라테 커피라고 하며 커피에 시럽이나 크림 같은 것을 올려서 캐러멜 마키아토가 되기도 한다. 기타 유사하거나 다른 상품들이 개발될 수 있다.

4) 하와이 커피(Hawaiian Coffee)

차고 검은 커피를 파인애플 주스와 크림을 타서 서브한다.

5) 터키식 커피(Turkish Coffee)

대부분의 중동지역에서 이용되는 커피인데 커피를 구리 팬에서 몇 알갱이 안 되는 과망간산칼륨을 넣은 매우 소량의 물과 같이 끓여서 마시는 매우 강한 커피로 색깔은 구릿빛 적색이다.

6) 아이리시 커피(Irish Coffee)

아일랜드 더블린 공항이 원산지이며 커피에 뜨거운 아이리시 위스키(Irish whisky)와 섞어서 그 위에 거품 낸 생크림(whip cream)을 얹어 마시는 것으로 식후에 술과 커피를 동시에 즐길 수 있는 커피이다. 일명 '샌프란시스코 커피'로도 불린다.

7) 인스턴트 커피(Instant Coffee)

커피믹스를 끓는 물에 부어 그냥 마시거나 우유와 섞어 마신다.

8) 코나 커피(Cona coffee)

생(fresh) 커피원두를 로스트해서 갈아 만든 커피로 코나커피 제조기(Cona Coffee apparatus)로 생산되는 커피이다. 매우 진하고 강한 커피로 우유, 크림과 함께 서브된다.

9) 알렉산더(Alexander)

아이스 커피에 브랜디와 카카오를 섞은 전통 남성용 분위기의 커피이다.

10) 디카페인 커피(decaffeinated coffee)

커피에서 카페인(caffein)을 제거한 커피로 흔히 '상카(Sanka)' 커피라고도 하는데 이는 또한 디카페인 커피의 브랜드명이기도 하다.

7. 식음료산업의 커피음료 생산과 종류

다양한 커피상품들이 출시되고 있지만 국내외의 커피점에서 판매하는 대부분의 커피는 이탈리아식 에스프레소 커피를 베이스로 하여 여기에 물, 우유, 크림, 시럽, 계핏가루, 캐러멜 등을 가하여 각기 다른 이름의 커피를 만들어 내놓고 있다. 여기서는 이를 중심으로 설명하려 한다.

1) 에스프레소

전 세계적으로 상용 커피시장에서 생산·판매되는 커피들은 주로 에스프레소(espresso)를 기본(base)으로 해서 새로 개발되거나 생산된 커피음료 제품들이 주종을 이룬다.

에스프레소(espresso)는 커피원두를 볶아(roasting) 곱게 분쇄한 가루에 뜨거운 물을 고압으로 통과시키는 가압식 과정을 거쳐 짧은 순간에 추출되는 이탈리아 정통의 진한 순수 원액의 커피이다. 이 커피는 진하면서도 카페인이 적고 순수한 맛과 향이 좋은데 '에스프레소(espresso)'란 이탈리아어로 '빠르다'는 의미로 커피명은 커피 추출과정에서의 특징에 입각해서 명명된 커피명이라고 하겠다.

에스프레소(espresso)는 진한 커피이므로 마실 때에는 주로 드미 타스(demi tasse)라는 작은 커피 잔에 담아 향과 크레마(crema)를 맛본 다음 한두 모금에 마신다.

크레마(crema)란 커피를 추출하면서 원두커피에 함유된 오일(oil)이 증기에 노출돼 표면에 생기는 커피 향의 옅은 갈색 크림층을 말한다. 이 크레마(crema)의 상태를 보고 에스프레소(espresso)가 잘 추출되었는지를 판단할 수 있다.

2) 아메리카노

에스프레소에 물을 첨가해 흔히 마시는 커피로 맛은 진하고 흐린 농도 조절이 가능하며 미국에서 시작된 것이므로 아메리카노로 명명되었다.

3) 카페라테

에스프레소에 따뜻하게 덥힌 우유를 넣어 에스프레소와 섞은 커피로 맛이 훨씬 부드럽다.

에스프레소 커피의 종류

카페에스프레소

아무것도 첨가하지 않은 순수한 상태의 에스프레소 커피로 1잔 분량은 솔로, 2잔은 도피오(Doppio)라 한다. 도피오란 '2배'란 의미이다.

도피오(Doppio)

흔히 더블 에스프레소(double espresso)라고도 하는데 리스트레토(농축액)를 더블로 추출한 에스프레소 커피로 도피오 에스프레소 잔은 2배로 큰 것을 사용한다.

룽고(Lungo)

오래 추출한 리스트레토 2배 분량의 에스프레소 커피로 커피의 양은 리스테라토와 같지만 물을 2배 정도 증가시켜 추출한 묽은 리스트레토이다. 그러므로 룽고와 리스테레토는 양이 같으므로 잔도 크기가 같은 것을 사용한다.

에스프레소 리스트레토(Ristretto)

가장 진하게 추출되는 순간에 뽑은 에스프레소로 카페 에스프레소보다 더 진하다. 리스트레토란 이탈리아어로 '농축'이나 압축'의 뜻이다. 현지인들은 작지만 훌륭하단 의미에서 '포코마 부오노(poco ma buono)'로도 칭한다.

에스프레소 레귤러 또는 레스프레소

에스프레소에 뜨거운 물을 부으면 아메리카노인데 그중 레귤러 에스프레소는 아메리카노보다 좀 더 진한 커피이다.

4) 카푸치노

커피와 초콜릿을 섞고 그 위에 샹티크림(chantilly cream: 거품을 낸 생크림)을 얹은 커피이다. 카푸치노에 초콜릿 시럽과 달콤한 위핑크림을 얹으면 모카치노라고 한다. 카푸치노는 카페라테에 풍성한 우유(라테) 거품을 더한 것인데 더욱 부드러운 맛과 감촉을 느낄 수 있다. 우유 거품을 활용해 여러 가지 우유 아트를 하는데 이 경우에는 우유의 양을 줄이고 거품을 많이 낸 다음 시나몬 가루를 뿌려주면 카푸치노가 된다.

5) 카페모카

이것은 초코시럽이 들어간 커피로 에스프레소에 우유를 약간 그리고 시럽을 넣어 달콤하게 만든 맛있는 커피이다. 원래 초콜릿 향이 나는 예멘의 모카커피를 변형한 것인데 커피인 모카커피엔 모카가 들어가지 않고 달달한 초콜릿을 넣는다. 요즈음은 캐러멜이나 생크림 등을 더 넣기도(올리기도) 하는데 대중적인 커피숍에서는 생크림을 올리는지를 묻고 주문에 따라 만들기도 한다.

6) 마키아토와 캐러멜 마키아토

마키아토는 원래 에스프레소를 추출할 때 나오는 크레마에 우유 거품이 흔적으로 남은 모양을 말하는데 근자에는 캐러멜이나 우유를 첨가하는 캐러멜 마키아토가 더 알려져 있다. 마키아토는 원래 점을 찍는다는 이탈리아어이다.

7) 에스프레소 콘파냐

에스프레소 위에 크림을 올린 커피로 진한 커피와 달콤한 크림이 만나 마시기 편하고 향과 맛도 좋다. 초콜릿이나 캐러멜 시럽을 올릴 수도 있는데 겨울에 많이 마신다.

8) 시원한 냉 프라프치노

여성이 선호하는 커피로 에스프레소에 우유, 아이스크림, 얼음을 넣고 블렌딩한 냉커피로 더운 여름에 시원하게 마시기 좋은 달콤한 커피로 다양한 맛을 즐길 수도 있다.

9) 저먼 커피

커피통에 가득한 상온의 물이 천천히 한 방울씩 천천히 커피가루 위로 떨어지면서 추출되는 커피로 상온에서 진행되므로 독특한 풍미를 지닌 커피계의 와인과 같아 보관과 저장이 가능한 커피이다. 그러나 저장조건 여하에 따라서는 미생물이 자랄 수 있으므로, 위생적인 저장관리에 주의해야만 한다.

8. 커피 로스터(roaster, roasting machine)

흔히 에스프레소 추출에는 1906년 발명된 전용기계가 있고(압력 9기압, 온도 90℃ 전후), 20초 안에 30ml의 커피를 추출한다. 드립식 기계의 이용에서 보다 원두를 3배 정도 곱게 갈아야 한다. 에스프레소 맛은 원두 굵기와 양, 압력, 덜어지는 속도 등으로 결정된다.

로스터는 수동식과 자동식이 있는데 아프리카, 아시아 일부 지역에서는 아직도 재래식으로 철판에 커피를 볶기도 하고 개인 커피숍에서는 수동식(수망로스터나 샘플로스터 등)을 이용하기도 한다.

커피추출(brewing)도 다양한 방식을 응용할 수 있다. 자동 로스터로는 직화식, 반열풍식 및 열풍식, 숯불형, 디지털 로스터 등이 있다.

▲ 커피 추출방식에 따라 달라지는 기구들

커피원두를 볶는 커피 로스터의 종류들

직화식 로스터(conventional roaster, drum roaster)

주로 가로형 원동형 드럼형태가 대부분. 가스, 오일버너로 가열된 드럼 표면과 뜨거워진 내부공기에 의해 배전된다.

반열풍식 로스터(semi-rotating fluidized bed roaster)

고온의 열풍을 불어넣어 배전하는 방식을 말하며 고온고속열풍으로 생두가 공중에 뜬 상태로 섞이고 볶이므로 직화식보다 균일하게 볶아진다. 배전식도 빠르고 배전과 냉각실이 분리되어 열 손실도 적당하다는 장점이 있다.

열풍식 로스터(rotating fludized bed roaster)

1970년 일본에서 개발된, 숯의 강렬한 열이용으로 로스팅한다. 여기 원적외선이 생두 내부를 가열하여 안팎이 균일하게 배전되는 것이 장점. 숯이 연소할 때 발생되는 고유의 스모크(smoke)가 커피에 스며들어 독특한 향이 좋다.

숯불 로스터(charcoal roaster)

숯불의 원적외선 열기로 커피 속이 균일하게 로스팅되어 진한 커피맛과 스모크 향이 좋고 환경호르몬 염려도 없다는 장점이 있다.

디지털 로스터(digital roaster)

전기를 이용한 복사열과 적외선으로 커피를 볶는 전기 로스터(electronic roaster)로 디지털 프로그래밍에 의해 자동 로스팅이 돼 누구나 쉽게 로스팅할 수 있다는 장점이 있다.

제 4 편

외식산업의 경영전략

제11장

외식 · 식품산업의 경쟁전략

제1절 외식산업의 경쟁환경 변화

1. 서비스를 제공받는 고객환경의 이해

1) 서비스체험 공동창조자로서의 고객 역할

서비스의 제공과정에서 고객의 역할은 매우 중요하다. 성공적인 서비스에는 기업의 직원과 공동으로 서비스 체험을 창조하는 고객의 역할이 있기에 가능하다.

온라인과 인터넷 기반의 서비스환경 조성은 고객이 공급자와의 상호작용이 별무하거나 낮은 상태에서도 고객 자신이 원하는 자신을 위한 서비스를 생산할 수 있도록 만들고 있다. 그러나 여전히 기업과 고객이 공동생산자의 입장을 포기한 것은 아니며 원가 절감과 가치제고에 기여함으로써 더 좋은 성과를 실현하는 사례들도 있다(예, 아이프린트사).

2) 서비스의 특성

이미 서비스의 특성에서 설명되었듯이 서비스에는 고객, 직원 및 주변 사람들이 함께 참여하여 상호작용을 하면서 생산업무 과정(process)이 진행되게 된다.

이러한 고객의 참여는 서비스 제공(행위)과 체험(성과)에 있어서 불가피한 필수불가결의 여건이면서 이렇게 만들어진 서비스는 현장에서 생산과 동시에 소비됨으로써 직원의 직무만족은 물론이고 고객 자신의 만족에도 공헌하게 된다. 이러한 좋은 서비스의 생산과 유사성 및 향상은 항상 이러한 참여자들을 둘러싸고 있는 외식사업체(restaurant)의 서비스 설비와 물리적 환경 내에서 이들이 행하는 역할참여에서의 성패여하에 의존되고 있다.

공동 참여자들의 행동과 참여자들 간의 상호작용 결과로 고객의 체험이 성공하거나 실패할지 모른다. 서비스는 적절성 여하, 생산적이냐의 문제, 효과성 여부 등 세 가지의 갭 사이에서 평가된다.

3) 생산자원으로서의 고객 이해

서비스과정에서 고객은 조직의 생산역량을 발전시키는 데 기여할 수 있는 인적자원으로도 조명되고 있다. 그래서 이들 고객을 부분적 직원(partial employee)이라고도 하는데(Mills et al., 1983) 이런 관점에서 서비스 생산에 대해 고객을 자원시하면서 이들의 참여 촉진을 위해서 조직의 경계를 확장해야 된다는 얘기가 나올 정도이다.

그러나 공동생산자(coproducer)로서 고객이 항상 생산성 향상에 따른 기업의 이득에 대한 자신들의 공헌을 만족해 하거나 관심을 두는 것은 아니며 자신의 욕구충족 여하에 대해서 관심을 갖는 경우가 대부분이다. 더구나 이러한 참여에 의한 기업의 수혜에 대한 결과 더 낮은 가격, 신속한 접근, 더 나은 품질 등의 이득을 고객이 수혜할 수 없을 경우 고객들의 저항이 좋지 않은 결과를 초래할지도 모른다.

4) 고객은 서비스품질과 만족에 대한 공헌자

고객이 제공받는 서비스 품질이나 만족감에 기여할 수 있다면 그들의 참여는 기업성과에 큰 공헌을 하게 될 것이다.

가령 학교나 병원에서 부과하는 과제나 처방에 순종하여 그들의 성과개선에 효과를 낸다면 이들의 참여는 학교와 병원의 서비스에 적극 참여하여 서비스품질과 만족에 기여하는 결과를 초래하기도 한다. 이런 점에서 외식사업에서도 고객이 그런 방식으로 참여할 수 있는 여지를 개발하는 것이 외식기업의 성과개선을 위해서 고객을 적극적으로 참여하도록 만드는 방안이 될 것이다.

5) 고객은 또 하나의 잠재 경쟁자

외식사업에서도 일반 개인과 다름없이 필요한 서비스를 자체적으로 생산·조달할 것인가 혹은 외부에서 구입해서 사용할 것인가의 여부에 따라 고객을 보는 시각을 달리 해야 할 경우가 생길 수도 있다. 이것을 내부/외부 교환모델(internal/external exchange model)이라 하는데 이것은 외식업이 지닌 다음과 같은 역량 혹은 요인 여하에 의존될 문제라고 볼 수 있다.

만약 외식업체가 전문능력, 직원능력, 시간능력, 경제적 보상, 심적 보상 및 신뢰나 통제에 대한 역량을 모두 갖추고 있다면 고객은 외식사업체로부터 필요한 모든 것을 완벽히 서비스받을 수도 있을 것이지만 그렇지 않을 경우에는 어떤 형태로든 고객의 참여를 요하게 될 것이다. 고객이 참여해야 되는 여건을 경쟁적 여건으로 생각한다면 이들이 요구하는 내용들을 잘 알아서 서비스를 제공할 때 기업의 서비스 경쟁역량은 크다고 할 수 있다.

2. 급변하는 외식사업의 경영환경

1) 외식사업의 경쟁환경

변화하는 세계 및 사회변화, 유사해지는 서비스로 인한 차별성 추구, 소비자 개성 강조의 맞춤형 서비스 수요 등으로 인해 제기되는 급속한 세계 호스피탤리티 산업의 발전과 이것이 초래하는 동태적이고 지속적인 변화 추세는 간단없는 혁신을 요구하며 가파른 행진을 지속하고 있다.

더구나 비교적 낮은 외식사업의 진입장벽이 새로운 시장기회에 대한 창업 유인으로 작용됨으로써 일자리가 적고 경기가 침체되는 시기에도 경쟁은 더욱 심화된다. 외식기업은 또한 타 서비스사업과는 달리 식음료 생산을 중심으로 한 생산기술과 제품품질에 대한 경쟁력까지 요구하므로 유형성·무형성을 복합적으로 요하는 특성적인 서비스업이다.

세계적인 각종 위기와 이로 인한 경기후퇴 등으로 인해 치열해지는 기업 간 경쟁은 가치-성과 제고 간에 형성되는 인과관계 구조 때문에 고객가치 제고와 일관된 높은 성과 경쟁으로 전개되는 양상이다. 새로 개발된 서비스라도 사업체들 간 특징이나 차이가 점차 약화되므로 수익성은 지속가능한 경쟁우위 여건에서 가능하므로 기업은 이를 위한 전략 추구에 가일층 몰입하게 된다.

2) 급변추이의 환경과 열린 경쟁시대

현대는 급변하는 열린 경쟁의 시대이다.

지리적, 문화사회적, 경제적 및 환경적 변화를 공유하는 만큼 언제, 어떤 형태, 어떤 규모로 변화가 초래될지 예상하기 어렵다. 다기한 환경여건에서 경영활동은 성장 둔화, 기업가치 하락이나 전면적인 계획의 수정, 변화를 요하는 도전들이 지속적으로 제기됨으로써 경영성과를 위협하고 있다. 한 번 수립된 경영계획이 성공을 거두었다고 해도 장기적인 경쟁우위를 통한 시장과 재무여건에 대한 성과를 보장하기 어렵다. 기업은 항시 경제 및 시장동향을 예측하고 기업이 보유한 제 자원과 역량들을 여기에 맞추어 적응력 있는 새로운 전략을 수립하고 추진하지 않으면 안 된다.

3) 지속가능한 환경, 사회, 경제적 균형

외식소비자들이 중시하는 건강, 안전 및 환경에 대한 친환경적 성향이 부상된 것은 안전하고 행복한 삶의 질을 저해하는 많은 위협들 때문이다. 웰빙 로하스라는 사회의 지배적인 추세는 이제 외식산업의 생산과 서비스에서도 추종하지 않으면 안 될 새로운 측면으로 부상하는 만큼 전략의 주요 요인으로 중시해야 한다.

(1) 삶의 질을 추구하는 사회적 추세

경제성장과 더불어 초래된 심신의 건강, 즐거움, 편안함과 같은 삶의 질 추구는 고령사회가 진전되면서 더욱 심화되는 삶의 철학이 되고 있다. 초과근무나 야근도 불사하면서 초과수당 등 근로의 경제적 급부에만 급급하던 경제발전기와는 확연히 다른 노동관을 가지고 일하며 또한 외식소비와 여타의 사회 전반적인 소비행태도 이런 가치추구의 일환으로 이루어지고 있다고 하겠다.

(2) 지속가능한 환경에 대한 글로벌 거버넌스와 외식시장 변화

금세기의 키워드 중에는 환경이 있고 이 친환경을 접두어로 하는 갖가지 경영활동 제안들이 나오고 있다. 외식에서도 이런 개념은 식당 내에서 직접 수경재배된 친환경 야채 사용, 도시농업 등 신개념이 현실적으로 적용되고 있다. 방사선 사고, 테러 등으로 해산물의 안전성이나 에너지 문제에 대한 회의가 실제 식재료와 요리의 매출감소로 이어지고 지구 온난화에 따른 생태계 위협 초래로 먹거리 등 제 자원의 조달과 먹거리와 생물종감소 위협에 대한 우려도 증폭되는 현실에서 처음으로 대부분의 국가들(106개국)이 자발적·조직적으로 대응할 2020년 출범의 파리 기후변화 신협약 체결을 이끌어내기에 이르렀지만 각국이 선택할 수 있는 우월전략(dominant strategy)은 여전히 협력의 불확실성 측면으로 남아 있다. 글로벌 거버넌스 의식은 환경윤리를 강조하는데 환경대안 없이는 인류의 장기적 건강, 안전, 웰빙 로하스의 삶의 질이나 평화도 장담할 수 없다. 이런 여건에서 지속가능한 경영전략의 중심축에도 기업의 경제성, 수익성, 환경적 건전성, CSR(corporate social responsibility) 경영의 천명도 이 때문이지만 여전히 "용의자의 딜레마 게임(prisoner's dilemma game)"이 될지도 모른다.

용의자의 딜레마 게임

타인의 전략선택 여하에 무관히 이익극대화를 기할 수 있는 전략을 말한다. 즉 환경 공공재에 없는 배제성, 경합성 때문에 무임승차로 인한 성과제한이 따를 수 있다는 개념.

날뛰는 코끼리 위에 올라타려면 부품, 소재 등 상류부문을 공략해야 한다는 견해도 무척 공감이 간다(김도훈, 2016). 외식산업에서도 이를 유념하지 않으면 안 될 때이다.

(3) 시장기회 포착을 위한 정보기술력

산업 흐름이나 경제발전 단계 변화는 고객, 시장의 흐름에 따라 변화되어 왔다고 할 수 있다. 일반화되는 글로벌 내왕 결과 경쟁은 특정 지역이나 국가로부터 국제적 범주로 확대되고 경쟁은 더욱 치열한 양상이다. 인접국의 아기 우유사건은 한국의 관련 산업에서 매출실적 증진으로 이어졌고 먹거리 안전을 신뢰할 수 없는 중국 소비자들의 불안감 여지는 2015년 발효의 FTA로 우리 식품산업과 농수산업의 수출과 투자에 기회요인이 될 수도 있다(김도훈, 2016).

신뢰 고객에게 어필될 성공적인 기업경영에는 글로벌 마켓과 국내외 산업의 경쟁추이를 신속하게 파악하고 대응하는 것이 절대적으로 중요하다. 진보를 거듭하는 정보기술과 학문의 발전추이에서 고객욕구나 시장흐름을 정확하게 알기 위한 정보력이 수요되고 있다.

4) 지역연계 동반성장과 관계자 만족 및 지역발전

만족한 종업원들이 좋은 서비스(knowledge-based service)를 생산하고 공급할 수 있다.

고객만족은 기대불일치 패러다임으로 설명되는(Babin et al., 1994; Patterson et al., 1997) 다차원적 개념으로(Bendall et al., 2004) 개별 거래에 대한 경험들의 합으로 제품과 서비스에 대한 전체적 평가가 내려진다(Anderson et al., 1994; Cronin & Taylor, 1992).

서비스 조직에서 지역과 지역민의 연계나 협력에 의한 지역과 기업의 동반성장이 추구되려면 고객들이 경험을 통하여 기대를 충족시킬 수 있어야만 한다. 상생협력은 또한 식품재료 생산자와 이를 이용하는 외식업자 간에 그리고 이런 제품에 대한 전체의 이용고객 간에 서비스의 전달과 구매로 체험하는 수혜 간의 비교평가로 촉진될 수 있다. 그러므로 고객만족은 이들의 사전기대에 의한 실제의 효용에 대한 평가결과 창출(Oliver, 1997)될 건강하고 지속적인 관계유지의 품질이 고객만족을 좌우한다는 점에서 사회공동의 책임의식을 가지고 추진될 일이다.

5) 정책적 이슈

최근 세계적인 불경기나 실업률 등으로 인해 일자리 창출이나 근로자의 소득문제가 주요 정책과제 혹은 사회 이슈화되고 있다. 당연히 그 대안으로 노동개혁이나 새로운 임금제도가 개발 · 시행되는 현실이다. 그러나 심신이 자유롭지 못하거나 경제력이 약한 소수자나 소외계층에 대한 시설, 서비스, 사회적 배려 등에 대한 외식업계의 서비스와 시설 및 기타 방안들이 강구되고 반영될 수 있어야 한다. 뿐만 아니라 이런 노력들이 특정 영역에 제한된 배려에 그칠 것이 아니라 전 세계를 지향한 외식사업경영에 있어서 세계 각 지역이나 사람들에 대한 적극적인 노력이 사업성공을 위한 하나의 과제로 인식될 필요가 있다.

6) 구매행동에 영향을 미치는 시장환경

외식소비자들의 외식구매에 영향을 미치는 요소들 중에는 가치, 서비스, 습관, 동배집단의 영향 등을 꼽을 수 있겠다. 가치는 중요하지만 소비자들이 지각하는 가치에는 지속적인 변화들이 수반되고 있다. 서비스는 그 자체가 상품이면서 생산에 고객-종업원의 공동작업을 요하는 측면이므로 이들 간의 관계성이 중요하다. 습관이란 소비가 중시하는 가치와 형태에 대한 반응으로 나타나며 외식과 관련된 웰빙 추세와 레저화의 행동경향들이 현저한 시장여건에서 이런 변인들에 대한 강화 및 혁신노력이 바람직할 것이다. 실제로 구매행동에는 소그룹의 영향도 크다. 이들은 교육, 소득, 생활수준, 성향이나 일 등에서 유사한 경향을 보이며 서로 의존성을 갖고 있다고 할 수 있다.

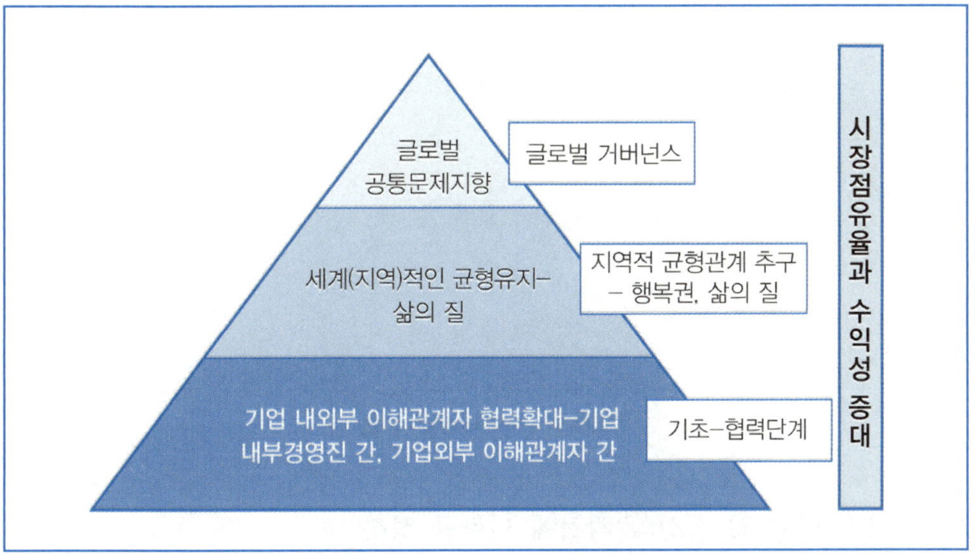

[그림 11.1] 외부지향적 외식사업전략

제2절 외식사업의 경쟁전략과 경쟁원천에 대한 사색

1. 경쟁전략

1) 기업의 경쟁전략과 전략의 틀

경영전략이란 경쟁우위의 획득을 위한 방법에 대한 이론 혹은 구체적인 계획의 수립이라고 할 수 있다. 기업이 어떻게 이익을 창출할 것인지와 관련하여 기업이 구상하는 다양한 기획과 이론들은 관련시장에서의 경쟁상황이 어떠하고 또 어떤 방향으로 진전될 것인지에 대해 기업 내외부의 환경을 분석하고 그 결과에 따라서 그간의 경험과 노하우 및 나름대로의 구상과 전제 및 가정하에서 이루어지게 된다.

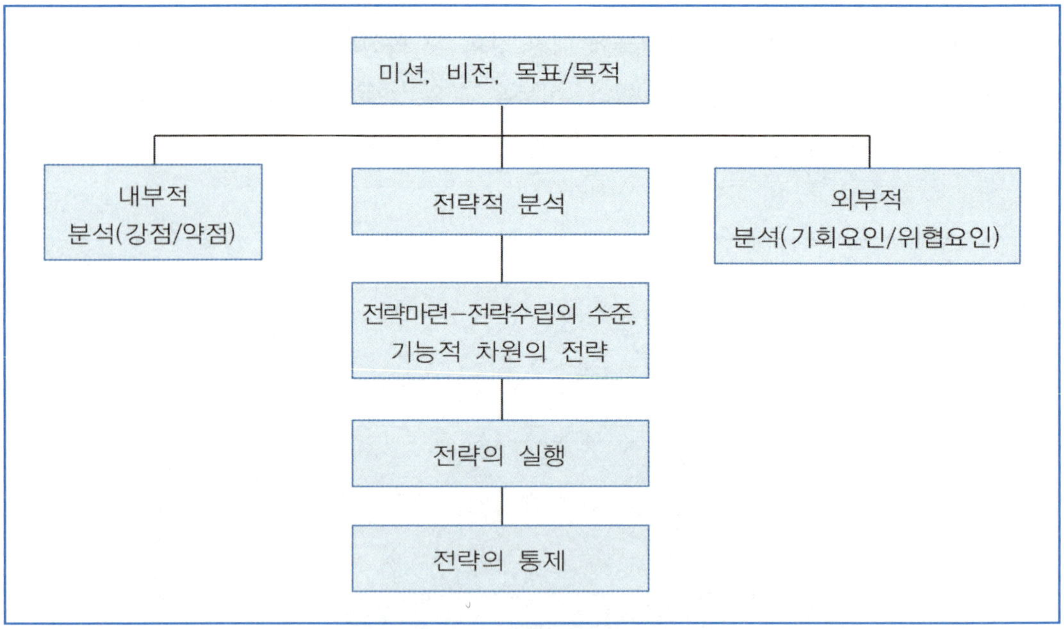

[그림 11.2] 전략경영의 틀

2) 전략유형과 실행 및 공식화 과정에 나타난 성질

전략의 정형화된 유형분류는 없다. 그러나 일반적으로 범위를 기초로 한 전략, 조직적 차원에서의 전략, 물질 및 비물질에 따른 전략, 목적과 기능에 따른 전략 및 경영관리자의 개인적 성격 등의 5개 유형으로 구별하여 설명할 수는 있다.

전략은 관리의 가장 좋은 차원에서 개발되며 포괄적인 의사결정에 활용되고 있다. 전략은 또한 일반적인 현상으로 전략이 공식화되는 과정에서 계속성과 불규칙성의 이중성을 갖는다.

과정이나 절차상 계속성을 갖지만 의사결정 시기에 부여되는 기회, 새로운 아이디어, 관리권, 위기, 비정규적 자극 등에 따른 불규칙성을 갖게 된다.

전략적 의사결정에는 경영관리자의 주관적 가치관에 의존되는 비중이 크고 결정 내용의 중요성이 강조된다. 경영활동에 대한 관리적 행위에 있어서 전략적 의사결정의 범위는 근시적이고 미시적인 대체안 등 보다 범위가 더 크고 거시적인 성격을 띠고 있다.

그 대신에 전략은 미시적이고 근시적인 측면에서 어느 정도 불확실성을 줄일 수도 있지만 전략적 의사결정은 거시적 관점에서 미래 행동과 결과를 예측할 수 없어 불확실성이 크게 나타날 소지도 크다는 것이 일반적인 현상이라 하겠다. 또한 전략적인 내용의 문제는 흔히 비구조적이며 각기 다른 성격을 갖는 비반복적 경향이 짙고 반면에 그보다 작은 내용에서는 문제가 비교적 구체적이고 반복적인 성격을 갖고 있다. 전략은 흔히 공식화 과정에서 행동 전에 해당 부문의 전문지식과 수반된 정보의 요구가 필연적이다. 더구나 유용한 정보라야 정확성을 기할 수가 있지만 그렇지 못한 경우도 많다. 더구나 사회적, 정치적 변화나 경제관련 정책의 목표 변경 등은 경쟁기업의 정보와 미래기술 개발, 의사결정에 영향을 미치는 요인들이다.

또한 전략은 장기적인 관점에서 수행되고 있고 전략개발도 원천적이고 근원적인 것을 지향하므로 모방이나 참조를 하지 않으며 그 효율성과 능률성 평가도 장기적이므로 측정결과가 장기간 후에 나타나므로 신속성이 결여되고 결과 측정도 쉽지가 않다.

2. 경쟁의 원천에 대한 이론

외식사업의 경쟁은 어디로부터 오는 것일까?

이런 문제들에 대한 접근은 지속가능한 경쟁우위 창출의 원천적 개념으로 설명되고 있다.

Porter(1985)의 5세력 접근방법(forces approach), Barney(1991)나 Wernerfelt(1984)의 원준거 접근방법, 혹은 Dyer & Singh(1998)의 관계적 접근방법 등의 이론들이 경쟁우위 원천을 설명하는 모형으로 나온 바 있다.

1) Porter의 견해

경쟁우위의 원천에 대해서 Porter(1985)는 신규진입의 위험성, 구매자와 공급자의 교섭력, 대체상품 위협, 기업 간 경쟁 강도 등 산업 내 세력을 원천시하고 있다.

2) Barny의 견해

Barney, J.(1991)는 경쟁과 그 우위여하가 기업자원의 가치성, 희소성, 대체가능성 여하, 불완전 모방성 등에 대한 기업 자원의 이질성을 통하여 형성된다는 보고 있다.

3) Day & Wendley의 견해

Day & Wendley(1988)는 조직성원 특유의 역량 등 탁월한 기술과 기술역량 수행의 유형적 조건이 경쟁의 원천이고 이러한 요소 혹은 자원들이 경쟁우위의 원천이 된다고 하는 견해를 표명하고 있다.

3. 모방과 동질화 촉진으로 소멸되는 경쟁우위 방어

외식사업체에서 현저한 서비스의 형태, 사업체(restaurant)의 건축 및 실내장식, 어메니티(amenities), 재미거리 및 취급 메뉴의 종류 등은 별 차이가 발견되기 어려울 정도로 상당히 동질화되고 있다. 이런 현상은 업체 간 경쟁우위를 통해 우월한 시장반응을 얻으려는 경쟁원천 확보 및 전략의 모방결과 초래될 수 있는 현상일 것이다.

외식기업의 지속적인 경쟁관계 모형에서 Hall(1992)은 자원유형과 차별적인 역량을 구분 표시하고 자원 유형으로는 자산(assets)과 역량(competencies)을 거론하며 전자(assets)는 법적 지위적 차별성에 관계하고 후자는 기능적·문화적 차별성에 관계한다고 하고 있다.

그러므로 기업의 제 역량이란 외식사업 조직의 생산 및 서비스 전달을 통한 영업활동에 매우 중요한 개념이다. 역량 그중 특히 종업원, 공급, 유동 노하우 중심의 역량(competencies)은 조직의 숙련도와 경험에 기인된 차별성이고 마케팅과 관련해서 많은 연구가 이루어지고 있는 품질지각, 변화관리 역량, 서비스 지각 등은 문화적 차별성 유형으로 재분류되는데 이들은 영업성과에 긴요한 조직문화적(organizational culture) 유형의 자원으로 경쟁 우위를 좌우하는 원천이 된다.

고객의 욕구는 그들의 문화, 사회, 사고, 행동영역, 지적능력, 경험 등 제 환경을 반영하면서 급속한 변화를 지속하고 있다. 이런 시장여건에서 지속적으로 개발되는 사업방식과 제품과 서비스에서의 혁신(renovation)은 생성과 더불어 모방과 동질화 현상을 겪으면서 급속히 쇠퇴한다.

외식경영자들은 사업 핵심자원의 구식화(obsolescense) 위험과 이로 인해 직면할 갖가지 외식사업의 생존과 활로 개척을 향한 새로운 전략의 개발에 전전긍긍할지 모른다. 고유한 업체의 특성 추구와 특색 만들기에는 그대로 환경에 맡길 것이 아니라 스스로 기존의 사업체와 그 콘셉트를 시장의 잣대로 재정의하고(Kim & Mauborgne, 2008) 제품의 재브랜드화(re-branding)로 성과 제고를 위한 신전략의 수립을 통하여 목표성과를 기대할 수 있게 될 것이다.

제3절 외식사업전략의 외부지향성

1. 외부지향적 전략

외식사업 경영에 있어서 당면과제들은 내부적·미시적으로 접근하기보다는 광의적 및 외부지향적으로 접근한 다음 세부적으로 좁혀 들어가는 것이 일반화되는 추세이다. 종전처럼 품질, 리엔지니어링, 규모 축소 및 구조조정 등과 같은 기업 내부적인 개선에 초점을 두던 것과는 달리 차세대 경쟁우위는 외부환경 및 고객 지향적으로 추구되는 우월한 고객가치 제공에 대한 조직경쟁에서 나올 것으로 보고 있다(Woodruff, R. B., 1997).

이처럼 전략의 외부지향성을 강화하는 것은 조직이 전략적으로 움직이기 위한 준비라고 볼 수 있다. 즉 고객가치 학습으로 가치제공 실무의 조직 성숙도를 제고함으로써 전 조직이 기업 경쟁력을 위한 내부적인 협력정신 발휘와 협력(공생)관계 구축으로 조직발전과 구성원 개개인의 발전을 기할 수 있게 될 것이다.

기업 협력관계의 목표는 시장 점유율과 수익증대를 지향한 경영진과 전 종업원의 협력을 외부의 이해 관계자로까지 확장하면서 글로벌 세계와의 균형유지 혹은 불균형 해소를 통한 당면문제들을 보완 · 해결하고 경쟁역량을 강화하려는 데 있다.

이미 세계적인 경쟁력을 갖춘 각 계층의 글로벌 외식 브랜드들이 세계 도처로 진출하고 있다. 어린이나 젊은 층들이 선호하는 햄버거, 피자, 케밥 등 속성식품(fast food)들도 대중적인 인기 품목들이고 다양한 음료수 중에도 콜라나 사이다 중 탄산 음료수가 대세로 부상되어 왔다. 우리나라에서의 커피 소비량도 세계적인 주목을 받는 수준이지만 심지어 전통음료로 주로 차를 즐겨 마시던 중국인들도 젊은이들을 중심으로 커피를 선호하는 음료문화의 확산 추세에서 세계적인 커피브랜드를 앞세운 다국적 커피 제조판매사들이 거대한 중국시장 선점을 목표로 한 관심과 각축전도 치열한 양상이다(Kaku, R., 1977).

2. 외부지향적 경쟁과 미래 경쟁 전망

1) 전략환경의 구성요소

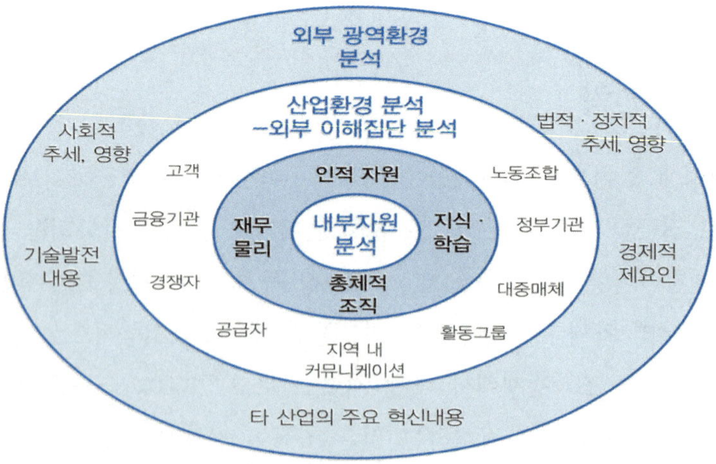

자료 : Enz, 2010.

[그림 11.3] 전략환경의 구성요소들

2) 전략의 과정과 전략 환경-전략분석 대상

전략경영의 과정은 고객의 기대만족과 기업의 재무적 성과(수익성)에 대한 시장과 산업의 성과 기대 및 목표에 대한 비교평가를 통하여 전략의 필요성을 인식하는 것으로부터 출발된다. 이것을 전략분석이라고 한다.

분석의 다음 단계는 전략의 미션, 비전 및 가치의 방향을 잡는 경쟁전략을 수립함으로써 특정 목표를 향한 전략의 수행이 따르게 된다.

여기서 무엇보다도 중요한 것은 전략의 필요성과 내용결정에 앞서 전략 환경, 즉 경쟁환경을 면밀히 이해할 수 있을 때라야만 최적 대응책으로서 경쟁전략의 구상과 계획의 수립이 이루어질 수 있다는 점이다.

그러므로 전략분석의 대상은 전략수립의 환경을 구성하고 있는 기업 또는 산업 내외부의 환경요소들이므로 이들을 철저히 분석함으로써 이를 잘 이해해야만 적정 대안으로서의 전략구상이 될 수 있다.

3. 외식사업체의 경쟁전략 사례

외식사업에서 도입하고 있는 전략사례들을 살펴보기로 하자.

1) 점포들 간 취급메뉴나 상품의 차별성 약화

원래는 KFC에서 주로 전문적으로 다루어 오던 치킨요리 메뉴품목들, Chili's점에서 구매할 수 있었던 칠리 요리(chili)와 McDonald's나 Burger King 혹은 Wendy's에서 먹을 수 있었던 햄버거도 대부분의 다른 패스트푸드(fast food) 점포나 식당에서도 먹을 수 있는 메뉴가 되었다. 대부분의 외식사업체들이 특별한 경우를 제외하고는 다른 사업체에서 주된 메뉴로 취급해 오던 메뉴품목들을 자기 점포의 메뉴에 추가적으로 포함시켜 오고 있다.

또한 도넛과 커피 판매 점포로 유명한 Dunkin' Doughnuts에서도 이들 메뉴 외에 베이글이나 기타 메뉴들을 추가적으로 포함시켜 판매하고 있다. 서로 유사해지는 추세는 메뉴의 다양성에 관계된 결과이다.

이런 추세는 숙박사업의 사례에서도 확인할 수 있다. 호텔과 모텔의 시설 중 일례로 수영장을 살펴보기로 하자.

이런 시설은 주로 하이웨이 연변에 위치한 모텔들에서 찾아볼 수 있었던 특징적인 시설이었지만 현대에 와서는 입지여건을 막론하고 대부분의 호텔시설에 수영장시설이 포함된 지 오래이다. 더구나 헬스클럽에서까지도 기본적이고 필수적인 설비요소로 간주될 정도이다. 이런 시설들의 등장과 추가 배경은 물론 여가적인 요소를 크게 수요하는 현대인들의 생활양식을 반영한 시설의 현대화 및 충실화에서도 원인을 찾아볼 수 있다.

그러나 호텔에서 이런 시설이 없다면, 수영장이나 헬스클럽을 호텔선정이나 투숙에 영향을 미치는 기본적인 선호시설로 꼽는 고객으로부터 외면당할 염려가 크기 때문에 결국은 경쟁력 차원에서 이런 시설을 갖추게 된 것이라고 분석된다.

2) 다중브랜드 전략에서 더 작은 세분시장으로

초지능성, 초연결성 디지털기술의 발전으로 인한 많은 정보들을 통해 점차 양보할 줄 모르는 소비자들의 욕구 및 개성과 더불어 진행된 시장세분화 속에서 그들 욕구를 충족시키기 위한 전략 차원에서 불가피하게 추구되었던 호텔 및 식당 등 호스피탤리티 산업의 다중브랜드 전략은 새로운 맞춤형 생산체제로 전환될 조짐이다. 고객주문으로부터 개발, 생산, 배달(공급) 등 고객서비스의 전 과정이 비약적으로 변화되는 경영과 조직체계가 될지 모른다. 기업은 종전보다 더 작아진 시장을 대상으로 한 경영활동 전개가 불가피해질지도 모른다.

종전의 전체 시장 섹터들을 겨냥했을 때보다 확실히 수요감소를 감수해야 하는 사업여건에서 고객을 놓치지 않으려면 시설의 다양성과 서비스 품질의 제고 노력은 더욱 절실한 것이 되었다. 전통적으로 모텔은 주로 풀장시설과 같은 특징적인 시설 중심의 사용이나 입지여건 등을 통해 정의되어 왔다. 그러나 국제적으로 모든 여건이 서로 유사해져가는 현재의 호스피탤리티 경영환경에서 이런 관행은 더 이상 수용되기 어렵게 되었다. 풀장시설을 예로 들어볼 때, Days Inn에서는 처음에 찾아볼 수 없었던 시설이었지만 현재는 대다수가 이런 시설을 갖추고 영업하고 있다.

이와 유사한 사례들은 호스피탤리티의 각기 다른 사업 분야별로는 물론이고 동일 기업의 각 브랜드별 사업체 내에서도 흔해져 가고 있다. 여전히 고급화 정도에는 차이가 있겠지만 시설의 다양성에서는 차이가 감소되는 추세이다.

이것은 학계나 업계에서 서비스에 대한 고객 지각에 관련된 많은 이론 및 실무 연구들이 이루어지는 배경으로도 작용되고 있다.

3) 지속가능한 서비스 개선과 사업체의 새로운 정의

고객들이 어떤 가치를 중시하며, 만약 소비자들이 중요한 가치로 지각하고 추구하는 요소들이라면 경영자들은 서비스 품목이나 영업분야를 개선하고 주저없이 새로운 내용을 추가하거나 기존 방식을 수정하거나 삭제함으로써 서비스를 개선하기 위해 변화된 전략의 수립과 실행을 지속하고 있다. 이런 과정을 거쳐서 서비스의 내용과 품질이 상당부분 개선됨은 물론이고 동시에 유사해져 가는 추세를 형성, 시현하고 있다.

따라서 현대 호스피탤리티 경영에 있어서 물리적인 요소나 제품의 차이점 등을 기준으로 각 시설이나 사업체를 정의하던 종전의 관행들은 이미 진부화됨으로써 의미를 상실했고 그런 의미론적 접근사례들도 따라서 찾아보기 어렵게 되었다. 그러나 동일한 기업이나 브랜드라 할지라도 특정 지역의 지리적 및 물리적 환경여건과 소비자들의 선호도 등을 반영해서 특색 있는 메뉴를 개발하려는 시도는 가일층 강화되고 있다.

이러한 접근방식이 전혀 새로운 것은 아니다. McDonald's 햄버거의 예를 들어보자. 네덜란드에서는 자동차를 이용해서 여러 지역을 찾아다니는 움직이는 햄버거 서비스가 있는가 하면 싱가포르 같은 작은 지역에서는 작은 꼬마 햄버거를 개발하기도 했다.

한국의 피자헛에서 치즈 크러스트 외에 고구마를 이용한 파이 크러스트를 개발해서 소비자들의 호응을 받아왔던 것도 한 사례로 들 수 있다.

아열대지방의 야자수를 활용한 해변의 그늘집처럼 지역산물이나 특성을 활용한 호텔 시설을 하게 되는 경우에도 독특한 양식과 서비스를 통해서 레저가치를 높이는 동시에 서비스 품질과 원가관리 측면에서도 유리한 경쟁적 입지 선점을 기대할 수 있게 해준다.

그러므로 세계나 국내 각 지역에 있는 동일 브랜드 호텔이나 식당이라 해도 특정 내용의 기본 메뉴나 시설을 포함시키는 요건 외에는 어느 경우에나 획일적인 통일성을 요구하지는 않고 있다. 그러므로 동일 기업의 사업체(unit)라고 해도 모든 것이 똑같아질 가능성은 여전히 약하며 업체 간에 차이를 추구하는 것이 오히려 일반적인 추세가 되고 있다.

제품가격도 차별성의 대상으로 널리 활용되는 요소이다. 동일한 종류의 객실이나 메뉴라도 사업체가 표적으로 하는 시장 혹은 고객의 선호도에 따라 현저한 가격 차이를 시현할 경우도 허다하다. 그런 차이의 배경은 형태를 가지고 있지 않은 서비스의 질적 차이에서 찾아볼 수 있다. 고객이 그런 가격 차이를 기꺼이 수용하는 데 결정적으로 영향을 미치는 것은 서비스에 대해서 고객이 마음속으로 느끼고 지각하는 과정에서의 차이일 것이다.

유형적인 재화(상품)와 무형적인 인적 요소들을 망라한 총체적인 서비스가 고객이 기대하고 선호하는 요소들을 잘 수용하고 반영하는가? 그래서 그 서비스가 어느 정도 그들 욕구에 기여하고 있는가?

이런 질문들은 곧 제품 생산의 문제요, 마케팅의 문제요, 수익관리의 문제로 이에 대한 분석을 요한다. 환경변화와 더불어 지속적으로 변화하는 소비자의 소비패턴에도 불구하고 이들 요소의 여하한 조합이 그들을 가장 만족시킬 수 있는 서비스일까에 대한 정의를 위한 지속적인 연구와 혁신은 무엇보다도 중요하다.

그 평가 여하가 결국 호스피탤리티 기업 전체의 경쟁력(SWOT: strength, weakness, opportunity and threatness)을 결정하게 될 것이기 때문이다. 소비패턴이나 시간요소 등 소비자가 선호하는 다양한 가치요소들을 가장 잘 통합한 좋은 품질의 제품으로써 고객이 원하는 순간에 가장 신속하고 정확하게 부응할 수 있는 고품질의 서비스를 실현할 방안은 무엇일까에 대한 서비스 전략은 사업성패의 관건이 되고 있다.

확실히 차별화된 좋은 서비스는 소비자들의 기대나 욕구충족을 통하여 기업에 재무적 효과와 비재무적인 성과를 초래할 것이다.

고객만족과 고객감동 여하는 사업체에 대한 불만 여하를 결정하는 분기점을 마련하게 된다. 긍정적인 반응은 이윤증대 등 재무적 성과와 더불어 장기적으로 사업체의 성과에 기여할 사업체에 대한 애고와 고객충성 등 비재무적 성과를 기대할 수 있게 해준다. 반대로 사업체와 그 사업체의 서비스에 대한 불만은 반대결과를 초래하게 될 것이다. 서비스 여하는 결국 이에 상응하는 소비자들의 소비행동을 통해 기업의 기회로 작용되거니와 위기를 유발하는 요인으로 작용되게 될 것이다.

4) 지역특화 경쟁대안-로컬푸드의 산업화와 지역 동반상승의 콜라보

로컬푸드 문제는 6장 참조 바람.

제4절 지속가능한 외식산업 서비스 혁신과 경쟁전략

1. 외식사업의 목적과 콘셉트

고객과 글로벌 경쟁에 대한 요구는 점차 복잡해지는 반면 저성장 경제여건에서 기업의 경쟁우위 달성과 유지의 새로운 방안 추구는 지속되고 있다. 이런 과정에서 변화된 환경에 맞춘 기업 목적의 재정립이나 사업 콘셉트의 혁신이 불가피한 경우가 허다하다.

기업의 차별성에 의한 경쟁우위는 타 기업의 모방에 의해 보편화되고 환경 변화에 따른 진부화와 더불어 경쟁력을 상실하게 된다. 혁신은 이렇게 초래될 급변 환경에 대한 적응책 모색차원에서 이에 대비 또는 극복하기 위한 또 다른 경쟁우위 추구방안 및 노력으로써 수행된다.

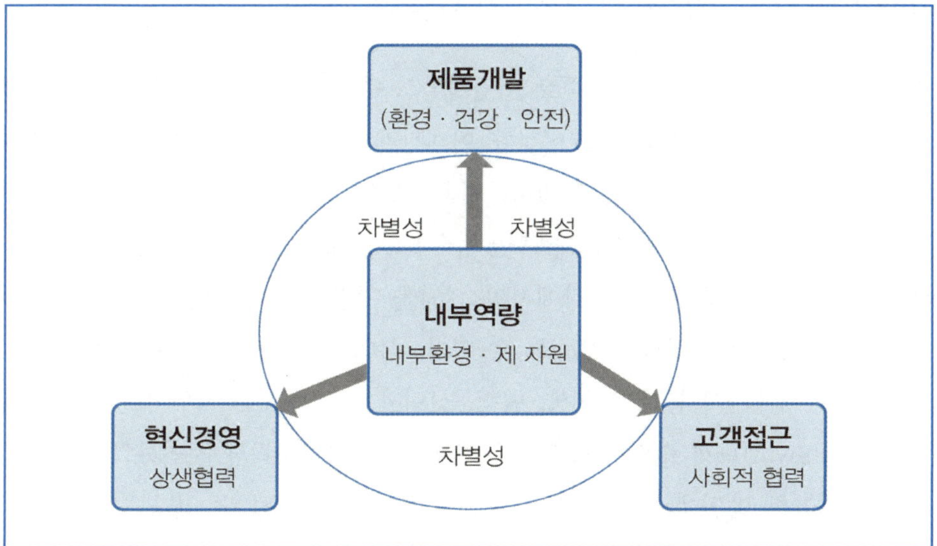

[그림 11.4] 지속가능 경영

새롭고 질 좋은 메뉴개발이나 고품격의 서비스로 외식사업이 지속적인 경쟁우위를 점유하기 위한 상품생산과 제공 및 고객만족 역량을 유지하려면 고객의 충성심과 자발적 재구매 의도를 유발해 줄 사업목적 재정립과 사업 콘셉트의 환경 적응력을 높여야 한다.

이처럼 기업의 수익성 성과 제고와 경쟁력 개발과 유지를 위한 지속가능한 전략개발과 시행이 요구되기 때문이다.

이런 과정에서 변화된 경쟁환경에 적합한 기업목적의 재정립도 이루어져야 할 것이다.

외식산업 경쟁력의 축은 고객, 상품 및 운영 노하우에서 생성되고 추구될 수 있을 것이다.

고객과 사회가 추구하는 가치에 부합되는 상품과 그 효용 창출 가능성이 확보될 때 이해관계 집단으로부터 긍정적인 가치지각과 체험을 통한 좋은 반응을 기대할 수 있을 것이다. 외식기업의 목적이란 기업 내외부의 고객, 기업과 지역사회의 상생, 건강 및 안전 등 기업의 사회적 책임이행 등을 위하여 기업의 제품과 서비스의 생산과 제공은 물론 이들을 통하여 이해관계 집단 전반에 대한 세부목적을 구체적으로 수립하는 과정으로 이해돼야 할 것이다.

2. 이해관계자의 범주 확대와 가치공유 전략

종래에는 사업의 이해관계자란 주로 기업자본의 출자를 중심으로 하는 주주 자본주의적인 협의적 개념으로 이해되었다가 점차 이해관계자 자본주의로 전환되면서 현대에는 그 범주가 글로벌 사회로 확대되고 있다. 지속적으로 이윤창출과 경쟁력을 유지하는 경쟁력 있는 대기업의 성공은 충성도의 측면에서 볼 때 제품과 서비스는 물론 기업의 사회적 책임이행에 대한 사회 또는 시장에서의 신뢰를 기반으로 생성되는 구전과 재구매 의도를 중심으로 기대되는 결과라고도 할 수 있다. 사업운영에 있어서 이런 충성도를 기대하려면 기업과 이해관계자 간의 공생, 협력, 신뢰관계 구축으로 이루어질 기업-이해관계자 간 상생(win-win)관계 수립이 중요하다. 상생은 기업경쟁력과 지역사회의 사회경제적 환경의 지속가능한 발전에 필요한 가치 공유를 통하여 촉진될 수 있다는 점에서 공유가치(shared value) 개념은 기업의 장기적인 성장과 경쟁력 확보를 위한 협력과 상생의 가치로 부상되고 있다(Porter, E.M. & Kramer, R.M., 2011, pp.62-77).

기업의 이해관계자란 업주나 투자자, 개인이나 기업고객과 현재 및 잠재고객, 기업내부 종업원, 제품의 공급(배급)조직 내 협력사, 세무당국, 지역사회, 정부 및 기타 단체 등 다양한 파트너로 구분해서 생각해 볼 수 있다.

3. 서비스거래의 장기전망과 정보/성과 공유환경

기업의 이윤극대화 목적은 종래의 단독 개념 지향적인 개념보다는 기업 내외부의 이해관계집단과의 상생관계(융복합 혹은 collaboration을 통한 시너지 등의 개념으로 표현됨) 구축을 통한 공유가치 극대화의 방향으로 진화되고 있다. 이해관계자들은 사업 파트너이면서 고객이며 충성도 높은 구전(WOW: word-of-mouth)효과의 원천으로 작용됨으로써 실제 시장수요 혹은 점유율 확대에 따른 수익성 제고에 기여할 수 있을 것이다.

이런 사업적 성과를 위해서는 지속적인 외식 경영자들의 사고와 운영방식의 혁신을 요구하고 있다. 외식고객이나 수요시장에 대한 이런 관계의 장기적 안정성이나 구조적인 관계유지를 위해서는 상호적 추구가치 창출 및 공유를 통한 상생이 이루어질 때 협력관계의 촉진도 기대될 수 있다. 가치공유란 기업 경쟁력 강화 및 발전을 다지기 위한 지속가능경영 개념의 현실화를 위한 경쟁력 확보에서 중요한 개념이다. 이해관계자에 대한 외식사업체의 이익 재분배문제를 고려하기보다는 이들이 기업의 장기적 성장발전에 능동적으로 기여할 가치창출에 공동 참여하고 그 공유를 추구하는 개념이다(Porter & Kramer, 2011).

성과 공유의 형태는 가장 오랜 협력방안의 형식이고 직접적인 지분투자(소유), 생산참여, 기술개발, 원가절감, 매출증진이나 시장개척 등 다양한 양상으로 이루어질 수 있다. 그 밖에도 다양한 형태의 고용관계, 연구개발 및 프랜차이징, 위탁경영 포함의 계약관계와 이를 통해 실현될 아이디어 개발, 경영자문, 혁신이나 기술력, 특허출원 등 보상의 형태로도 성과공유가 이루어질 수 있다.

프랜차이징(franchising)이나 위탁경영 참여자 간 관계는 외식업종, 투자규모, 종업원 수 등을 고려한 계약 의존적이지만 관례나 위험성이 적고 기대성과가 크게 기대되는 적정방식을 따라 결정될 일이다. 최근에는 사회적으로 열린 공모방식 등의 아이디어 발굴(혹은 마이닝)기법 등 연구개발을 개방하는 방식(open R&D)도 널리 활용되는 추세이다(아이디어 공모에 당첨된 프로젝트에 대해서 예상된 기금제공 방식으로 지원하는 펩시의 리프레시 프로젝트 등 사례: www.refreshieverything.com).

그만큼 성과보수의 공유나 배분도 점차 능률기반 개념으로 변모되면서 장기발전과 안정적인 성과를 지향하는 대규모 외식기업에도 이런 제도활용의 경향이 도입될 가능성은 당연한 결과라고 하겠다.

4. 기업의 수익경쟁력 기반 – 내외부 고객만족과 직장문화

매년 Fortune지는 외식 포함 전 산업분야에 걸쳐 종업원이 오래도록 일하고 싶은 좋은 직장(the best company to work for)을 엄선하여 발표하고 있다.

외식산업은 다양한 사유들로 높은 이직률을 기록하는 대표적인 서비스업종 중 하나이지만 이 또한 종업원이 일하고 싶은 경쟁력 있는 좋은 직장으로 선정되고 있다. 높은 근로생활의 질(quality of working life)이 보장되는 직장에서 종업원들은 만족스러운 직장생활을 할 수 있고 그 속에서 창의력을 가지고 충성스레 직무수행을 하게 될 것이다. 그러므로 사업체가 보장하는 내부고객의 질 높은 직무생활의 질은 외부고객의 만족을 초래할 질 높은 서비스를 통하여 수익창출의 기반이 되고 이런 직장과 그 특성들을 벤치마킹하는 것은 외식기업들이 좋은 직장문화 가꾸기와 직무성과 제고에 효과가 있는 노력으로 평가될 만하다.

종업원의 근로 사유는 경제적 급부도 중요하지만 점차 삶의 질에 대한 사회적 관심고조와 더불어 일하고 싶은 직장에의 관심도 점증되고 있다. 연봉 외에도 근무환경이나 직장문화, 여가활동이나 건강과 복지에 대한 배려 등 부가적인 수혜(benefit) 가능성은 질 좋은 직장환경 평가에 중요한 요인으로 작용되고 있다. 직무에 대한 자부심과 직무충실도 및 애사심 등은 대고객 서비스 및 경영성과를 향한 종업원의 동기촉진에 기여할 것이다.

이런 문제에 대한 기업의 관심은 종업원뿐만 아니라 점차 기업의 제 결정에 종업원 참여와 가치공유 및 지역사회나 세계에 대한 배려를 현실화하는 기업의 사회적 책임(CSR) 이행에 대한 정책개발을 촉진하는 추세이다. 가령 건강, 문화예술, 빈곤퇴치, 교육 등의 분야에 대해선 종래부터 기부금 수혜가 이루어졌지만 지구온난화나 난민, 극빈곤지역 등 새로운 이슈의 심각성이나 불균형 해소를 위한 환경이나 인권보호나 글로벌 거버넌스 등은 기업의 관심과 사회적 공감대 형성이 새롭게 제기되는 추세의 측면들이다. 어떤 기업은 단위매출 비율에 따른 기부금이나 혜택부여 등 로열티 프로그램 운영으로 지역사회적 관심 환기와 공감대 획득에 따른 소비자의 구매 등 프로그램에의 동참유도와 동시에 지역, 국가를 막론하고 어려운 이웃에 기여하려는 노력을 접목시킨 다양한 사례들이 개발되고 있다(개도국에 대한 Toms Shoes의 "One for One" 기부나 종전의 특정 광고예산을 거액 기부금으로 전환한 펩시의 사례 등).

5. 외식경영자의 지식기반 역량과 인적자원관리

1) 외식경영자의 문화의식과 전문지식 수요

시장에 대한 문화적인 이해와 서비스접점에서의 교차문화적 역량은 시장가치 확립에 필요한 외식경영자의 대고객 서비스자세 확립에 기초가 될 수 있다. 그러므로 시장에 대한 심층적 및 문화적 이해는 글로벌 외식사업 성공의 기초가 될 수 있는 경영자의 지식기반 마련에 기여할 것이다. 신속한 진화와 급변을 거듭하는 고객욕구는 기존 경영 노하우의 진부화를 촉진하고 비용증대나 수익감소 현상을 초래할 수 있다. 신속한 국내외 시장진입 및 마케팅 노력의 한 예로 주요 관광객 송출시장인 중국이나 일본의 고유문화 이해는 문화적 거리를 좁힘으로써 교차문화적(cross-cultural)인 시장 접근성을 제고하고 맞춤형 서비스개발 및 마케팅을 가능하게 해줄 것이다.

아시안게임, 하계 및 동계 올림픽 등 메가 스포츠이벤트나 지역의 작은 축제의 성공을 위해서도 글로벌 문화의식은 질 좋은 지식기반 외식서비스에 필수되는 선행여건이 아닐 수 없다. 가령 유대교나 무슬림 교도들인 외식고객에 대한 서비스에서는 종교적으로 허용되거나 금지된 식품을 모르고는 만족스런 서비스 이행이나 종교 및 외교적 갈등 제기 소지를 완전하게 없앨 수는 없다. 마찬가지로 이들 선수급식에서 종교적인 이해 없이 돼지고기나 문어요리를 서브한다거나 힌두교도들에게 금지된 쇠고기요리를 제공하지 않는 것은 서비스의 기본 중 기본이 될 그들의 금기사항이므로 반드시 유의할 사항들이다.

우리나라에서 흔히 개업이나 신혼부부에 대한 선물로 이용되는 괘종시계나 병문안에 배(梨)를 과일로 선물하는 것은 관례상 허용되지 않지만 무엇보다도 단어의 발음이 종(終: 마침)자나 이별(分離)과 나누는 것이 상품명의 발음과 같은 단어의 의미로 인한 오해 소지를 피하는 것이 반대로 병문안에 복숭아(桃)가 많이 이용됨은 병마가 물러난다는 의미의 도(逃)자로 이해됨으로써 쾌유 기원에 좋은 의미로 받아들여질 수 있기 때문이다.

그러므로 글자는 다르지만 동일한 발음으로 인한 동음이의어 사용에서의 주의점에 유념함으로써 축하 회피 혹은 병문안 선물이 되기도 하는 문화적 이해 기반도 사업상 중시될 측면이다. 뿐만 아니라 특정 색상의 선호 혹은 기피 현상을 이해하는 것도 식당의 물리적 환경이나 메뉴 작성에 유의할 요소이다.

2) 다양화되는 노동력의 원천과 전략적 인적자원관리

노동환경 변화와 더불어 노동력의 원천은 점차 다양화되면서 다문화 인력에 대한 인식과 더불어 전략적인 인적자원관리를 요하고 있다. 글로벌 기업들은 새로운 노동의 원천으로 여성인력 개발에 주목하면서 각종 지원 프로그램의 개발과 시행을 서두르고 있다.

외식 전문인력 양성배출 정책을 검토하고 레스토랑의 인적 자원 확보에 대한 액션플랜을 수립한다. 레스토랑 자체적인 직업교육과 경력관리체계 구상 및 각급 자격에 대한 보상시스템을 마련한다.

6. 식품농업정책과의 연계성 강화

1) 식품 · 농업의 6~7차 산업화와 외식업의 치유기능

급변하는 경쟁 속의 생활에서 야기되는 스트레스로 지친 현대에는 개인의 심신치유나 안정된 조직문화를 통한 산업 발전을 위해 현대인의 생활양태는 힐링과 웰빙 건강을 추구하고 있다. 이런 환경에서 2000년대 초반 유럽을 중심으로 이슈화되기 시작한 치유개념의 외식산업이나 식품산업은 노년성 뇌기능 저하나 우울증 등 사회부적응 현상을 초래하는 각종 정신질환이나 다양한 형태의 중독에 대한 예방과 치료에 기여할 수 있는 방안 모색 차원에서 산림정책, 동물과 관련시킨 치유활동, 지역문화, 농업문제들과 융합된 형태의 연구로 추진되고 있다.

현 행정부에서도 2015년부터 급부상한 무슬림 등 새로운 시장에의 농산물 수출과 새로운 식품 및 외식시장에 대한 인식으로 전국 지자체 기반의 적극적인 농업의 6~7차 산업화 추진에 박차를 가하고 있는 현실이다. 이미 농촌관광과 더불어 범사회적으로 상당 수준의 성과를 시현하고는 있지만 농업의 6차 산업화에서는 식품 원재료 생산에서 완제품 가공 및 출시까지의 연계, 유통방법의 혁신, 소비체험을 통한 삶의 질 개선과 실제 행복추구 및 경제적인 소득창출의 구체적인 방안들이 강구되고 있다.

이에 대한 연구는 전통적인 농촌개념에서 진일보해 작은 뜰에서의 활동을 야기하는 텃밭 가꾸기, 교육기관에서의 현장학습 형식의 농사체험이나 낙농체험, 도시농업, 외식업소의 채소 수경재배 등 주제를 포함하는 관련 신기술이나 전문지식을 개발하고 그 실무적 활용을 촉진하기 위한 산업의 과학화 방안모색이 경쟁적으로 추구되고 있다.

2) 외식산업의 고객가치와 관련개념

(1) 가치(value)

제3장 4절 1) 참조

(2) 지각된 가치와 측정

제3장 4절 2) 참조

(3) 장기적인 서비스품질과 단기적인 고객만족

제3장 4절 3) 참조

7. 고객관계경영 전략

1) Enz의 CRM 모형

이러한 고객평가의 전략적인 의미들에 대한 근거들을 고객관계관련 모델을 통하여 살펴보기로 하자. Enz, C.A.(2010)가 제시한 CRM 프로그램 모형(Customer Relationship Management Program Model)에서 보면 고객관련 데이터베이스로부터 얻은 고객관련 정보들과 고객관계관련 프로그램(관련 제 전략)들을 가지고 표적으로 해야 할 시장을 더 정확히 파악할 수 있을 것이므로 고객들을 충성고객으로 만드는 데 기여할 수 있을 것이다.

이처럼 새로운 고객들에 대한 이해를 가능하게 해줄 시장연구 기반의 활용은 더 나은 타깃마케팅(target marketing)을 할 수 있게 해줌으로써 단위매출(객단가)로부터 더 많은 평균수익을 창출할 수 있는 크로스 셀링(cross-selling) 효과도 제고될 수 있을 것이다.

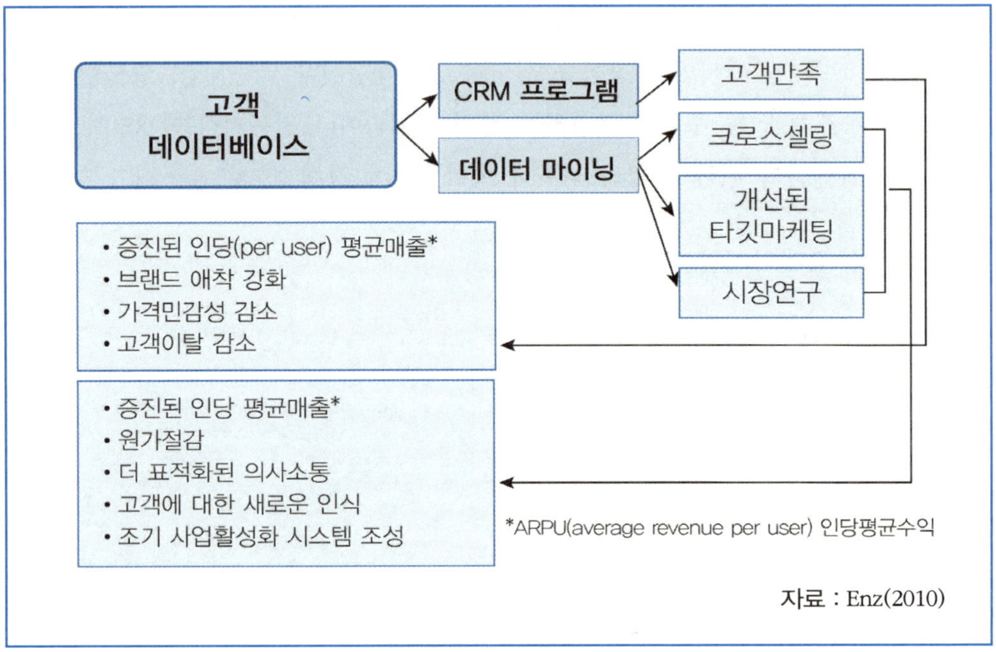

[그림 11.5] CRM 모형

2) 모형의 주요 개념 이해와 관련 성과

(1) 고객관계전략으로서 CRM 프로그램은 고객서비스에 그들의 욕구에 근접한 내용을 담아 고객추구 가치에 대해 더 좋게 반응(responsiveness)하는 외식서비스로 고객만족을 증진하게 될 것이다. 결과적으로 여기서 기대될 수 있는 중요한 긍정적인 경영상의 성과들로는 ① 브랜드에 대한 고객의 태도 강화, ② 가격민감성의 감소, ③ 고객의 새로운 레스토랑으로의 선택 전환 감소 등이 있다.

(2) 크로스 셀링(cross selling), 업셀링(up selling), 리피팅(repeating) 등 ① 고객에게 연관된 상품을 판매하거나, ② 가치가 큰 값비싼 상품 제시와 판매 및 ③ 재방문 유도와 매출증진을 위한 로열티 프로그램 운용 등으로 증가되는 인당평균수익(average revenue per user: ARPU), 개선된 타깃마케팅의 결과는 마케팅 및 생산 원가절감과 표적시장에 더 집중된 광고나 선전 등 커뮤니케이션 활동기능 수행의

효과 초래를 기대할 수 있게 해준다.

(3) 시장연구에 있어서 고객들의 전략적 시각(insights) 또는 전략의 창(strategic windeow)을 통한 새로운 통찰력은 사업의 활성화를 촉진하는 데 기초가 될 수 있을 것이다.

8. 디지털기술과 제4차 산업혁명 대비전략 논의

디지털기술의 발전으로 산업경영과 조직에 초래될 인류사 미증유의 비약적 변화가 새로운 시대 도래에 따른 대비책 논의를 야기하고 있다. 소위 제4차 산업혁명에 대한 논의의 요체는 변화의 형태를 짐작은 하되 확실치는 않다는 데서 기인된다. 소위 로봇, 인공지능, 3D프린팅 기술, 증폭되는 사물, 공간, 인터넷의 상호의존성은 디지털기술에 근거한 급격한 변화로 산업구조에도 급격한 변화를 초래할 거란 전망과 논의가 뜨겁다. 디지털화로 확장되는 산업구조의 초연결성이 고객주문에서 개발, 생산, 배달, 재활용 등 고객서비스 전 과정에 초래할 급격한 변화가 산업이나 경영에 어떤 형태의 영향력 구사결과를 초래할지를 가늠/진단하려는 것이다.

빅데이터로 심화/연계되는 산업구조의 초지능화로 축적된 데이터는 마케팅 등 사업에서의 예측과 판단에 정확도를 제고해 강력한 경쟁력 구축에도 새롭게 기여한다. 또 디지털, 물리적, 생물학적 경계를 무너뜨려 기술융합 등을 핵심으로 하는 생산방식 중심의 제4차 산업혁명 초래의 가공할 변화는 제조업의 기회요인 혹은 위기로 이어지고, 이 시대의 경제력 또한 이런 변화와 잠재력이 산업화에 성공할 때 창출될 것으로 전망되고 있다. 동시에 미, 독, 일 등 제4차 산업혁명에 선제적 대응책을 마련/추진하는 사례원용으로 범국가적 대비 필요성도 제기된다(나라경제, 2016).

외식사업에는 새로운 산업혁명이 어떤 바람을 일으킬까?

이미 초세분시장화를 지향한 각종 식음료 사업체들의 창업과 업체들 간 메뉴 특성화와 동질화 추세는 일어나고 있고 이것이 새로운 산업혁명 기류와 무관하진 않을 것 같다. 산업과 기술변화와 소비자 라이프스타일의 변화는 개별화(individualized)를 가속화하고 있고 이에 부응하려는 외식기업의 맞춤형 생산체제 전환 혹은 확립은 메뉴관리와 서비스관리에 있어 불가피할 것으로 전망된다.

이런 예측들은 산업일반에서 개괄적으로 나올 수도 있겠지만 '제4차 산업혁명'의 공저자인 하원규는 특히 이에 대한 준비없는 상태에 대한 우려를 표명하고 있다(하원규 · 최남희, 제4차 산업혁명; www.ipnomics.co.kr).

최근 이세돌 9단과 구글 알파고의 바둑 대국을 앞두고 '인간두뇌 대 인공지능의 세기의 대결'이 세계인들의 초미의 관심사가 되고 있다. 그 결과가 어떻게 귀결되든 과학발전과 그 힘이 장차 산업조직의 생산이나 다양한 업무수행의 장에서 다기한 형태의 변화를 몰고 올 것임을 예측하는 지식인들이 많아지는 추세이다.

인공지능, 곧 기계와 인간의 대결양상이 전개되는 시대 도래에 대한 긍정 · 부정적인 생각들로 미지의 일에 대한 기대나 두려움도 없지 않다는 반응이지만 향후 이와 같은 과학문명 혹은 이와 관련된 제4차 산업혁명에 대비한 전략개발을 서둘러야 할 시점임에는 틀림없는 것 같다.

우선은 이러한 가능한 변화와 혁명의 실체와 본질을 정확하게 통찰하고 정시할 수 있는 역량이 있어야만 이에 대비한 태세정비나 경쟁역량 강화의 실천이 가능해질 수 있을 것 같다. 아직 이 분야 전문가가 아니면 이것이 어떤 의미인지를 가늠하는 단계에 있음이 문제일 수 있다는 점에서 시급한 대비책 마련이 필요하다고 본다.

제12장

외식사업 프랜차이징과 경영형태

제1절 외식사업계획상 경영형태의 구상

1. 사업 구상과 제 자원

어떤 사업을 시작할 때 사업계획의 수립을 위해서는 사업을 어떤 유형(형태)으로 하는 것이 적합할지를 고려해야 한다. 기업을 둘러싸고 있는 외부의 경영환경이나 경쟁환경 및 기업의 내부적인 여건, 사업의 고유한 특성 등을 기업 보유의 내부 제 자원과 관련시키면서 가장 적합한 사업형태를 결정하지 않으면 안 된다.

기업이 실제로 혹은 잠재적으로 보유하고 있는 다양한 내부 제 자원 중에는 다양한 인적, 물적 및 유형, 무형의 재화(자원)들이 포함된다. 이러한 자원들로는 인적 자원의 내용과 규모, 투자자본 및 자본의 조달능력, 무형의 노하우와 시장지위, 역사성, 기술력, 서비스 역량, 경험과 전문 노하우 등 외에도 사업이 특성적으로 요구하는 특정 자원역량 등을 들 수 있다.

기업이 목표로 하는 시장진입, 표적시장, 시장점유율, 브랜드자산, 시장 포지셔닝 등 경영활동에 대해 제 자원들이 어떤 효과를 초래할 것인지에 대하여 가능한 정확한 예상 혹은 기존의 시장능력이나 성과관련 분석과 평가(가령 SWOT; BCG; Menu engineering 등등)를 거쳐야만 이를 기초로 미래를 지향한 경영계획의 수립이나 목표로 할 적정한 성과수립이 가능해질 것이기 때문이다.

말하자면 기업의 내부적인 경쟁 강점(S) 및 약점(W)과 더불어 기업을 둘러싸고 있는 외부적인 기회요인(O)이나 위협요인(T)들을 분석하고 분류해 냄으로써 이를 고려한 경영의사를 결정할 때 실현가능한 계획 혹은 전략수립이 가능해질 것이다.

여기서 기업이 보유한 기술력이나 재무역량 및 사업경영에 대한 경험과 노하우가 별무하거나 인적 자원 등이 비교적 경쟁력을 갖지 못해 취약한 여건에서는 이를 보완하기 위한 조치들이 강구되게 된다. 이런 경우 외식업계에서는 흔히 위탁경영을 위한 경영계약(management contract)이나 프랜차이징(franchising) 계약을 택하는 것이 외부 거래나 인수합병에서보다는 비교적 타당성이 있고(feasible) 시장접근이나 마케팅에도 효과적이라고 생각되고 있다. 기존 기업에서는 전혀 다른 업종의 기업이나 동종 유사규모의 기업과의 전략적 제휴(strategic alliance)도 일정 기간 동안 활용하는 것이 흔한 사례이기도 하다.

이러한 기업형태의 결정은 비교적 용이한 관계형성의 가능성과 비용 경제성 등이 평가되고 있으며 이런 점에서 비교우위에 있는 기법들이 채택되고 있다고 하겠다.

2. 경영형태의 결정요인 고려

1) 제품이나 서비스 속성에 대한 고려

기업은 경쟁기업에 대해 구매자인 고객이 인식하고 추구하는 제품이나 서비스의 상대적인 가치 증대를 위해서 그 제품이나 서비스의 객관적인 요소들을 변화시킬 수 있고 또 그렇게 하려고 노력하고 있다.

외식사업에서도 이것은 제품 자체의 특별한 내용이나 효과성으로 추구되기도 하고, 그렇지 않으면 판매하는 메뉴품목과 식음료 메뉴의 판매방식에 있어서 색다른 경험을 외식소비지들에게 제공하기 위해 노력하고 있다. 같은 치킨 메뉴라도 양념을 달리하거나 향신료를 특별하게 사용하거나 심신건강이나 치유역량을 증진하는 것 등이 그러한 실례가 될 수 있다.

제비집요리나 곰발바닥요리의 특성은 쉽사리 접할 수 없는 귀한 재료를 사용한 요리라는 점에서 찾을 수 있지만 가령 집에서 오랜 시간 동안 구워야 하므로 추수감사절이 아니면 쉽게 먹을 수 없는 터키(turkey)나 치킨 로스팅(roasting)요리 등은 음식점(Boston Market 등)에서 구입해 먹는 것이 훨씬 간편하고 용이하다.

2) 기업의 경영형태와 결정요인

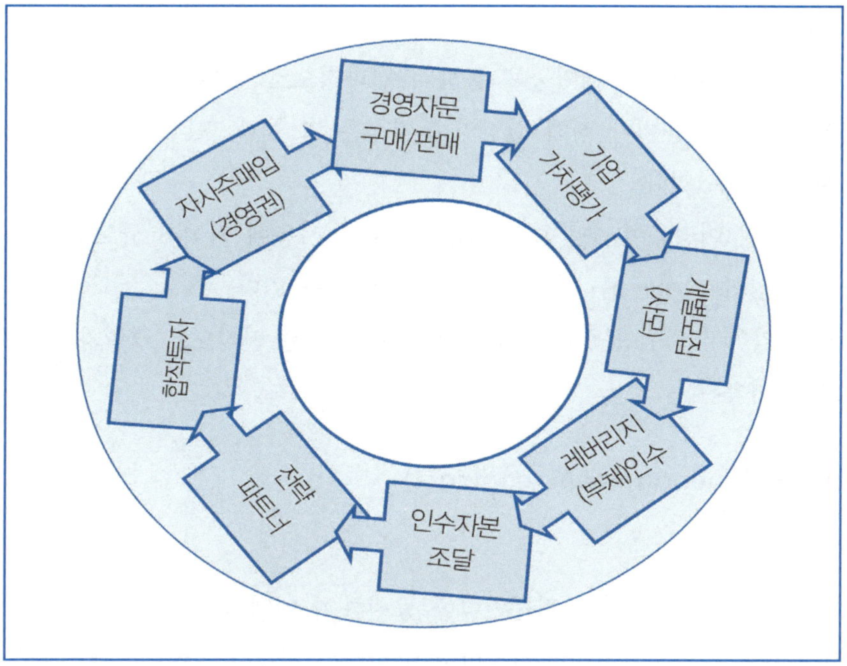

[그림 12.1] 기업형태와 결정요인

3. 경영형태의 개관

1) 단독경영

개별경영 혹은 독립적 형태의 개별경영(independent management)이라고도 한다. 이러한 기업경영방식은 가장 오래된 유형으로 실무상 일반적으로 누구든지 단독의 의사결정에 의해서 이용이 결정되는 사업수행형태이다.

이것은 창업이나 조직 관리에 있어서 의사결정의 자유와 관리에 대한 전권 장악이란 점에서 성과와 관련해서 혹은 그런 조건과는 무관하게 경영자나 업주들이 자기 조직의 경영관리업무를 자유롭게 수행할 수 있다. 당연히 이러한 경영형태를 적용한 기업이 기대할 수 있는 가장 큰 편익 또는 장점이라면 자신의 조직에 유리한 독자적인 의사결정이 가능하다는 점에 있고 이를 시행하는 데 따른 제반활동의 선택도 자유로이 이루어질 수 있다는 점에서 찾아볼 수 있다.

그러나 개별경영에는 다음에서 볼 수 있듯이 운영상 장점뿐만 아니라 단점들도 많이 수반되고 있다.

(1) 경영에서 독자적인 통제기능을 통하여 결과적으로 높은 수익이 기대된다.

(2) 시장에 대한 대응이나 정책 결정의 독자성은 그 시행 또한 비교적 용이하고 신속하게 만들 수 있다.

(3) 자금관리의 어려움이 수반될 수 있으며 자본 사용에 있어서 규모의 경제 등에 의한 효율성이 기대될 수 없고 능률이 저하될 수 있다.

(4) 사업에 있어서 위험 분산이 어렵고 관련된 위험은 전적으로 경영자나 자본주의 책임으로 귀속된다.

2) 위탁경영계약(management contract)

(1) 의의

전문업체의 노하우와 숙련된 전문인력을 동원하여 기업의 운영을 맡아하는 수탁기업과 위탁기업 간에 경영계약(management contract)을 체결하고 경영을 위탁하는 것을 말한다.

(2) 경영계약의 장단점

① 전문가에 의한 전문경영으로 경영의 안정이 기대된다.

② 경영자문(프랜차이징)보다는 직접 경영에 참여하는 전문경영인의 역량 여하에 따라 고수익 실현에 대한 기대감이 크다.

③ 경영노하우와 시스템 경영 및 오랜 이론과 실무경험을 바탕으로 하여 적용되는 경영(방침 등)에 대한 신뢰성으로 외식기업 이미지의 고양 및 유지가 기대된다.

④ 외식사업체의 소유주와 이를 운영하는 전문 경영인 간에 갈등발생 소지는 비교적 크다.

⑤ 사업결과 발생될 수 있는 영업부진에 대한 최종 책임은 역시 소유주의 몫이 된다.

(3) 외식경영관리에서 요구되는 경영노하우

경영관리에서 요구되는 제 자원은 다음과 같이 대별될 수 있다. 목표성과는 특정관리영역에 적합한 형식으로 작성되지만 주로 경영의 재무적 성과에 집중될 수 있다.

[표 12.1] 외식사업의 제 자원 관리와 관리목표

경영관리영역	대상자원	성과목표
인적자원관리 (HRM)	경영계층별/경영전문/서비스 등 인적 자원 풀	인력개발, 직무관리/만족
재무관리	자본, 자금	투자관리, 자금조달과 운용
회계관리	수익, 비용 회계정보	영업실적에 대한 분석과 의사결정자료 제공
생산관리	식음료 생산, 설비	품질관리, 생산성, 능률
마케팅관리	고객/시장, 상품, 서비스	고객만족, 시장확대

3) 전략적 제휴(strategic alliance)

현대 산업사회에서 각 규모나 계층의 경영에 흔히 이용되는 전략적 제휴(strategic alliance)는 둘 이상의 독립적 조직의 기업 간에 기업성과 개선, 성과개선을 위한 유리한 경쟁환경 창출, 시장진입과 퇴거 촉진 등을 목적으로 제품이나 서비스의 개발, 제조 또는 판매과정에서 협력할 때 성립되는 협력모형으로 많은 장점들이 인정되고 있다.

전략적 제휴는 생산, 기술, 자본 등 능력의 상호 활용을 목표로 하는 저렴하면서도 효과적인 협력체계로 기업의 독립성을 보장하면서도 비교적 적용이 용이한 유형의 기업형태이다.

전략적 제휴의 종류는 기업들이 지분투자를 통해 제휴계약을 체결하는 지분제휴(equity alliance) 또는 라이선스 협정, 조달협정(supply agreement) 및 유통협정(distribution agreements) 등 비지분제휴(nonequity alliance), 혹은 지분투자를 통해 독립된 기업을 만들고 거기서 나오는 이익을 공유하는 형태의 합작투자(joint ventrure) 등으로 구별되고 있다.

이것은 일정 목적이 달성된 후에 사업 철수도 비교적 쉽다는 강점까지 가지고 있다. 그러나 상호 신뢰와 실질적인 성과를 도출할 수 있는 적정한 협력 파트너의 선정과 그들 간의 협력내용을 명확히 하는 것이 긴요하다.

실제로 대기업이나 벤처 등 사업에 있어서도 일정 목적을 가지고 공동사업을 전략적 제휴형태로 추진하는 경우 독립적이고 대등한 위치에서 R&D, 생산, 판매 등에 대한 역할을 분담하여 이행하기도 한다.

4) 프랜차이징

제2절에서 별도로 학습함

제2절 외식사업 프랜차이즈 시스템의 이해

1. 프랜차이즈 시스템의 발전

1) 프랜차이즈와 프랜차이징의 의미

원래 프랜차이즈(franchise)란 불어의 'francher'에 어원을 둔 '자유로운 것', '용역의무', 또는 '금지로부터 해제된 상태'란 의미에서 출발하여 중세기에는 '타인에게 부여된 특권'이란 의미로 전화되는 과정을 거쳐 지금은 본사(franchisor) 또는 가맹본부나 본점 소유의 사업체의 브랜드명과 경영방식을 회원사(franchisee), 가맹사 또는 가맹점포 등에 허용하는 사용승인 계약의 의미로 통용된다(Kursh, H., 1962).

프랜차이즈(franchise) 자체는 독립된 산업이 아니다(Stephenson, P.R. & House,

R.G., 1982; Freeman, A. & Fulmer, W.E., 1982). 그러므로 자동차 딜러를 제외하고는 독립된 산업군으로 분류되지 않는다.

그러나 새로운 사업 착수와 시장진입에 있어서 프랜차이즈 시스템이 지닌 많은 장점들과 강한 침투력은 여러 산업에서 이 계약과 활용을 촉진하는 배경으로 작용되었다.

이러한 프랜차이즈를 매매하고 이를 이용하는 사업활동 행위를 프랜차이징(franchising)이라고 하는데 기업규모나 형태 및 업종을 막론하고 모든 기업에 침투되고 신속하게 분포되는 성질을 지니고 있다(Friendlander, M.P., 1981).

경제적 관점에서 마케팅을 효용 창출에 의한 가치부가 기능으로 볼 때, 마케팅 시스템에 있어서 프랜차이징(franchising)이 초래할 효용들은 본사-회원사 관계에서의 강력한 통일성, 본사의 감독이나 통제기능 때문에 경로문제보다는 가격, 제품, 판촉 등 요소들과 관련되어 더 크게 공헌되는 것도 사실이다. 프랜차이징은 광고비 절감 등 직접적인 경제적 편익수혜와 더불어 사전에 효과검증이 된 확실하고 표준화된 사업방식 적용이 가능하다는 점에 강점이 있다.

그러나 프랜차이징(franchising)의 본래적 동기와 의의는 마케팅 특성보다도 재무관리 기능에서 추구될 수 있다. 프랜차이징의 수요 원천은 본사와 회원사라는 각기 다른 두 측면에서 구분해 볼 수 있다. 어느 쪽에서도 결국 재무관리적, 관리회계적 개념의 선택문제에 직면하게 된다. 즉 회원사는 사업개시 초 수반될 위험극복에 대한 기대가 크고 본사는 신속한 시장 및 사업확장을 위한 자산 및 자본의 획득과 동시에 직접 투자에 수반될 투자위험을 회원사에 전가할 안전한 소요자본 조달의 방편 확보수단으로 각기 프랜차이징을 활용할 수도 있을 것이다(이정자, 1987, p.8).

프랜차이징(franchising)은 수직적 혹은 수평적인 어떤 차원에서도 성립될 수 있는 관계이며 본사는 회원사에 대한 유형재와 무형재의 판매에 있어 이들을 각각, 함께 혹은 함께 판매하는 3유형의 거래가 가능해진다.

또한 회원사로부터 들어오는 로열티 수익도 중요하지만 본사 직영점에서 가득되는 수익 증대를 통하여 회사의 증권가치 상승도 가능하므로 회원사, 가맹점포의 인수에도 유리한 거래가 될 가능성이 확보될 수도 있는 여건에서 프랜차이즈 사업 시스템이 운용되기도 한다.

2) 프랜차이즈 시스템

(1) 시스템의 이해

프랜차이즈 시스템(franchise system) 혹은 프랜차이징(frnachising)이란 프랜차이즈 본사 혹은 프랜차이즈 체인 본부(franchisor)와 프랜차이즈 회원사 혹은 프랜차이즈 가맹점(franchisee) 간 계약 의존적 관계로 이루어지는 시스템이다.

프랜차이즈 본사(franchisor)가 일정기간 프랜차이즈(franchise) 약관에 규정된 대로 브랜드명과 사업방식 이용권(사업권)을 허가하는 사업시스템으로 프랜차이징(franchising)은 수직적 마케팅의 한 방법이 되고 있다.

(2) 외식프랜차이징의 발전배경

외환위기 도래와 더불어 우리나라 외식프랜차이징(franchising)이 급신장된 배경은 창업에 필요한 전문지식과 사업경험이 별무한 채 새로운 사업 착수와 시장진입에 앞서 중소기업주들이 본사(franchiser) 보유의 사업 전문성 및 노하우를 이용하려는 시급한 수요에 기인된 것이었다. 본사(franchisor: 경영본부; 가맹본부)의 표준화된 경영관리 시스템을 통하여 시장조사 기반의 창업에 필요한 사업타당성 분석과 사업계획 수립과 운영 및 담당직원(supervisor)이 제공하는 적응력 훈련을 받으면서 필요한 교육, 관리, 상품화 등 조직적인 자문협력에 의존하게 된다(Kaufmann & Eroglu, 1999; Keller, 1993; 한국창업경영연구소, 2013).

가입 회원사(franchisee: 가맹점)는 이를 통하여 감소된 사업위험을 가지고 비교적 용이한 사업개시와 영업활동 전개가 가능해진다.

(3) 프랜차이즈 서비스의 비용과 기회주의

프랜차이즈 시스템 가입과 사업개시 전후로 제공되는 서비스는 최초의 서비스(initial services)와 지속적 서비스(continuous services)에 대한 최초가입비(initial franchise fee)와 지속적 프랜차이즈비(continuous franchise fee)로 구분된다. 이때 회원사가 본사에 지불하는 일정한 대가는 최초의 서비스와 지속적인 서비스에 대한 것으로 비용의 계산방식과 지급의무조항들이 본사-회원사 간 계약으로 상세히 결정된다(Stern &

El-Ansary, 1992).

최초 서비스(initial service)로는 상권분석, 수익성 분석, 개점 전 교육, 계약내용과 정보공개 등이 있는데 이러한 서비스의 충실성 여하는 본사-회원사 간 기회주의(opportunism)와 관련된 사업적 분쟁과 갈등의 약화나 폐점률 감소 등에 중요한 요인으로 긍정적으로 작용될 수 있다(한상호 · 배기철 · 이재한, 2011). 그러나 이러한 관계 및 지원에도 불구하고 가맹사나 회원사의 경영(영업)은 독자적으로 수행되게 된다.

본사 입장에서 프랜차이즈는 전술했듯이 직접투자에 의한 투자위험 없이 일시에 기업규모를 확장하고 수익성(용역수익)도 제고할 수 있는 효과적인 방안이 될 수 있다.

본부가 가맹점에 제공하는 서비스로는 최초의 서비스 외에도 지속적으로 상품, 브랜드명, 회원사 직원의 교육훈련, 또 다른 창업 및 전문적 지원, 원자재 구매 안내, 상품 및 서비스의 운영노하우 및 판매기술 등 외 광고효과 기대까지 다양하다.

실제로 소비자들은 브랜드 자산에 영향을 받으므로 브랜드 비용에 대한 광고(& 비)의 효과는 긍정적이므로(Simon & Sullivan, 1985) 광고, 메뉴 개발, 경영관리 및 금융지원 등 본사 지원은 적정가격에 우수한 제품을 공급하는 등 효율적인 제품 지원과 함께 회원사의 재무적 성과에 중요한 영향을 미친다(Michael & Combs, 2008).

(4) 프랜차이즈의 관계결속과 본사의 경영통제 배경

본사(franchisor)도 자사 노하우 보호로 지속가능한 장기적 수익성 제고를 위해서는 가능한 경영통제와 회계통제 등 대회원사 통제를 통하여 본사 브랜드 관리를 도모하려 한다.

이러한 과정에서의 통제나 실무들이 프랜차이즈 관계에 대한 신뢰와 성과의 위협요인으로 작용될 소지도 크다. 그러므로 이들 간 관계유지 및 결속 강화에 필요한 상호혜택 수혜 인지는 매우 중요하다(Dwyer, Schurr & Oh, 1987; 오세조 · 박진용, 2003).

실제로 이 시스템의 협력과 통제라는 특징은 반경쟁적 유통구조에 불법적 형태로 발전되거나 효용 가능성에 대한 우려를 제기하기도 한다. 계약에서 본사의 우월성은 회원사 운영지침 등 형태의 통제 메커니즘(control mechanism) 등에 근거를 둔 본사의 특권보호 위주의 협정체결 가능성으로 인한 회원사의 독자성 침해나 제한 여지도 있다(이정자, 1987).

제3절 우리나라 외식사업 프랜차이징의 성장과 전망

1. 프랜차이징의 성공과 발전 배경

1) 프랜차이징의 경제적 기능과 성장

(1) 경제력 분산 수단

원래 프랜차이징(franchising)은 효과적인 경제력 분산 수단으로 중시되었을 정도로 소기업 활성화에 대한 성과가 기대되는 사업이었다(이정자, 1987).

1990년대 외환위기에서 퇴직인력 중심의 소기업 창업에 뿌리를 두고 급신장된 우리나라 프랜차이즈 시장규모도 이를 반증하고 있다.

2012년 기준 매출규모 95조 원, 2013년 103조 원으로 매년 10%대의 성장세는 2016년 총 123조 원의 매출 전망으로 이어지는데 GDP의 8%에 근접할 정도이다.

주로 유통업 중심 프랜차이즈에서 외식 프랜차이즈가 전체 산업 매출의 67.1%(지식경제부, 2011)라는 높은 점유율(박인정 · 김영갑, 2015)로 볼 때 우리나라 프랜차이징(franchising)의 성장 전망은 눈부시다.

(2) 우리나라 외식프랜차이징의 성공요인

외식 프랜차이즈의 성공요인들 중에는 다음과 같은 주요 요인들을 예로 열거할 수 있겠다. 즉 상품, 브랜드, 본부경영, 가맹점 교육, 가맹점 지원, 창업지원, 물류 시스템 등(윤기영 · 허지원, 2002; 윤지환, 2003; 이자형, 2005, 장혁래, 2014)이 있다.

당연히 재무상태, 경영관리 역량, 사업가 정신 등 본부지원 능력과 회원사 역량관련 요인(한성필, 2009)도 포함되고 있다.

또한 가맹사의 투자 의사결정과 관련된 서비스 내용 중에는 본사의 정보제공 역량(Hunt & Nevin, 1974)이 특히 주요 약관으로 포함돼야 할 요소이다.

본사, 회원사 간에 입장 차이는 있지만 이들의 관계만족 여하가 사업에 대한 성공 변수가 되고 있다(Anderson & Sullivan, 1993).

흔히 계약기간 만료 후의 계약 당사자 간 관계지속 여부도 지원되는 서비스에 의한 양방의 성과평가 결과로 결정될 일(Thibaut & Kelley, 1959)이란 점에서 장기적인 관계유지에 있어서 관계몰입과 지원 여하는 변수가 되는 요인이다.

프랜차이즈의 경영성과에 대한 인과관계 규명과 양자 간의 관계품질 및 관계결속 등과 같은 관련연구들은 이처럼 성공적인 프랜차이즈를 위한 실무계의 필요성에 부응하고 있다.

(3) 외식사업 프랜차이징의 발전

우리나라 외식프랜차이징(franchising)은 전체 프랜차이즈 계약건수 중 절반 이상을 점유하기 때문에 프랜차이징은 외식사업 성장의 견인차적 역할을 하고 있다고 할 만하다.

우리나라의 프랜차이즈 도입 초기엔 서양음식 중심의 외국 프랜차이즈로 시작되었으나 점차 국내 지역 토산식품, 전통음식, 생산이 용이한 음식의 다양화와 더불어 그 생산과 서비스가 표준화되면서 외식 프랜차이징에 있어서 선택의 폭이 확장되고 있다.

그만큼 프랜차이즈의 시스템 가입과 이에 따른 소요비용들로 전보다 계층이 다양화되면서 프랜차이즈에 대한 사회적 관심도 다양한 계층으로 확산되는 추세이다. 이런 여건에서 시스템에서 기대되는 비용 효율성 등은 다양화되는 프랜차이즈 시스템들 중 선택을 위한 하나의 평가요소로 고려되고 있다고 할 수 있다.

비용 효율성이란 프랜차이즈 시스템 가입자들이 외식사업 경영에 있어서 비가입자에 비해 상품조달 비용, 자본비용 등 사업운영상 수혜할 수 있는 관련 제 비용의 절감효과를 말하는데 이 역시 프랜차이즈 시스템 선호의 주요 배경 중 하나로 작용되고 있다.

이상은 프랜차이즈에서 기대되는 긍정적 효과들인데 이들은 주로 용이한 식자재 관리, 생산, 저장, 기술상의 편의성, 대량 구매 가능성 외에 필요한 소스, 육수, 양념이나 오리고기나 돼지고기 등 육류가공, 규격화된 제품, 표준화된 공정관리 및 제품의 생산기지나 물류센터 역할까지 담당하는 것 등(조성호, 2006)에서 기대될 수 있다.

(4) 외식사업 프랜차이징의 전망

외식기업이 원가상승 여건에서 내수 침체로 인한 소비심리 위축과 국제적 경쟁관계에서 장기적인 생존·발전을 도모하려면 매출 및 순익 증대가 절실하다.

사업 활성화 방안 중 특히 절실한 시장 이해와 이를 대상으로 한 강력한 마케팅의 필요성은 세계적으로 지속적인 프랜차이즈 시스템(franchise system)의 발전을 초래하고 있다.

이미 1950년대 프랜차이즈 시스템화를 시작해 이 분야에서는 세계적인 선도력을 장악한 미국(2009년 매출규모 국내 총생산, GDP의 20% 점유)을 필두로, 일본에서도 많은 발전을 시현하였다. 일본에서는 1960년대 패전 직후 프랜차이징(franchising)이 도입돼 일본 GDP의 상당부분(34%선)을 점유해 왔는데 그중 외식사업이 점유하는 비중은 2013년 현재 17%에 해당할 정도로 급성장되고 있다(장혁래, 2015).

우리나라에서도 수출진흥정책 등에 따른 급속한 경제성장으로 말미암은 외국인의 방한추세 등에 힘입어 주로는 미국 등지로부터 해외 브랜드를 중심으로 하는 프랜차이즈의 도입은 1980년대에 진입해 급속한 프랜차이즈 시스템의 발전을 촉진하기 시작했다.

세계적으로는 1960년대에 이미 프랜차이징(franchising)이 '효과(성과)에의 약속'으로 권장될 정도로 이 시스템의 발전과 성공에 대한 확신이 일반적으로 전망되고 있었다(Hunt, S.D., 1977).

미연방거래위원회(Federal Trade Commission: FTC)는 사회에 대한 표준화된 제품보호 기회 제공을 통한 사회적 이익을 도모하려는 의도에서 프랜차이징의 경쟁유지 기능보다도 소기업 보호기능을 더 중요한 프랜차이징의 사회적 목표로 보았다(FTC., Statement, 1966; 1970; Thompson, D.N., 1971). 이런 관점에서 외국에서 도입된 대규모 외식사업 프랜차이즈가 주로 대기업 중심으로 독점되는 측면은 정책적 제고를 요하는 측면이라고 볼 수도 있겠다.

제4절 프랜차이징의 장단점에 대한 사색

계약 등 관계를 맺고 있는 관련기업 간 사업성과는 기업환경 외에 거래기업의 조직구조, 기술 수준, 자원 유용성 등 기업의 구조적인 운영요소들에 의해 영향을 받는 것(Wilson, 1995)이므로 프랜차이즈 시스템의 계약관계에 있어서도 이런 여건은 유사하다고 볼 수 있다(조규호, 2003).

프랜차이즈 사업을 위해서 계약 본사는 프랜차이즈 패키지를 개발하고 이에 의존해서 대 회원(가맹)사 서비스 수행 및 관계관리를 수행한다.

외식사업 프랜차이즈 패키지의 구성내용을 보면 메뉴 및 상품, 인테리어, 생산설비, 시장진입과 기타 마케팅 방법, 이용되는 각종 서비스 방식, 사업운영의 목적, 계약 당사자들의 기능과 역할 규정 등(Khan, 1991)이 포함되어 있다.

이러한 요소들은 말하자면 회원사가 본사로부터 수혜하거나 이용할 수 있는 일련의 핵심적인 서비스의 내용으로서 프랜차이즈 관계 운영의 매뉴얼과도 같은 것이다.

이런 관점에서 프랜차이즈 관계의 성패 여하 및 장단점은 이러한 패키지에 의존되고 있다고 해도 과언은 아니다. 즉 프랜차이즈 패키지의 질적 및 양적 역량이 계약기업의 관계에서 발생될 수 있는 결과인 성과 여하를 좌우할 것이기 때문이다.

1. 본사 측면에서의 고려요인

(1) 프랜차이즈 본사는 회원사의 신규창업이나 운영을 통하여 상표 허용, 기술지원에 따른 최초의 프랜차이즈 가입비(initial franchise fee) 및 지속적인 프랜차이즈 연회비(continuing franchise fee) 수익 창출로 본사의 수익성 증대와 더불어 브랜드 가치제고를 기대할 수 있다.

(2) 본사는 직접투자에 따른 투자위험의 감수 없이 이를 회피할 수 있는 가운데 프랜차이즈 계약을 통하여 신속한 기업 확장과 업계 선도력의 장악을 기대할 수 있다.

(3) 가맹본부는 세계 시장 또는 국제사회에서 원자재나 기타 재료의 대규모 구매를 통하여 규모의 경제에 따른 경제적 수혜가 가능하므로, 특히 원가절감과 적정가격 결정에 의한 가격경쟁력 등 유리한 경쟁조건을 선점함으로써 경쟁우위 확보를 기대할 수 있다.

(4) 가맹점의 전문지식이나 전문성 및 경험미숙으로 인한 과실, 소비자와의 마찰 발생 시 직면될 수 있는 본사의 브랜드 자산 및 이미지 손상 위험도 따른다. 이런 경우에 수반될 수 있는 프랜차이즈 시스템 전체에 대한 부정적인 영향은 현저한 사업 수익성 저하로 이어질 수 있어 사업상 위험요인이 될 수도 있다.

(5) 계약 불이행이나 부실한 책임수행 등 프랜차이즈 계약관계에서 나타날 수 있는 당

사자 간 갈등이나 영업상 책임 소재가 불분명한 다툼 소지가 합리적으로 해결되지 못할 경우 본사의 프랜차이즈사업 전반에 불이익을 초래할 수 있고 이런 과정에서 동일한 브랜드를 가지고 있는 회원사의 사업성과에도 부정적인 결과가 초래될 수 있다.

(6) 본사는 회원사에 대한 회계 및 관리통제를 게을리하지 않는다. 프랜차이즈 관계에서 계약된 서비스의 내용대로 본사로부터 배우고 익히고 축적해 온 사업상의 지식과 경영노하우 및 경험을 바탕으로 회원사(가맹점)가 이를 이용해 유사업체 창업을 하는 경우 본사와 경쟁관계를 형성하기 쉽다. 이러한 일련의 사태는 프랜차이즈 본사의 사업권 침해와 관련된 계약의 부정적인 측면이 될 수 있다.

(7) 프랜차이즈 가맹본부는 자신들이 개발한 사업형 프랜차이즈 시스템이나 상품 및 운영방식 등을 모방한 유사사업 창업이나 경쟁사태의 사전예방을 위해서 그들이 서비스를 제공하고 종업원의 교육훈련을 담당하고 있는 가맹사(점포)에 대한 가능한 통제력을 구사하려 한다. 회계처리에서 비용공제 항목이나 지출규모 등에 관련된 비용통제를 통해서 회원사의 일방적인 교육비 지출을 통제하는 것도 단시간 내 경영노하우 개발과 본사기술의 습득과 복제를 방지하려는 노력과 무관하다고 할 수 없다. 본사는 과도한 교육비 지출이나 기타 형태의 지출을 제한하기 위한 합리적인 조항삽입에 관심을 갖는 한편 회원사와의 관계유지와 서비스제공에도 관심을 갖고 있다.

2. 회원사 측면에서의 고려요인

(1) 프랜차이즈 체인 시스템에 편입됨으로써 본사 제공의 각종 협력과 서비스들을 통하여 회원사는 전문성 경험이나 노하우 부족으로 야기될 수 있는 경영상의 위험을 관리 또는 회피하려고 한다.

(2) 가맹본부의 상호, 상표, 상품의 사용법, 각종 경영노하우 전수로 비교적 안전하게 영업에 착수하고 지속적인 지도 및 자문을 받으면서 비교적 위험 감수가 적은 안정적인 경영활동을 수행할 수 있을 것이다.

(3) 프랜차이즈 시스템에 편입됨으로써 본사중심으로 통합된(주로는 수직적으로 통합

된) 마케팅 네트워크를 활용함으로써 비교적 용이한 영업활동, 광고, 판촉 등의 지원을 받으면서 안정적으로 영업활동에 임하고 또 성과를 기대할 수 있게 될 것이다.

(4) 전체 시스템에 대한 통일된 방식의 적용이 용이할 수도 있지만 회원사별 환경과 맞는 고유한 창의적 경영에는 저해요인으로 작용될 수 있다.
개선방안을 발견해도 계약의존적 여건에서 일방적이고 임의적인 변경 및 채택과 적용, 독자적인 추진이 어려울 수 있다.

(5) 경우에 따라서 본사는 회원사(가맹사, 가맹점)에 대해 표준방식 적용과 함께 그들의 특수환경을 감안하여 어느 정도 사업에 융통성을 허용하기도 한다. 때때로 이것은 회원사의 성과개선을 초래하기도 하지만 이러한 부분적 허용의 전제조건으로 이렇게 개발된 사업의 운영방식을 본사가 전체 프랜차이즈 시스템에 적용할 권리를 가질 수 있게 되기를 요구할 수도 있다. 이럴 경우 프랜차이즈 본사를 포함한 전체 프랜차이즈 시스템에 매우 유리한 결과를 초래하는 경우도 있다. 즉 업무혁신이나 상품개발 및 창의적인 서비스 제공방식이 수익성을 증진하는 성과를 실현하는 데 기여하는 사례들도 있다.

(6) 본사와의 계약으로 이행되는 업무내용이나 예상 매출을 통하여 사업운영상 재고부담 경감, 개선된 품질표준 유지 등에 유리하게 작용되는 측면이 있을 수 있다.

(7) 계약조항이나 계약에 따른 서비스이행에 있어서 프랜차이즈 관계의 본부와 가맹사의 이해 상충이 초래될 경우 그 해결은 매우 어렵고 복잡한 사안이 될 수 있으며 대부분 회원사에 불이익을 초래할 경우도 많다. 프랜차이즈 본부는 오랫동안 다양한 계약관계를 처리한 경험과 지식이 축적돼 있는 상태이므로 이에 대한 노하우가 크고 처리에 있어서도 노련할 수가 있다. 이에 대응하는 회원사의 입장은 그와 반대될 경우가 많다. 이러한 양자 간의 배경적 차이는 결국 계약과정에서도 불평등 계약체결 가능성으로 작용될 소지가 있다.
또한 계약에 임하는 회원사의 사전기대에 비추어 서비스가 불충분하다고 느낄 때 혹은 실제로 부실한 서비스로 임할 때 양자의 관계에 대한 불만야기 소지는 더욱 커질 수 있어 프랜차이즈 성과를 위한 양자 간 신뢰나 협력자세를 약화시킬 수 있다.

(8) 본사의 전문성은 시장조사로부터 운영에 이르기까지 다양할 수 있다. 본사는 예상 가능한 모든 상황에 대비해 유리한 입장 확보를 위한 가능한 대안들을 검토함으로써 필요한 계약내용을 개발하고 조항에 포함시키려 할 것이다.

가령 시장이나 경제상황을 고려한 프랜차이즈 회비의 계산방식의 선택 등 수익성 관리 면에서나 관계관리 면에서 유리한 결과에 초점을 맞추고 있다. 그러므로 만약의 경우 가맹본부의 사업부실, 경쟁약화, 성의 없는 서비스나 계약불이행 등 분쟁소지가 큰 내용에 대해서도 숙지하고 있기 때문에 예측불능의 사태가 아니라면 계약약관(조항)에 필요한 조건들을 포함시키려 한다. 즉 어떤 경우에 문제가 발생된다고 해도 회원사가 보상받을 가능성을 상대적으로 약화시켜 비교우위를 점하려는 시도를 게을리하지 않는다.

제13장

외식사업의 메뉴계획과 관리

제1절 메뉴의 개념과 기능 및 관리의 이해

1. 메뉴의 개념

1) 메뉴의 어원

외식사업에서 메뉴란 원래 '작고 자세하다'는 라틴어(minutes)에 어원을 두고 있는데, 제한된 크기와 공간 여건에서 최대한의 효과를 기대하는 전략적 목적을 가지고 경영활동에서 알리고자 하는 상품, 서비스, 품격, 분위기, 가격, 기술 및 인력, 계절감각 등 다양한 요소들과 메시지를 그 안에 함축하고 명확히 표출할 수 있어야 한다.

메뉴란 단순한 식음료상품 리스트인 차림표 개념(1960년대)을 넘어 1970년 이래 외식사업 전반에 걸친 상품화와 외식사업 전략 수행을 위한 사업계획과 활동 내용 등 모든 것을 함축한 강력한 마케팅의 중심 수단이 되고 있다(이정자, 1995).

메뉴는 다양한 형태의 외식사업 내용을 집합해 놓고 다양하면서도 변화되는 욕구와 정보를 지닌 외식 소비자들의 기대를 촉진하고 부응함으로써 목표 사업성과 달성을 목적으로 하고 있다.

어떤 메뉴의 조합이 과연 고객만족을 통한 고객충성심을 이끌어내고 수익목표 달성에 최적해가 될지에 대한 메뉴 계획과 관리 측면에서 많은 연구들이 진행되어 왔다.

2) 고객기대의 메뉴 윤리와 커뮤니케이션

원가와 가격, 판매수량, 내용 및 종류를 중심으로 현재 운영 중인 기존 메뉴를 분석하고 변화하는 소비자 욕구를 반영해 보완하고 강화된 신규 메뉴개발을 통한 마케팅 전략이 수립될 수 있을 때 매출 증대와 고객만족을 달성할 수 있을 것이다.

메뉴란 즉 고객에 대한 레스토랑의 모든 약속을 집합시켜 놓은 표이다. 그러므로 정직하고 올바른 메뉴는 외식사업체가 개발한 최적의 서비스에 비해 과부족이 없는 진실한 내용을 담고 있을 때 그 효과성 발휘도 기대될 수 있을 것이다.

소비자들은 외식구매에서 레스토랑이나 식음료 품목선택에 앞서 주방과 기타 생산장소, 재료나 제품의 품질에 대한 검토과정 없이 메뉴와 종업원 서비스, 가격, 이미지 등에 의존해서 주문한다. 그러므로 메뉴가 고객에게 신뢰감을 갖도록 계획, 제작되었는지는 마케팅 측면에서 검토할 중요한 포인트가 된다.

메뉴와 레스토랑의 물리적 환경을 통하여 소비자들이 얻는 이미지나 느낌, 가격에 대한 반응, 예상 및 서비스관련 감성과 감정은 외식업체에 대한 고객의 기대가치 결정과 그 지각을 좌우하게 될 것이다.

사업자들은 창의적 메뉴개발과 메뉴제작을 통하여 고객기대를 선도하고 촉진할 필요가 있지만 품질, 품격, 가격, 내용, 양 등의 면에서 고객의 기대를 정직하게 발생시키고 그들의 가치지각에 책임성 있는 메뉴의 기획과 이행 및 관리에 주력해야만 한다.

2. 세계 메뉴 발전과 변화의 사적 고찰

1) 발전단계별 메뉴의 변화

(1) 붕아기 단계의 메뉴(1960년대 초반)

외식사업에 서비스개념 도입이 시작된 사업의 초기단계로 제한적 메뉴를 가지고 운영되었다. 이 시기에는 KFC나 McDonald's 등이 프랜차이즈체인 영업을 처음으로 도입했던 시기로 냉동식품 중심의 편의식품의 이용과 가족단위 외식행동 및 피자, 치킨, 생선 등 신속한 서비스형식의 식당에 10대들이 모이기 시작했던 시기이기도 하다.

(2) 성장기의 메뉴(1960~1980년대 초)

성장시기에 고객 맞춤형의 어린이메뉴, 후식메뉴, 저열량메뉴, 조식메뉴 등 새로 개발되고 소개된 테마 메뉴들을 가지고 다양한 형태의 테마식당과 사업체들이 개발되었다. 서비스에서는 편의성과 신속성 개념이 나오고 메뉴계획에 있어서 특별한 식당 분위기와 메뉴의 진실성 개념이 도입되었으며 그 결과 당연히 더 나은 서비스와 메뉴의 다양성이 증진되었다.

(3) 발전기의 메뉴(1980~2000년대 초)

2000년대에 진입하자 메뉴에 대해 다양성을 요구하는 여성들의 선호도가 지배적이 되면서(Makens & Bowen, 1996) 건강 다이어트 식품 수요가 증가하면서 고급 해산물 식당이 인기를 얻고 고급 식사가 가정에 배달되는 추세가 되었다(Mill & Riehie, 1993). 이 시기에는 여러 종류의 전문음식 수요가 급증되면서(Tabacci, 1987) 고급식당과 더불어 독특한 분위기 창출로 다양한 국제 민속요리들이 entertainment 테마로 다양성 요구에 부응해 폭발적인 인기를 모았다. 그러나 Drucker는 궁극적으로 사업을 정의할 수 있는 건 고객뿐이고 이러한 소비 우선주의(consumerism)가 마케팅의 기회가 된다고 주장한 바 있다(Drucker, 1974).

(4) 포화기의 메뉴(2000년대~현재)

현대는 기술발전은 물론이고 환경적인 변화로 인하여 과거 어느 때보다 모든 분야에서 급변사태와 더불어 경쟁이 치열한 시대이다. 지리적인 경계가 무너지면서 사람들의 감성 속에서 과거의 일정한 테두리를 떠나 탈출이 이루어지면서 이것은 새로운 욕구, 새로운 수요를 형성하고 있다. 이러한 시장세력의 지배는 세계적인 민속요리들을 세계 어디에서나 먹을 수가 있는 시대, 어떤 형식의 외식사업체든지 서비스되는 대부분의 메뉴에서의 유사성으로 표출되고 있다. 그러면서도 다른 업소와의 차별성이 추구되고 있다.

외식사업에서 과거의 격식이나 재료의 정형성을 존중하면서 이를 다양한 기법으로 재해석하고 활용하는 트렌드는 곧 외식시장의 흐름을 추종한 결과라고 하겠다.

창의성을 통하여 새롭고 다양한 욕구 분출로 세분화되는 외식 고객층의 욕구를 지향한 다양한 외식서비스들이 새롭게 개발되고 있다(제1장 참조). 다양한 형태의 외식사업들이 새롭게 개발되면서 지속적으로 부침(浮沈)을 반복하고 있다.

3. 메뉴의 기능 이해

외식사업의 창업이나 서비스에 앞서 어떤 계층의 외식소비자들을 표적시장으로 어떤 유형의 식음료를 어떤 형식으로 생산 · 제공하여 운영할 것인지를 계획해야 한다. 이런 목표와 고객의 인구통계학적 배경은 곧 메뉴와 셰프(chef) 및 서비스 인력에 대한 계획과 결정에 기초가 될 것이다. 그러므로 어떤 메뉴로 운영할 것인가는 외식사업운영 전체에 대한 계획과도 같다(Lee, Jung-Ja, 1995).

1) 외식사업 내부관리에 대한 메뉴의 기본적 기능

메뉴는 외식사업체의 경영관리에 있어 다음과 같은 기본적 기능들을 수행하고 있다.

(1) 메뉴는 외식사업 내부적으로 작업, 운영 및 경영관리를 위한 다양한 정보들을 포함한 기록자료이다.

(2) 메뉴는 고객에게 제공될 제품과 서비스가 어떤 것인지를 일정 양식의 기록으로 제시하는 것이다.

(3) 메뉴는 특정 시장계층을 지향한 외식사업체의 전통이므로 기업의 사업이념과 철학에 뿌리를 둔 사업정책에 충실하게 결정된 테마를 따라 영업활동을 하도록 통제되어야 한다.

(4) 그러므로 메뉴에는 외식의 운영이 영리 또는 비영리 조직에 의하는지 또한 어떤 기업형태로 운영될 것인지가 직간접적으로 반영돼야 한다.

2) 외식사업의 경쟁관리에 대한 메뉴의 기능

능률적인 메뉴란 메뉴 자체의 완벽성에 기초한 개념이라기보다는 메뉴가 해야 할 기능을 잘 수행할 수 있도록 되어 있는가에 대한 개념이다.

레스토랑에서 실제로 생산하고 제공할 능력이 있으며 그 장소의 물리적인 분위기와도 일치되는, 다양한 의미에서 메뉴가 표시하고 있는 것에 대한 책임성을 다할 수 있는 것이 되지 않으면 안 된다는 것으로 이해하면 된다. 이것은 소위 메뉴의 윤리성이 구현될 수 있는 정직성에 기초한 것인가에 대한 실천적 시각의 평가와 이행의 실천적 철학을 요한다.

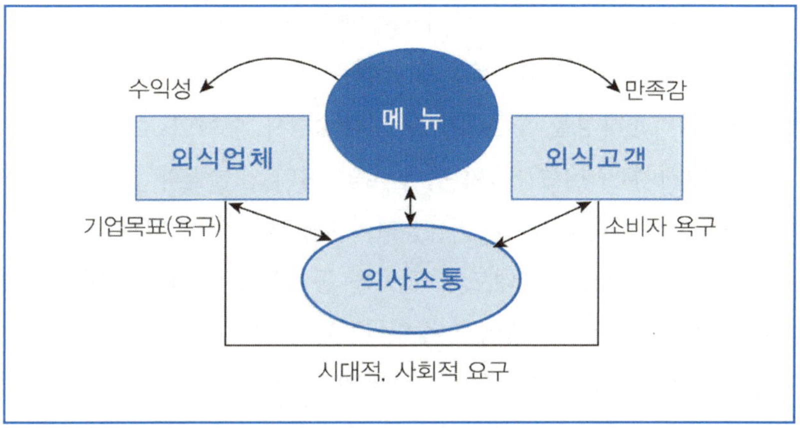

[그림 13.1] **메뉴의 기능**

이처럼 메뉴는 다양한 형태의 외식사업에서 모든 사업내용을 압축해서 보여주는데 집합된 요소들을 통하여 다양한 동기와 욕구 및 정보를 지닌 현대 외식소비자들에 대한 제품과 서비스로 소기의 사업성과 달성을 목표로 하고 있다(이정자, 1995).

메뉴계획은 각 요소들에 대한 특정 조합으로 사업경영의 최적해를 발견하려는 유기적인 마케팅 도구마련의 노력이고, 메뉴관리란 이를 통하여 고객만족과 감동으로 고객충성을 도출하려는 경쟁우위를 지향하려는 노력이다. 그러므로 메뉴 결정과 제작은 일련의 목표하에 수행될 사업전반적인 계획수립과 관리활동에 대한 전략이다.

그러므로 메뉴는 식당이 고객에게 제공할 모든 약속을 집합시킨 표이다.

소비자들은 외식구매에 있어서 주방 등 생산장소, 재료나 제품 확인 과정 없이 메뉴 및 종업원 의존적으로 가격대와 식음료를 선택하고 주문한다. 소비자들이 메뉴를 통해 받는 이미지, 느낌, 표시가격에의 반응, 예상 등 서비스 관련 감성과 감정은 외식업체에 대한 기대가치를 좌우하게 될 것이므로 마케팅 효과를 위해서는 메뉴의 작성, 운용결과에 따라 고객이 내릴 평가와 신뢰감이 결정적으로 중요하다.

사업자의 창의적 메뉴개발과 제작이란 고객기대를 선도하고 촉진할 수 있는 역량있는 계획과 결정을 요한다. 외식사업자들은 고객들이 바라는 품질, 품격, 가격, 내용, 양 등의 정직한 기대가치를 발생시키고 충족시킬 책임성이 담긴 메뉴의 운영과 관리에 초점을 두지 않으면 안 된다.

이런 관점에서 능률적인 메뉴란 궁극적으로 메뉴 자체의 완벽성에 기초한 개념(인식)이라기보다는 식당이 실제로 생산, 제공할 능력과 식당의 물리적인 환경에 일치되는 책임 있는 메뉴를 통한 윤리성을 우선시하는 시각정립과 실행이 긴요하다.

메뉴는 식당의 입지여건, 시설 및 설비, 인적인 서비스 능력과 품질, 가격수준, 이미지와 품격 등 다양한 요소들을 통합시킨 시장패키지를 통하여 소비자들에 대해 식당을 표현하고 외식소비자들의 긍정적인 태도와 행동을 동기화할 신뢰성 기반의 촉진작용을 담당할 식당-외식소비자 간 커뮤니케이션 수단 혹은 연결고리 역할을 하게 된다.

메뉴의 기능이란 즉 결정된 업장품격과 메시지를 강조하여 고객의 구매의도를 자극하고 판매에 대한 저항을 없애며 브랜드에 대한 충성도 획득을 할 수 있도록 고객과의 약속을 이행하는 것에 관련되어 있다.

3) 메뉴관리의 속성과 의의

오늘날 외식사업은 창업이 비교적 용이한 최대의 사업영역 중 하나이지만 실패율 또한 증권보다 높은 기록을 가지고 있다. 이런 현실에서 성과보장에는 경쟁역량 확보가 절대적으로 중요하다. 그만큼 투자와 경영활동에 선행된 사업타당성 여부는 현대 외식사업 투자 의사결정에 과제가 아닐 수 없다.

여기서 메뉴는 강력한 매력성과 효과성을 지닌 전략수행의 도구가 되지 않으면 안 된다.

능률적인 메뉴작성과 운용관련 및 실무적 경험을 축적하고 활용하기 위한 연구는 지속적으로 추진돼야 할 필요성이 제기된다.

그러므로 성공적인 식당관리는 경쟁환경에 대한 철저한 분석과 평가 결과 수립된 메뉴계획을 요한다. 그만큼 매력성과 효과성을 요하는 메뉴계획의 수립에는 외식업의 경쟁환경분석을 요한다. 능률적인 메뉴는 고객만족과 사업성과를 위한 제 이해관계자 지향의 개념인데 이를 위해서는 메뉴품목, 가격수준, 생산 및 서비스의 기술, 상품품질과 시설,

식음료상품공급 가능성, 식당의 물리적 환경, 메뉴 다양성 등에 대한 투입요소의 결정이 전제된다. 치열한 경쟁과 장기적인 경기불황으로 도전에 직면한 사업이 통제불능의 외부환경에서 제기되는 경영상의 문제들을 통제가능한 내부적 자원으로 극복하고 적응하기 위한 차별성 추구차원에서의 전략적 메뉴관리가 점점 더 긴요해지고 있다.

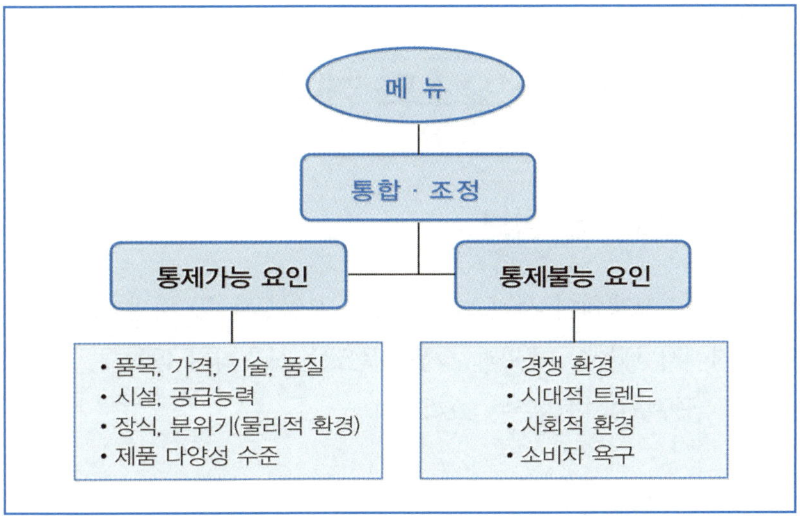

[그림 13.2] 메뉴의 투입요소와 전략적 관리

이상에서 살펴본 바처럼 메뉴가 식당서비스의 모든 것을 포함하는 것이기 때문에 외식사업의 성공을 위해서는 메뉴작성에 포함될 투입요소들을 소비자의 레스토랑 및 메뉴 선택 속성에 대한 연구를 통해 결정하고 표시해야 한다.

메뉴의 내용에 통합되고 조정될 투입요소들로는 메뉴품목, 가격 수준, 생산 및 서비스의 기술, 상품품질과 시설, 식음료상품공급 가능성, 분위기와 장식 등 식당의 물리적 환경과 메뉴의 다양성 등 요소들이 있는데 이들에 대한 메뉴계획은 사업체의 사업성과와 고객의 욕구만족 혹은 목표에 기여할 수 있도록 작성되고 관리되지 않으면 안 된다. 이런 약속에 대한 노력의 성과는 메뉴의 윤리적 해이를 방지할 수 있는 관리 역량이 될 것이다.

외식사업은 치열한 글로벌 경쟁과 장기화되는 경기불황의 경영환경과 다기하게 변모되는 시대사회적 환경과 이로 인해 변화하는 시장욕구 등 통제 불가능한 외부환경이 제기하는 수많은 도전들에 직면해 있다. 외식사업이 이런 경쟁환경에 적응하면서 어려움을 극복하려면 내부자산과 경쟁역량을 동원한 메뉴의 전략적 관리가 긴요하다.

메뉴관리란 즉 외식사업의 경쟁우위 확보를 위한 일련의 차별성을 추구하기 위한 활동을 말한다.

제2절 메뉴의 구성요소와 계획수립

1. 메뉴계획의 요소 제 정보

마케팅 계획이 외식고객에의 서비스와 업자의 경영성과 등 양방 모두 윈윈하는 결과 도출 노력이란 점에서 메뉴의 계획과 상품화목표는 상충되지 않는다.

다음은 이러한 관계를 나타내주는 그림이다.

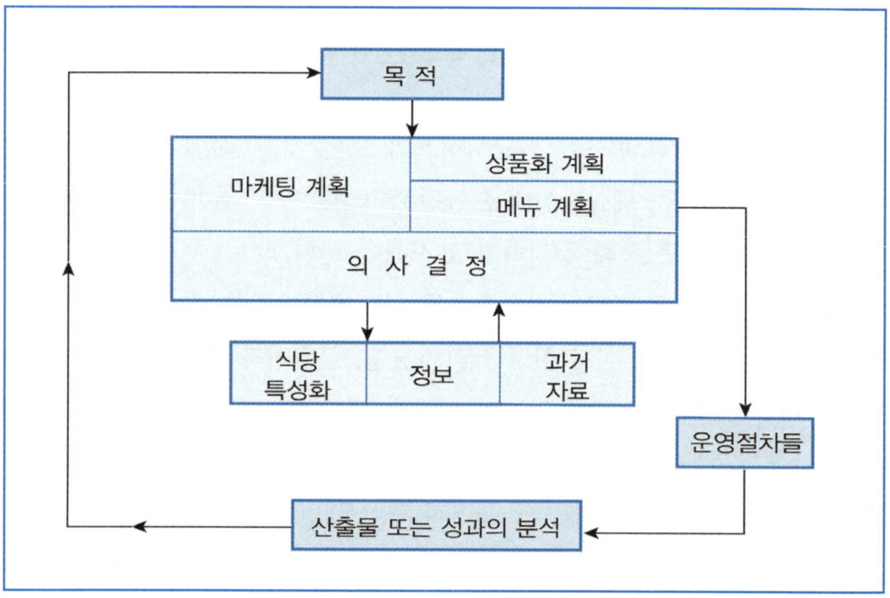

[그림 13.3] 메뉴 마케팅 계획

(1) **차별성 있는 식당 콘셉트**

(2) **리스크 관리의 소요정보**: 소비자 정보, 입지여건 분석정보, 원가 및 투자관련 정보, 글로벌 노동시장 정보

(3) **역사적 실적자료 및 경험**: 경쟁요인 분석, 교육훈련의 필요성 인식

(4) **시장수요와 고객심리**: 식당 특성화에 관련된 정책과 레저화된 대중의 외식행태 등

(5) **기타**: 구매에 영향을 미치는 사회 · 경제 · 심리 · 환경적인 제 요인

2. 전략적 메뉴계획의 수립

(1) 메뉴의 일반적 특성과 메뉴품목에 대한 결정과 운영계획

(2) 소요 원재료의 공급가능성과 트렌드를 고려한 식재료 공급계획

(3) 메뉴의 상품성 분석과 서비스유형을 고려한 구상디자인 메뉴의 계획

(4) 메뉴품목의 다양성과 다양성의 제한 여지에 대한 대응책의 마련

(5) 설비 및 기술요건에 대한 검토와 계획 및 소요자본 조달계획

(6) 시장조사를 통한 가격 민감성의 파악에 의한 가격수준의 결정

(7) 원가믹스와 판매믹스의 계획과 이윤산정에 의한 수익성 계획

(8) 사업 이미지에 부합되는 메뉴콘셉트와 업장 서비스스케이프의 기획

3. 메뉴 다양성의 내용과 계획(이정자, 1988)

1) 메뉴 다양성의 이해

메뉴의 다양성이란 식음료의 요리특성과 관리측면에 대한 개념으로 어느 정도의 다양성 수준이 적정할지 그리고 세일즈 어필(sales apeal) 및 메뉴믹스 대안으로 수익성 확보가 될 것인지에 대한 검토와 의사결정을 요한다(Kazarian, E. A., 1975). 메뉴계획 수립자들은 미각이나 시각적인 감성만족을 통한 고객의 즐거움과 구매촉진을 위한 관점에서 전채(appetizer)~후식(desserts)에 이르는 풀코스를 어떤 모양과 색상의 식음료품목으로 구성해야 가장 효과적인 메뉴가 될지를 고려하여 메뉴를 계획한다.

특히 플레이팅(plating: 접시에 담는)에서 모양, 색, 향기, 맛, 영양의 구성과 모양이 조

화될 수 있도록 본요리와 곁들일 요리(side dish)를 결정해야 한다. 돼지고기나 거위(goose) 등 기름진 음식에 절인 양배추(sauerkraut)를, 로즈메리 허브로 요리한 양고기(lamb)엔 양파, 그린빈(green beans)과 튀김감자, 햄에 곁들일 아스파라거스, 여러 가지 돼지고기요리(boiled, pan-fried or roast pork)에 곁들일 사우어크라우트(sauerkraut) 등의 조화도 생각해야 한다.

이때 다양성 수준결정에는 ① 생산과 조리의 소요 노동력과 시간, ② 생산설비 요건과 예상 이용률, ③ 단위 크기(portion size), ④ 식음료 색상과 질감 등 평가요소들을 고려하고 그 수량과 가격에 대한 검토를 요한다.

다른 측면에서 다양성이란 외식사업체 제공의 서비스가 지향하는 세분시장을 고려하여 가령 식사가 적정한 오락요소나 기분전환 요소들이 서로 조화될 때 서비스가 다양성을 갖는다고 하는 점에서(Schroeder, J. J., 1985) 서비스내용 자체에 대한 평가체계와 같은 의미로 여겨지기도 한다.

요리품목과 재료의 계절감이 소비자 입맛을 자극해 감성을 만족시키는 한편 판매 촉진으로 사업성과를 달성할 수도 있고, 성수기에 저렴한 재료 구매로 식음료의 품질제고와 원가효율에 의한 수익성까지 기대할 수도 있을 것이다.

2) 요리의 다양성

메뉴에서 요리 다양성(menu variety)의 개발이란 잠재고객에게 부여할 적정 선택폭의 결정과 품목들에 대한 것이다. 요리 종류나 식료그룹의 선택폭, 요리방법과 모양, 적정한 요리별 온도 차이, 시의성(occasions)과 계절감각 등에 대한 부합성 등 다양한 특성들의 선택 수준에 대한 것이다. 가속화되는 다양성 추구의 환경은 국제 간 내왕으로 인한 민속음식과 전통요리방식들에 대한 경험과 소통기회에 친숙한 외식소비자들을 양산하고 있다. 외식 소비자들은 신속성과 다양성, 경제성과 즐거운 체험을 동시적으로 추구하고 있다.

잠재품목의 분석과 선정에 포함되는 기본적인 다양화로는 직화구이(broiling), 찌기, 삶기, 팬에 지지기, 기름에 튀기기, 오븐에 굽기 및 치즈와 소금으로 굽기(sauteing) 등 생산방식에 대한 것이나 특이한 향신료 양념 맛이 나는 것, 맵거나 달콤한 것, 새콤하거나 매콤한 맛 등 요리의 향미에 대한 다양성도 있다. 잘게 조각낸 것(shredded), 동그랗고 네모난 것, 어슷썰기, 얇게 저민 것(s1iced), 곱게 간 것(ground), 직사각형(match)크기, 장방형(cubed)이나 링 혹은 가늘거나 굵고 길거나 짧은 것 등 다양한 모양의 조화와 거품낸 것(whipped), 부드럽고 딱딱하며 바삭한 느낌을 주는 다양한 조리방법의 이용 및 색상의 조화 등도 중요한 다양성의 내용들이다.

3) 다양화의 관리적 측면

저렴한 재료원가와 풍부한 노동력으로 풍요를 구가하던 시절에는 흡족한 메뉴란 번거로울 정도로 많은 음식의 준비와 제한 없는 선택폭의 허용이 원가관리상 별다른 문제로 생각되지 않던 시기도 있었다. 그러나 산업의 고도화나 발전이 초래한 급속한 라이프스타일의 변화들은 이런 상태를 더 이상 허용하지 않는 환경변화를 야기하였다. 식음료관리의 두 가지 목적인 원가와 품질목적의 달성은 마치 두 마리 토끼를 쫓기보다 어려운 과제가 되었다. 시장을 의식한 적정가격의 결정에 있어서도 기본적으로 메뉴품목의 종류와 수의 제한이 불가피해지는 상황이다.

더구나 매뉴개발에 있어서 소비자 개성과 환경을 고려한 시장세분화의 심화 필요성은 소수의 고객수요까지 고려한 메뉴다양성 요구로 인해 발생가능한 품목별 매출 부진은 재료나 요리의 신선도 저하 등 식음료 품질관리 문제조차 초래할 수 있어 이런 현상이 더욱 심화되는 추세이다.

다양한 고객욕구 중심의 시장 의존적인 식음료의 사업환경에서 요구되는 다양화에 수반될 다기한 수준과 내용의 상품준비와 서비스에 소요되는 노동력의 수급문제는 주요 원가고 요인으로 작용된다.

4. 메뉴의 균형성 계획과 추구 요인

1) 메뉴균형성 계획의 의미

외식사업의 메뉴 및 서비스 관리목표는 영업규모, 서비스 형태에 부합되는 적정 식재료를 적정한 원가에 이용하여 사업체의 고유한 이미지와 차별성을 창출하는 데 있다.

고객 관심유발을 위해서 메뉴는 트렌디한 내용으로 구성되기도 해야 하지만 메뉴의 결정 과정에서 주요리(entree)를 중심으로 해서 이에 맞는 식사 코스별 메뉴들이 맛, 미감, 온랭, 질감, 영양, 모양과 타입, 향, 재료 특성, 가격 등을 고려한 생산과 적정가격 결정에 대한 균형점을 추구하게 된다.

좋은 식사(good dining)는 단순한 음식 섭취에서 나아가 기대가치를 통하여 행복한 외식 체험을 하고 고객들이 만족할 수 있는 식사이다. 외식사업체의 경영성과에 중요한 고객 충성심도 이처럼 만족한 고객들로부터 기대될 수 있을 것이다.

메뉴가 제공하는 2대 주요 정보는 메뉴명 기술(verbal description)과 가격(numerical price)이며 이들은 관행적으로 좌측부터 우측 방향으로 기록된다. 가령 등심스테이크(tenderloin steak)가 30,000원이란 식으로 글자순별 배치가 되는데 이는 고객의 인지학습(cognitive learning)에 효과적이기 때문이다.

2) 메뉴의 균형성 유지 대상들

(1) 메뉴균형 유지의 첫째 대상은 영양의 균형에 있다

식사의 본질적 기능은 생물학적인 건강, 미용, 생명유지 목적에 기여할 균형적인 영양소 구성을 요한다. 현대의 사회적 트렌드는 미용목적의 다이어트를 위한 저칼로리 메뉴도 특히 요구된다.

(2) 메뉴품목 선정에는 색상의 조화와 균형성도 중요하다

음료품목들이 단조롭거나 신선감이 결여된 색상으로 일관되면 보기도 덜 좋지만 식욕도 감퇴될 수 있다. 그러므로 신선함, 따뜻함, 냉함, 부드러움, 바삭함 등 다양한 느낌을 주고 색상과 맛의 조화는 감성을 동원한 조화로 식욕을 자극하고 매출증진에 기여할 수 있다.

(3) 전체 코스에서 맛과 향이 균형된 식음료 메뉴가 좋다

전체 식사코스의 식음료 맛과 향이 균형된 메뉴는 식욕촉진과 영업성과에 유익하다. 수주서비스에서 긍정적인 반응을 이끌 다양한 메뉴조합을 돕는다면 고객의 흥미와 기대감 유발로 즐거운 식사체험을 이끌어 이용과 매출증진에 기여할 것이다.

(4) 다양한 모양과 질감으로 흥미유발이 가능한 메뉴가 좋다

모양과 질감이 중복되지 않는 조리/요리 방식의 교차이용으로 다양한 음식이 고객 흥미를 자극해 새로운 느낌을 갖는 즐겁고 만족스러운 식사체험이 가능할 때 이용한 외식사업체에 대한 호의적 태도 유발에 기여할 것이므로 좋은 메뉴가 편성될 수 있다.

(5) 원가믹스와 메뉴믹스의 다양성을 고려한 메뉴편성도 바람직하다

메뉴품목별, 요리그룹별로 획일적인 수익성과 마진(margin)의 계획은 현실적으로 바람직한 것이 못 된다. 품목 선정에서 메뉴믹스를 통해 각 메뉴그룹(group) 간 원가나 수익성 차이가 보완되도록 조정될 때 균형적인 메뉴편성과 식당의 수익성 목표달성에도 기여하게 된다.

5. 편의식품 사용과 업소의 품격

성공적인 외식경영의 요건 중 하나로 중시되는 다양성(Seaberg, A. G., 1973)은 메뉴품목별 수익성과 대중적 인기에 대해 효과적일 수 있다. 그러나 다양성 추구에 수반되는 설비, 노동력, 추가적인 투자 등의 제한성으로 인해 흔히 편의식품(convenient food) 이용이 선호 · 권장되는 추세가 업계 일반에 공감대를 얻고 있기도 있다.

그러나 이런 실무는 용이한 다양성 확보의 효과성에 비해 레스토랑(restaurant)의 고유성과 품격을 제한할 소지가 있어 이용 수준을 어느 정도로 결정할지에 대한 적용 범위와 내용 결정은 딜레마가 아닐 수 없다. 외식사업의 이미지, 성격, 규모, 품격(Dyer, D. A., 1971)과 그 업체의 표적시장인 특정 세분시장 고객의 사회경제적 배경, 개인적 성향 등은 신중한 검토를 요하는 사안들이다.

대중성과 수익성이란 메뉴의 이중적 속성(Lumberg, D., 1971, 183)에도 불구하고 메뉴의 경제적, 비경제적인 효과를 고려할 때 반드시 이런 품목들만으로 메뉴를 구성하지 못함은 수익성과 인기가 낮은 품목이라도 다른 측면에서 기여하는 바가 있기 때문이다.

그러므로 메뉴계획의 수립에 있어서 그 특성이나 강점을 수익성과 인기 추구에만 두지 않고 식당의 품격, 고객 배려 등 유형 · 무형 또는 재무적 및 비재무적 여타 요소들에 의한 공헌 가능성까지를 예상하고 평가하는 과정을 거쳐 메뉴의 성격이나 품목들을 결정하는 것이 중요하다.

대부분 알고 있는 보편적인 메뉴의 구성내용들에 대해서 경쟁업체와는 어떻게 차별화된 서비스로 고객에게 커뮤니케이션할 것인가? 여기서 활용가능한 다음 요소들을 살펴보게 된다. 즉 메뉴판이라는 유형적 매체, 식음료 제품에 대한 인지, 종업원의 태도에 의존된 커뮤니케이션에 유의하면서 메뉴결정에 임하게 된다.

각종 메뉴품목의 결정과 유지에 있어서는 각종 성질의 품목들을 어떤 비중으로 구성하는 것이 가장 효과적일 것인지에 대한 고려를 하게 된다. 이러한 결정은 단기적인 외식수요 추세에 유연하게 대응하면서 동시에 장기적인 수익성 증진에도 기여할 수 있는 주요 의사결정 사안이다.

이런 과정에서 외식사업체의 특성을 고려하는 것은 당연하다. 식당이 격식을 중시하는 고전적인 사업체(classical restaurant)인지 혹은 현대적인 캐주얼 사업체(contemporary, casual restaurant)인지에 따라서 업소에 부합되는 품위유지 차원이 다를 수 있다. 그러므로 품위나 이미지 특성을 위해서 어떤 메뉴(a few prestige item)를 몇 개 유지하는 것이 전략적일 것인지에 대해서도 고려해 봐야 한다.

실제로 업계 전반에서 이러한 정책적 및 전략적 비전을 가지고 이상 여러 가지 요인들에 대한 검토가 이루어져 오는 것은 오랜 사업적 관행 혹은 경향이기도 하다. 그러나 현재 직면하고 있는 다양한 욕구의 고객들을 감안할 때 이들에 맞추어진 고려, 평가, 결정은 매우 중요한 의미를 갖고 있다.

제14장

메뉴엔지니어링과 가격결정

제1절 메뉴엔지니어링의 개념과 기대효과

1. 메뉴엔지니어링의 뜻

메뉴엔지니어링(menu engineering)에 대한 사전적 의미는 이론, 기술, 생산 등을 체계적으로 연구하는 것을 말한다. 외식산업의 급변환경에서 치열해지는 경쟁은 경영자들로 하여금 그에 상응한 계획의 수정이나 새로운 전략개발을 불가피하게 한다. 그러나 그들이 수립 · 시행하려 하는 계획이나 변화가 과연 바람직한 성과를 초래할 수 있을 것인지에 대해서 확신을 갖기도 쉽지가 않다. 그러므로 경영자들은 대안에 대한 분석 · 평가를 거쳐 의사결정을 하려고 한다.

메뉴엔지니어링(menu engineering)이란 경영자가 현재 또는 미래의 메뉴에 대한 매출 및 수익성 분석과 평가를 하려고 할 경우 활용할 수 있는 단계적인 평가체계이다. 그런 의미에서 메뉴엔지니어링은 메뉴관련 이론, 생산 및 서비스기술 등 일련의 의사결정 기법이지만 협의적 개념으로는 이것이 새로운 메뉴가격결정의 접근방법이라고 보아도 무리는 없겠다. 왜냐하면 이런 과정을 거쳐 경영자는 메뉴의 구성, 내용 및 디자인, 메뉴가격을 평가하고 그 결과에 따라 외식사업관리에 필요한 제반 의사결정을 하게 되기 때문이다.

요컨대 전략적 관점에서 메뉴엔지니어링(menu engineering)은 외식기업이 보유하고 있는 핵심자원으로서 메뉴의 구성내용이 경영성과에 대한 역량, 고객 선호도로 나타나는 시장 반응과 수익성의 관점에서 평가하고 식별하려는 데 목적을 둔 관리활동이다.

또한 이러한 목적 면에서 메뉴엔지니어링(menu engineering)은 사업의 핵심자원인 메뉴 및 이와 관련된 사업역량들의 지속가능한 개발과 보호를 위해서 메뉴와 그 품목의 구성내용, 가격, 마진, 원가율, 매출수량과 수익 등 경영정보를 기획에 여하히 활용하고 경영활동에 구사함으로써 산업 내 경쟁우위를 달성할 것인지에 대한 전략적 운용체계이다. Clulow et al.(2003)은 수정된 자원준거 경쟁우위 모형을 통하여 경영의 전략적 역할을 유형·무형 자산과 역량 등 핵심자원 식별, 그 개발과 보호 및 배치에 있는 것이라 정의하고 있다.

이런 점에서 메뉴엔지니어링(menu engineering)은 계획, 집행, 통제 등 기능까지를 포함한 조직적인 관리활동 전략이라고 볼 수 있다.

2. 메뉴엔지니어링의 발전

1) 메뉴분석기법의 발전과 메뉴엔지니어링

빈번한 경기 후퇴 경험과 외식 소비자들의 변화하는 라이프스타일과 선호 경향, 그리고 치열한 산업의 경쟁환경에서 외식 경영자들은 항상 많은 도전과 그 해결을 향한 질문들에 직면하게 된다.

어떤 메뉴구성, 가격, 원가, 변화들이 고객만족과 애고 및 수익성을 창출할 수 있을 것인가와 관련된 의문들일 것이다. 메뉴분석은 이러한 외식업의 효과적인 경제적 및 비경제적인 성과 기대를 주제로 한 경영관리적 노력이며 주로 가격결정을 중심축으로 해왔다. 메뉴품목의 결정과 식재료의 선정 및 첨가나 삭제, 원가, 고객선호, 판매량 등과 관련된 결정, 메뉴를 구성할 식음료 그룹의 결정과 배치 등 마케팅과 관리적 발상에서 발전을 거듭해 온 것이다(이정자, 1981).

1980년 식재료의 원가율과 판매량을 중심으로 한 초기의 메뉴분석기법으로 Miller(1980)

의 메뉴분석이 발표된 이후 Kasavana & Smith(1982)의 분석기법이 메뉴엔지니어링기법으로 소개되었다. 이어서 Uman(1983)과 Pavesic(1983 & 1985)의 메뉴분석기법들, Hayes & Huffman(1985), 1988년에는 Merricks & Jones(1988), Bayou & Bernett(1992)의 연구 발표로 국내외적으로 다양한 분석기법들이 개발됨으로써 메뉴분석에 대한 개념 정립과 활용에 기여하게 되었다.

이러한 일련의 연구들은 외식사업에 대한 과학적인 접근과 연구풍토 조성을 통하여 경영성과 개선과 함께 외식사업의 산업화에 공헌한 바가 컸다.

우리나라에서도 1981년 최초로 외식산업경영관리 전문서 『식음료 원가관리』(이정자, 1981)가 출판된 이래 『메뉴 엔지니어링』(이정자, 1988)과 외식산업경영 관련 저서 및 논문들이 처음으로 속속 발표되기 시작했다. 초기 외식사업의 수익성, 가격 및 메뉴분석 연구들을 필두로 해서 이루 거명할 수 없을 만큼 많은 학자들에 의해 수많은 연구결과들이 발표되고 있을 정도로 발전을 이룬 것은 놀라운 일이다(이정자, 『메뉴가격결정(1983) 연구』, 1988; 이정실, 2005; 이혜숙 · 이경연 · 오석윤, 2006; 이성호, 2015; 구원일, 2015; 이준혁 · 박헌진, 2012; 양일선, 1996; 진양호, 1997; 나정기 · 이은정 · 이영숙, 2006; 김희준 · 정용해, 2005). 눈부신 연구성과들은 급성장하는 우리나라 외식산업계의 수요와 질적 발전에 부응하면서 다대한 경영성과를 도출하면서 사회적 수요에 기여하고 있는 실정이다.

2) 메뉴엔지니어링의 경영관리적 의미

메뉴엔지니어링(menu engineering)은 광범위한 메뉴 관리상의 문제들을 해결하는 데 효과적인 방안으로 흔히 가격결정 대안 중 하나 또는 전문화된 분석모형으로 이해되고 있다. 진양호(1997)는 이것을 식음료경영에서 현재와 미래의 메뉴가격, 디자인, 메뉴 구성내용 결정 등 일련의 문제해결 과정이라고 정의하는 데 비해 이것이 다양한 경영의사결정에 도움을 주는 도구로도 설명되고 있다(양일선, 1996).

메뉴엔지니어링(menu engineering)은 메뉴가격과 이에 대한 영향요인들을 통하여 확실히 수익성 있는 가격결정에 기여하고 있지만 광의적 시각에서는 이것이 외식경영자들이 당면한 경영관리상의 문제들에 대한 해결 및 대안 개발에 기여하고 있다는 점에서 더 광범위한 외식사업의 관리영역에 적용되고 침투될 수 있는 성질의 관리모형이다(이정자,

1995). 경영자들의 의사결정과 관련하여 흔히 제기되는 문제 중에는 다음과 같은 것들이 있다.

① 수익성 있는 메뉴품목별 가격제시에는 어떤 방법이 있을까?
② 특정 메뉴의 잠재 식료원가는 어느 정도나 될까?
③ 사업수익성 극대화에 적합한 가격과 판매믹스는 어느 정도 수준인가?
④ 가격갱신을 요하는 품목들로는 어떤 것들이 있는가?
⑤ 지속적으로 유지하거나 교체 대상이 되는 메뉴품목으로는 어떤 것이 있는가?
⑥ 메뉴 중 새로운 포지셔닝을 요하는 품목이 있는지 혹은 어떤 방식으로 해야 하는가?
⑦ 수익성을 위한 메뉴변화(혁신)의 경우 성과에 대한 평가방법에는 무엇이 있을까?

제2절 메뉴엔지니어링 분석의 제 개념

1. 메뉴엔지니어링의 기초 정보(이정자, 1995)

메뉴분석에 대한 엔지니어링 접근방식은 다음의 3가지 결정요소들을 전제로 하는 공헌접근방식(contribution method)에 의한다. 메뉴엔지니어링 전 과정을 통하여 가격결정 여하에 따라 직접적으로 영향을 받는 고객수요, 메뉴믹스 및 공헌이익 등 3대 요소들을 통하여 의사결정을 하게 되는 것이다. 가격변동에 의해서 이들 3요소들이 어떤 효과나 반응이 초래되는지에 초점을 두고 추이를 살펴보면서 메뉴에 관련된 제반 의사결정을 하게 된다.

1) 고객수요(customer demand)

고객수요는 식음료 구매고객 총수를 말한다.

2) 메뉴믹스(menu mix: MM)

각각의 메뉴품목별 판매수량으로 이것은 식음료 선택에 대한 고객 선호도를 나타내주는 정보인데 메뉴분석에 있어서 이 수치를 수요의 탄력성 개념과 관련시켜 분석해야 한다. 이것은 외식소비자들의 메뉴품목별 구매행태를 보는 것으로 메뉴믹스 또는 판매믹스라고 한다.

① **메뉴믹스 비율**(menu mix ratio)

메뉴믹스에서 각 메뉴의 선호도 분석결과를 말하는데 각 식음료 품목이 점유하는 상대적인 인기도, 즉 판매된 음식수량을 전체 메뉴 판매량에 대한 상대적인 점유비율로 표시되는데 이는 메뉴믹스의 가중치이다.

$$\text{MM비율(menu mix percentage)} = \frac{\text{특정 식음료품목에 대한 매출수량}}{\text{전체 메뉴품목에 대한 총매출수량}}$$

3) 공헌이익(contribution margin)

(1) 공헌이익의 뜻

공헌이익(CM)이란 매출액에서 변동비를 차감한 잔액인데 기업 전체의 이익계획 혹은 예산수립에 유익한 정보로 활용되고 있다. 메뉴엔지니어링은 공헌이익을 가격 탄력성과 관련시키면서(관점) 각 메뉴품목별 공헌이익을 단위 공헌마진(unit contribution margin: 단위당 원가 및 이윤기준으로 본)보다는 총이익(gross profit)의 관점에서 총액개념으로 분석한다.

그 까닭은 실제 공헌된 전체의 이익규모를 가지고 수익성을 판단하는 것이 성과 파악과 의사결정에 용이하고 도움이 되기 때문이다. 경영자들이 수익성 분석에 원가적 접근방식(의 가격결정)을 적용하는 경우 단위당 원가나 원가율의 고려에 치중한 나머지 공헌개념의 총액보다는 비율에만 급급하기 쉬워진다. 특정 메뉴품목이 실제 경영성과 목표에 대해 어느 정도 공헌하는지는 이익금액(규모)으로 파악하는 것이 더 확실하다는 시각이다.

(2) 도표를 통한 공헌이익의 심층 이해

[표 14.1] **공헌이익도**

(단위당 혹은 총액개념 모두 가능/ 단위: 원)

<table>
<tr><td rowspan="3">총매출
(total sales)</td><td rowspan="2">총
원
가</td><td rowspan="2">손익분기점
(매출액/량)</td><td rowspan="2">총
원
가</td><td>변동원가
(variable costs)</td><td>변동
원가</td><td>변동원가</td><td rowspan="2">총
원
가</td></tr>
<tr><td rowspan="2">공헌이익
(contribution margin)</td><td>고정
원가</td><td>고정원가
(fixed costs)</td></tr>
<tr><td>순
익</td><td>순이익
(net profit)</td><td>순
익</td><td>순익</td><td>순이익
(net profit)</td><td>순
익</td></tr>
</table>

2. 메뉴엔지니어링의 관련 개념

1) 공헌이익률(contribution margin ration)

공헌이익은 흔히 총액, 단위액 및 비율로 표시되는데 공헌이익률은 흔히 CM비율 혹은 CM비율이라고도 하며 매출액 대비 공헌이익으로 산출된다.

$$\text{CMR(공헌이익률)} = \frac{\text{공헌이익}}{\text{매출액}}$$

아래의 두 산식들에서도 사용되었듯이 이 CM비율은 이익계획 수립이나 관리 및 분석에 매우 유용한 개념으로 기업이 영업목표로 하는 매출수량과 매출수익을 계획할 때에도 자주 활용되는 정보이다.

① 목표 매출수량을 구하는 산식: 경영에서 판매를 목표로 하는 총수량

$$\text{목표 매출수량} = \frac{\text{고정비+목표이익}}{\text{단위 공헌이익}} = \frac{F+G}{UCM}$$

② 목표 매출수익을 구하는 산식: 경영에서 목표로 하는 총매출수익

$$\text{목표 매출수익} = \frac{\text{고정원가+목표이익}}{\text{단위 공헌이익}} = \frac{F+G}{UCM}$$

2) 메뉴력지수(menu power index)

메뉴력지수(MPI: menu power index)란 다양한 요인들에 의해 메뉴내용의 변화가 요구될 때 이것이 성과에 긍정적 요인으로 작용될 것인지의 여부를 효과 면에서 확인하고자 할 때 그 유무나 정도 평가에 유용한 측정 및 분석도구이다. MPI(menu power index)는 업장에서 운용하는 전체 메뉴품목별 총매출수익합계액(총수익)에서 전체 메뉴품목별 변동비 원가총계액(총변동비)을 차감해서 산출되는 총공헌이익이다.

MPI(menu power index)는 메뉴믹스의 결과로 얻는 메뉴품목별 총매출수량과 품목별 평균공헌이익(ACM)을 곱하여 산출되므로 결국 메뉴품목별 공헌이익을 총계한 총공헌이익금액을 나타낸다. MPI(menu power index)는 이처럼 주로 실제 공헌이익금액을 가지고 얻는 정보이므로 메뉴의 성공수준 평가와 판단에 효과적이고 또 간단명료한 결과 제시가 가능하다는 장점을 가지고 있다.

3) 평균공헌이익(average contribution margin)

ACM이란 평균공헌이익을 말한다.

ACM(average contribution margin)은 외식업체의 전체 메뉴에 대한 CM(contribution margin) 총액을 전체 메뉴의 총매출수량으로 나누어 산출된다. 공헌이익의 공헌개념은 매출수익이 공통비와 이익에 대해 어느 정도 기여할 수 있는가 하는 수준에 대한 개념으로 APM이란 한 단위의 매출이 고정원가와 이윤에 어느 정도의 금액으로 기여할 것인지를 평가하고 예측하는 데 이용되는 계산정보 혹은 회계정보이다.

APM(average contribution margin)은 특히 MPI(menu power index)와 같이 활용될 때 경영분석에 유용한 정보를 얻을 수 있기 때문에 활용성이 더욱 제고될 수 있다.

$$\text{ACM} = \frac{\text{전체메뉴의 CM총계}}{\text{전체메뉴의 총매출수량}}$$

제3절 전통적 메뉴분석과 메뉴엔지니어링기법 비교

1. 전통적인 분석기법의 약점

전통적으로 식음료사업의 가격결정은 원가승수에 의한 산식에 의존되어 온 만큼 원가율을 유용한 관리통제의 도구로 활용해 왔다. 그러나 막상 이것이 사업성과에 대해서 어느 정도의 긍·부정적인 효과를 초래할 것인지에 대해서는 효과성(결과)을 직접 모니터할 수 없다는 점에서 비교적 용이한 수익성 파악을 방해하고 신속한 의사결정을 어렵게 한다는 한계가 지적되어 왔다.

2. 메뉴엔지니어링의 관심 시각

이런 배경에서 개발된 메뉴엔지니어링기법에서는 원가율의 사용을 원가능률 평가에 대한 정보로 제한하면서 가격결정의 기초정보로는 활용하지 않는다는 점에서 원가율법과는 차별적이다. 메뉴엔지니어링에서는 '식료품의 적정원가율' 발견에 관심을 두지 않고 그보다는 '특정 메뉴믹스'로부터 적정 이윤이 가득될 수 있겠는가?'라는 수익성(규모) 실현에 대해 더 관심을 둔다.

3. 원가율과 이익성의 관련성에 대한 회의(비판)

외식사업 고객의 메뉴선택과 영업활동에 있어서 제 요인들과 더불어 이윤은 원가와 관련되어 있다. 그렇더라도 비교적 높은 원가율(수치)과 실제 이윤규모(공헌액: margin)가 반드시 반비례적 관계라고 보기는 어렵다. 낮은 원가율에 기초해서 원가부가적 방식(cost-plus method)으로 결정된 가격일지라도 반드시 식음료 제품과 서비스가 비교적 저렴하다는 이유만으로 고객의 최종 선택을 좌우(선택이나 외면)하는 것만은 아니기 때문이다. 이에 대해 메뉴엔지니어링에서는 실수요(총고객 수)에 근거해 가치에 대한 고객인지도를 중시하면서 이를 주요 정보로 활용하려고 한다. 오늘날 급변의 경쟁환경에서 메뉴엔지니어링은 공헌 접근법에 의한 가격접근이나 메뉴분석을 시도한다. 특히 확실한 매출에 근거해서 실현될 총수익을 중시한 분석을 통하여 현실적인 관리에 중심을 둔 분석체계이며 관리기법이란 점에서 긍정적 평가를 받아오고 있다.

모든 외식사업체나 기업의 메뉴계획에는 달성목표로 하는 잠재 식료원가율의 계획이 전제되고 있다. 물론 각기 다른 영업조직별로 원가율의 수준이 다양할 수 있기 때문에 이에 대한 직접적인 비교평가가 쉽진 않고 여러 개의 사업체를 가지고 있거나 업장들이 있는 동일 기업 내에서 업장별로 비교되기도 한다.

동일한 메뉴로 운영되는 사업체일지라도 표적시장과 대상 고객이 다른 경우에는 각각 예상되거나 계획하는 식료원가의 목표는 상당한 차이를 보일 수도 있다. 원가승수를 이용한 전통적인 가격결정에 있어서는 메뉴의 매가가 단지 원가에 기초했을 뿐 적정 투자수익 혹은 기대성과에 실질적으로 그 메뉴가 기여할 가능성(예상 공헌마진 등)에 대한 고려가 되지 않고 이와 관련된 성과추적 등에 대해서도 별 평가가 되지 않고 있다.

4. 원가율에 기초한 분석의 성과와 도덕적 해이 가능성

전통적인 가격결정기법에서 노정될 수 있는 원가나 가격의 차이에 대한 편견, 집착이 메뉴의 총체적 수익성 능률측정을 외면하기 쉽다는 것이 성과창출엔 약점이 되기 쉽다. 수익성 분석도 여전히 원래 가격결정에 이용된 원가율을 이용할 것이므로 다양한 측면에서의 가격분석도 새로운 결과를 기대하기 어려울지 모른다.

때로는 공헌이익의 성과보다 원가율 기반에 충실한 가격결정 실무가 담당자들의 도덕적 해이(moral hazard)를 초래하는 실무로 이어질 수 있다. 비교적 낮은 원가율의 달성을 위해서는 상대적으로 가격결정이 고가격으로 유도될 수 있다. 그럼으로써 고가격으로 인한 가격경쟁력의 약화는 매출감소로 이어져 관리목표인 수익성 있는 메뉴믹스의 실질적인 성과를 기대할 수 없게 된다. 과대가격(over-inflating price)은 극적인 수요감소로 인해 수익성 악화를 초래하는 악순환을 거듭할 수 있다.

5. 수익성보다 원가율을 지향하는 전통적 메뉴분석기법

경영분석으로서 메뉴분석의 목적은 수익성 향상에 있다. 그러나 원가율에 기저한 가격결정에서 마크업승수(cost mark-up multipliers)는 실제 공헌이익이 아니라 원가율 자체적인 성과에 집착하는 폐단 초래의 위험이 있다.

더구나 특정 경제여건에서는 이런 메뉴분석기법에 의한 가격결정이 고객수요나 고객의 가치인지 수준과 괴리됨으로써 부적정한 경영성과를 초래하기 쉽고 결과적으로 전체 사업체의 수익성을 저해할 수 있다는 결정적인 약점이 있다(이정자, 1995; 김우곤, 2000; Pavesic, 1985; 이정실, 2005).

이상과 같은 점에서 메뉴엔지니어링기법은 비교적 직접적인 수익성 파악이 용이할 뿐만 아니라 수익성과 개선을 위한 실질적인 평가의 성과가 기대되는 비교적 현실적인 평가체계로써 강점을 가진다고 하겠다.

제4절 메뉴엔지니어링에 의한 메뉴의 이해

1. 메뉴 수익성의 평가기준

이상에서 원가율 기반의 가격이나 메뉴분석의 취약점과 차별화된 메뉴엔지니어링 분석기법의 강점과 경영성과 개선에 대한 공헌도에 대해서 비교론적으로 검토해 보았다(이정자, 1992, pp.124, 127).

메뉴는 수익성과 대중적 선호도의 관점에서 (1) 대중적이며 수익성이 있는 메뉴, (2) 대중적이나 수익성이 낮은 메뉴, (3) 대중적이 아니나 수익성이 있는 메뉴, (4) 대중적이거나 수익성이 약한 메뉴 등 4개 영역으로 대별될 수 있다(제2장 p.67 참조).

메뉴의 시장성이란 대중적인 인기, 선호도 여하에 관계된 개념으로 매출수량으로 판정된다. 수익성은 원가능률과 공헌이익의 성과 등 두 요소를 척도로 해서 평가한다.

모든 메뉴에 대한 메뉴엔지니어링의 분석 결과는 각 품목에 대한 메뉴믹스(MM)와 공헌이익(CM) 영역의 대소로 대중적 선호도와 수익성이 결정되고 각각 개, 수수께끼, 발갈이 말, 별 등으로 압축 분류된다(이정자, 1992, 표 5.1, 표 5.2 참조).

2. 메뉴의 라이프사이클과 메뉴엔지니어링 매트릭스

1) 메뉴의 생명주기와 진부화 및 신제품을 위한 R&D

사회경제적인 변화에 따라 지속적으로 변화하는 소비자의 기대와 욕구 충족을 위해서는 메뉴의 진부화를 방지하고 항상 역동적인 환경에 적응하는 트렌디한 상태를 유지하는 것이 중요하다.

만일 메뉴가 진부화(구식화)되면 고객의 이탈이나 사업기회 상실에 의한 영업 부진의 원인으로 작용될 수 있다. 메뉴관리란 단지 메뉴의 모양이나 디자인을 바꾸는 것이 아니라 소비자의 라이프스타일이나 가치변화 등으로 인한 새로운 시장환경에 적응할 새로운 재료 및 제품개발, 요리기술 및 감성지향 이미지와 서비스스케이프 등에 대한 관리수행 및 새로운 형식의 제품과 서브스 제공 등을 말한다.

식당메뉴의 진부화 관리는 평소 어느 정도의 메뉴 다양성을 통하여 단일 또는 한정 메뉴만으로 운영되는 외식업소에서보다는 변화에 수반된 위험이나 충격을 완화하는 융통성 발휘의 여지는 있다.

라이프사이클(life cycle)로 보았을 때 제품의 진부화는 불가피한 현상인지도 모른다. 외식사업에서도 기존 품목의 유지나 신제품으로의 전환 결정은 이에 따른 연구개발비나 재투자를 요하는 문제이므로 정책적으로 결정될 사안일 수도 있다.

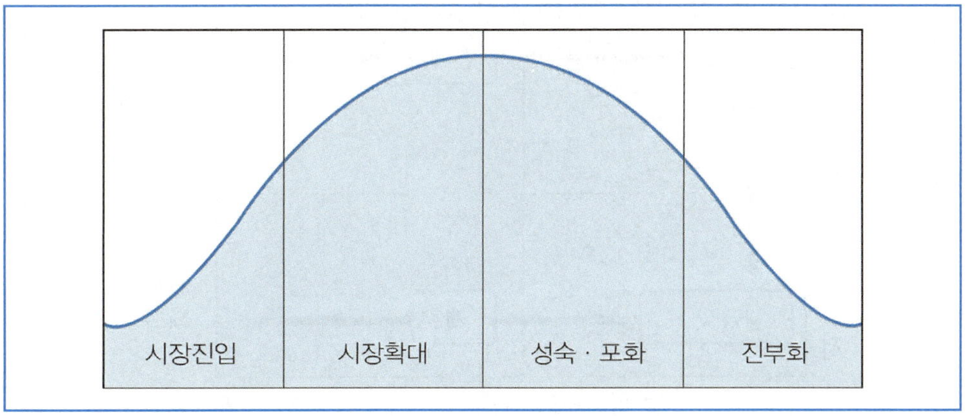

[그림 14.1] 메뉴의 라이프사이클

2) 메뉴엔지니어링에 의한 메뉴분석

외식사업에서 대부분의 식음료는 기성제품도 활용하지만 주로는 주문생산 의존적이다.

고품격의 외식상품은 실제로 자동화 설비에서 나오는 제품이 아니라 주문에 의해서 조리사가 준비하므로 노무비 부담도 크다. 대체로 식사시간마다 생산과 서비스에 쫓기는 생산직 및 서비스 종업원들의 최고의 작업량은 품질관리와 재료비, 노무비, 경비 등 원가관리와 노무비가 반비례관계를 나타낼 수 있어 관리상 쉽지 않은 측면이 되고 있다.

영세한 재무구조에서 매출부진과 원가부담으로 외식경영자가 메뉴 R&D에 들일 시간, 경비, 노력 투입은 현실적으로 쉽지 않다. 호텔경영에 있어서도 객실사업에 비해 강조되는 식음료부서의 원가가 노무비 포함 매출대비 40% 이상의 높은 원가율을 보이는데 특별히 외식사업이 제조업적인 성격의 부서라는 것만으로는 설명되기 어려운 점도 많다.

메뉴엔지니어링에서 총 메뉴품목들을 개(dog), 별(stars), 밭갈이 말(plow horse), 수수께끼(puzzle)로 분류하는 까닭도 품목별 수익성 분석을 통하여 품목 간 경쟁력과 수익성을 개선하는 데 목적을 두고 있다. 이런 제품의 계층 분류에 의한 구조적인 균형성을 찾아보려는 분석시도는 BCG(Boston Consulting Group)의 문제아(problem child), 별(stars), 자금젖소(cash cow), 개(dogs)의 분류처럼 성장성과 시장점유율에 의한 경쟁적 지위요인에 의한 사업성 분석과도 유사하다([그림 14.2] 참조).

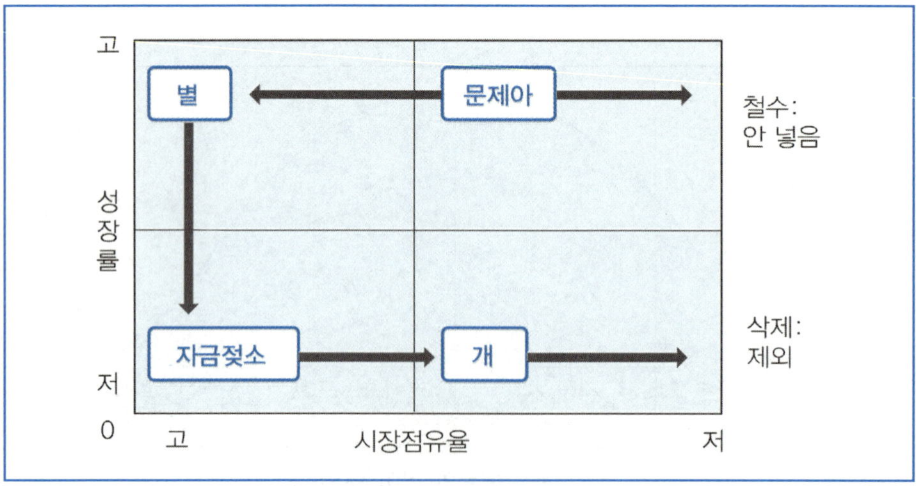

[그림 14.2] BCG의 사업구조 또는 시장 점유도

요컨대 제품에 대한 투자(problem child)는 장차 수익성 높은 제품(cash cow)으로의 성장 가능성에 대한 투자로 외식업에서도 유사한 과정을 거친 신제품 개발에 따른 발전 가능성의 추구로 전망이 없을 경우(dog)에는 단계적인 품목의 철수가 추진된다.

반대로 성장성이나 경쟁력 수준에서 '개'로 분류된 메뉴품목 혹은 식음료사업은 소비자의 관심 저하나 경쟁자의 마케팅 요인에 의해 야기되는데 과감한 청산, 폐쇄, 개조로 메뉴 경쟁력을 높일 필요가 있다.

왜냐하면 이 제품이나 사업장의 사업성은 라이프사이클로 보아 쇠퇴기에 접어들었으므로 사업성을 회복하는 데는 신규투자를 요하는 경우가 대부분이다. 이때 주의할 점은 수익성 저하라고 고객이 모두 싫어하는 품목이라는 단정은 할 수 없으므로 당장 철수할 수 없을 경우도 있다. 이 제품이 여전히 어떤 고객에게는 해당 업소를 애고하는 원인으로 작용되는 측면도 있기 때문이다.

메뉴판에서 즉각 제외나 부문사업의 폐쇄는 현상유지 선까지를 제품 수명주기의 최종단계로 보고 제품 판매나 사업을 지속하는 관행이 권장될 수도 있다.

3) 메뉴엔지니어링 정산표(menu engineering worksheet) 작성(이정자, 1995, p.182)

다음의 [표 14.2] 참조

[표 14.2] 메뉴엔지니어링 정산표

작성기일;

레스토랑(업장별): 영업기간:

	기 초 자 료				자 료 의 분 석 및 결 과						
(1) 메뉴명 (요리명)	(2) 매출 수량	(3) 판매믹스 (메뉴별 판매비율)	(4) 품목별 식료원가	(5) 품목별 판매가격	(6) 품목별CM (5)-(4)	(7) 메뉴총원가	(8) 매출수익	(9) 메뉴의 CM (6)×(2)	(10) CM영역	(11) MM영역 메뉴별 선호도	(12) 메뉴판정. 분석결과 분류
	MM	MM비율	요리별 원가	객단가	공헌마진	총원가	총매출	총공헌	수익성 분석	인기도 분석	결과제시
치킨 디너											
등심 요리											
뉴욕스테이크											
로브스터테일											
합계	(13) 판매량계	계 100%				(14) 총원가 합계금액	(15) 총매출 합계금액	(16) MPI 총공헌이익			
	총 개수					총원가	총수익	총마진			
분석결과 정산 총결산						식료원가율(17)		평균공헌마진(18)		총메뉴의 선호도비율(19)	
						(17)=(14)÷(15)		(18)=(16)÷(13)		(19)=100%÷70%(설정목표)	
						산정된 비율로 표시		산정된 금액으로 표시		산정된 개수로 표시	

4) 매트릭스상의 메뉴분류와 메뉴에 대한 의사결정

메뉴엔지니어링기법에 의한 메뉴분석 결과는 모든 취급 메뉴들을 다음과 같은 매트릭스 위치에 분류함으로써 지속, 철수, 보강이나 회수를 결정하고 무엇이 수익성에 대한 주력 메뉴이고 또 가능성이 있는지를 파악한다. 또한 쇠퇴나 성장세에 있는 메뉴들로는 어떤 품목의 식음료들이 있는지를 손쉽게 파악하고 대응할 수 있게 된다. 이것을 메뉴엔지니어링 매트릭스(menu engineering matrix)라고 한다.

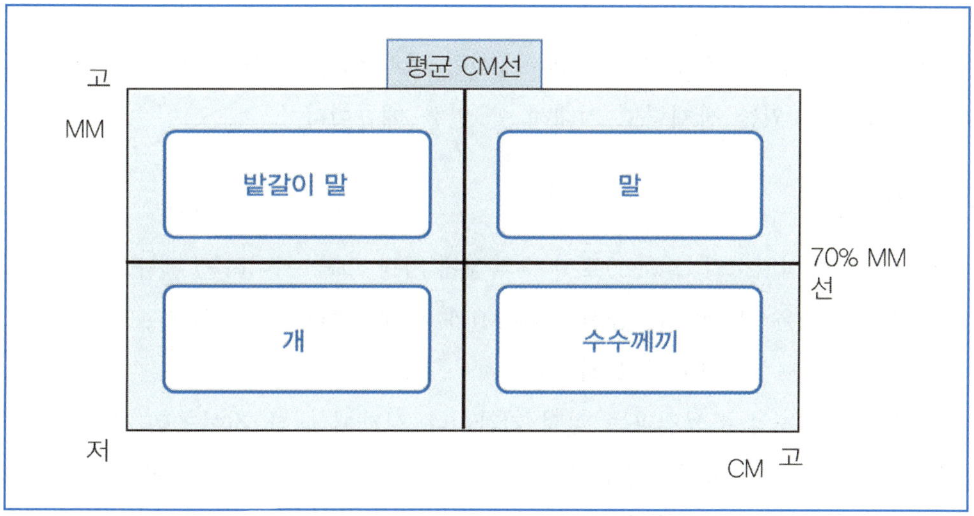

[그림 14.3] **메뉴엔지니어링 매트릭스**

메뉴엔지니어링의 4개 포지션에 분류된 메뉴들은 공헌이익(contribution margin)과 메뉴믹스비율(menu mix ratio)을 기준으로 한 것이라는 데 특징이 있다. 여기서 분류된 각 그룹, ① 개(dog), ② 밭갈이 말(plowing horse), ③ 수수께끼(puzzle), ④ 별(star)에 속한 메뉴군(group)의 품목들은 다음과 같은 관리상의 의미를 가지고 있다는 점에서 필요한 의사결정이 이루어져야 할 것이다.

(1) 개(dog)

수익성 자료인 CM(contribution margin)과 대중적인 인기도에 대한 MM(menu mix) 비율 등 지표가 모두 낮은 그룹의 메뉴로 인기나 수익성이 저조한 메뉴품목을 말한다.

(2) 밭갈이 말(plowing horse)

이 그룹에 속한 메뉴들은 판매(MM)비율이 높아 많이 판매되는 인기 메뉴이지만 수익성은 크지 않은 메뉴 품목을 말한다. 매출대비 수익성이 저조한 품목이다.

(3) 수수께끼(puzzle)

공헌이익(CM)은 크게 나타나 수익성은 높지만 반대로 판매되는 비율(MM)이 낮은 메뉴로 말하자면 많은 사람이 이용하지는 않지만 단위 메뉴에 대한 매출이익, 즉 수익성이 높은 메뉴품목이다.

이 그룹의 메뉴품목들은 판매촉진이나 마케팅 성과 여하에 따라서는 경영성과를 극적으로 개선시킬 수 있는 잠재력도 기대해 볼 만한 메뉴이다.

(4) 별(star)

글자 그대로 외식업소의 별(star)로서 수익성에 가장 크게 기여하는 메뉴그룹으로 수익성과 인기도가 높은 메뉴이다. 공헌이익(CM)과 판매수준(MM level)이 모두 높아 한창 많이 팔리고 인기도 큰 메뉴라고 하겠다.

그러나 이런 메뉴의 분석결과는 일정 기간이나 시간에 대한 것이므로 시장변화와 외식업소의 마케팅활동과 서비스의 내용 여하와 전 계층 경영자들의 경쟁역량 여하에 의해서 이런 결과는 언제든지 변화될 수 있다는 점에 희망과 어려움이 있다는 점에 유의해야 할 것이다.

이상의 관계들을 표로 나타내면 다음과 같다.

[표 14.3] 218 CM과 MM에 의한 메뉴 분류

CM	MM 비율	메뉴의 분류	일반적인 분류
낮다(低)	低	개	① 개
낮다(低)	高	말	② 밭갈이 말
높다(高)	低	수수께끼	③ 수수께끼
높다(高)	高	별	④ 별

여기서 분류된 메뉴군들(menu groups)을 메뉴엔지니어링 분류방식으로 도시화한 것이 앞에서 보았던 메뉴엔지니어링 매트릭스(menu engineering matrix)이다.

(5) 메뉴매트릭스에 의한 메뉴분류 사례와 경영상 시사점

메뉴분석은 맨 앞에서 전술되었던 것처럼 메뉴에 관련된 여러 가지 결정사안에 대한 합리적인 의사결정을 위해서 시행된다.

메뉴품목들의 구성을 달리하는 메뉴믹스를 단행해야 할 것인지 혹은 새로운 메뉴를 추가적으로 넣어야 될지 또는 어떤 품목을 메뉴판에서 취소해야 할 것인지의 여부를 결정하거나 아니면 메뉴를 전면적으로 개편해야 될지를 요하는 상태인지를 판단하고 그 해결책을 강구하기 위한 것이다.

그뿐만 아니라 메뉴의 수익성에 비추어 메뉴가격을 여하히 결정하는 것이 수익성에 유리할 것인지에 대해서도 결정하려는 것이다.

가격인상이나 인하 등 가격의 변경 수준을 여하히 결정하고 조정해야 할 것인지의 방향을 알기 위해서도 분석이 필요하다. 이러한 의사결정들은 각기 CM과 MM에 의해 구성되는 개, 말, 수수께끼, 별에 대해서 적용되지만 이를 통하여 다른 정책결정이나 경영관리에 대해서도 시사받을 것들이 있을 수 있다.

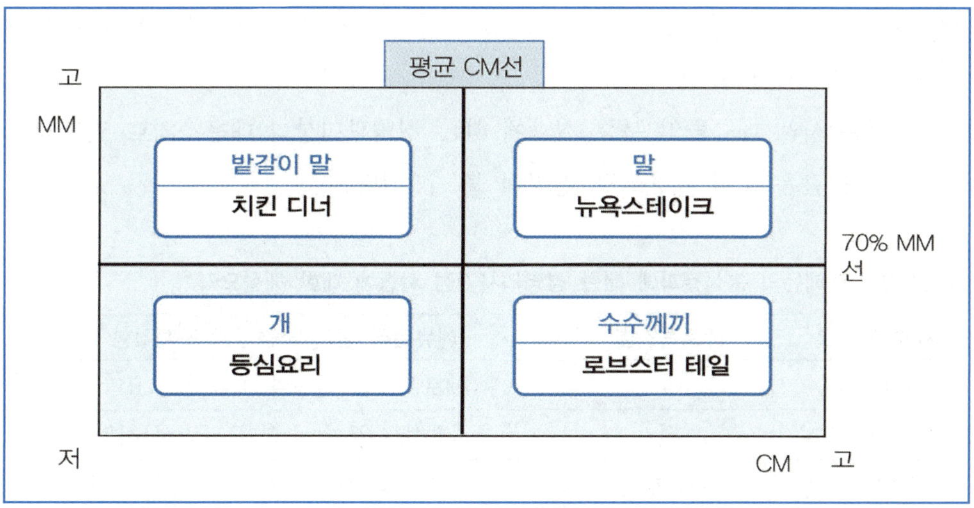

[그림 14.4] **메뉴품목별 분류**

다음 매트릭스(matrix)에 나타난 메뉴품목별 분류를 사례로 제시해 본다.

현재 가장 인기있는 메뉴는 뉴욕스테이크(New York Steak)이며 수익성도 높고 판매량도 많다.

뉴욕스테이크란 그냥 붙여진 메뉴명이지만 주로 쇠고기의 갈비살 같은 것을 이용해서 만드는 경우가 많다.

외식하는 외식대중들이 주말 같은 때 가족이나 친지들과 어울려 실제로도 많이 애고할 만한 메뉴품목이다. 치킨 디너(Chicken Dinner)는 계육(chicken)이 비교적 저렴한 재료원가를 요하기 때문에 향미와 장식을 곁들이면 맛과 분위기에 어울릴 만한 메뉴이다. 우리나라에서도 치맥축제(치킨과 맥주 축제)가 있을 정도로 대중적인 인기를 누린다는 점에서 사례의 인기도가 높은 치킨 디너는 실제에 근접하는 것으로 매출수량 대비 수익성은 비교적 저조한 결과를 시사하고 있다([그림 14.4] 참조).

로브스터 테일(Lobster Tail)에 대한 인기는 점증 추세라고 할 만하다.

그러나 가격이 높아서 좋아하는 가격 비탄력적인 계층도 있겠지만 가격 탄력적인 고객들에게는 그만큼 쉽게 이용하기 어려운 메뉴라고 볼 수 있다. 수익성은 좋지만 매출(량) 실적은 비교적 높지 못한 메뉴이다.

등심요리(Tenderloin Steak)는 좋은 고기부위로 된 고기요리이므로 동서양에서 공히 좋은 육질과 맛으로 인기를 누리지만 가격이 비싸서 자주 이용하기가 부담되는 요리이다. 여기서는 대중적인 인기(popularity)도 크지 않고 수익성(profitability)도 따라서 저조한 사례 메뉴로 소개되고 있다.

이상과 같은 사례 메뉴들의 분류 결과에 따른 경영관리상의 대응조치로 권장되는 실무들을 다음과 같은 수행 내용들로 정리해 볼 수 있다.

[표 14.4] 사례메뉴의 분석결과에 대한 경영의사결정 사항에 대한 해설요약

사례 메뉴별	매트릭스별	메뉴분석 평가와 경영상 조치사항
치킨 디너	말	새로운 가격결정과 메뉴개선 요망
뉴욕스테이크	별	지속성 여부나 수요의 탄력성 시험
로브스터 테일	수수께끼	가격 조정 여부나 메뉴의 개선 요망
등심요리	개	메뉴의 교체 혹은 새로운 가격결정

제5절 메뉴엔지니어링과 가격결정에 대한 고려

1. 고객맞춤형 지식기반 서비스가격 결정의 서비스 솔루션

1) 지식기반 외식경영 서비스 솔루션과 과학기술

경영학은 인터넷과 전자 의사소통 수단의 발달과 더불어 획기적인 고객서비스를 강구하면서 제품과 서비스에 대한 많은 공헌을 받아왔다. 그렇다고 고객과 대면해서 직원이 제공하는 서비스의 모든 문제를 과학이 해결할 수는 없다.

서비스는 무형적이며 보이지도 않는 것이기 때문에 서비스가 특히 직원들의 지식기반 서비스를 지향하는 경우에는 적정한 서비스 설계와 가격결정은 균일한 정보 입력으로 해결될 과학기술에 의존하기보다는 사람들이 개발하고 적용해야 할 필요성이 커진다.

지식기반 서비스(knowledge-based service)란 특정 고객의 필요성(demand)에 맞추어진 서비스 수요(diagnosed customer demands)에 대해 교육 및 정보 수준이 높은 종업원들이 제공하고 전달해 주는 부가가치형(value-added type) 서비스 및 관계(relationship)를 말한다. 이것은 즉 서비스의 맞춤형 솔루션(solution)이라고 할 수 있다.

2) 서비스 가격결정

가격관리는 기업이 개발하고 축적한 전문성을 고객에게 가치 있는 것으로 만들려는 것과 관련되어 있다. 그들이 서비스를 통하여 얻을 경험이 각각 다르고 창조적인 것이 됨으로써 그들의 심리적 인정이나 만족을 얻게 될 때 어떻게 이것에 대해 각기 차별화된 유리한 가격결정이 가능할 것인지의 문제와도 관련되어 있다. 물론 그 반대의 경우도 가능하다.

인터넷이 지식이나 더 값진 정보를 통하여 이를 사용하는 사람들에게 기여하고 있지만 전통이나 기타 암묵적 지식, 문화, 전통 등은 인터넷에 업로드할 수 없고 코드화할 수도 없는 기업의 차별성이요 경쟁우위로 작용될 경쟁 강점이 될 수 있다.

제품, 서비스 등 외식서비스의 가격은 원가구조, 경쟁여하, 고객이 지각하는 가치에 기초하여 결정된다.

어떻게 서비스를 가치 있게 만들고 이에 대해 결정된 가격이 각기 다르더라도 그것이 객관적이며 서비스 매너도 잃지 않는 합리적인 가격결정이 될 것인가?

그리하여 적정가격을 결정해도 수익성 개선에 기여도가 높게 만들 수 있는 대안은 없는가에 대한 모색에서 대안으로 나온 것 중 강력한 하나가 지식기반 서비스이다.

고객의 입장에서 가격은 획득가치(acquisition value)와 거래가치(transaction value)로 구성된다. 획득가치는 객관적인 편익으로 표시되지만 후자는 거래의 좋은 것(goodness)을 고려한 제품과 서비스의 주관적 가치평가에 의한 것이다(Grewak et al., 1998).

이것은 고객이 지각하는 가치에 대해 가격을 결정하려는 방법과 관련되어 있으므로 고객이 느끼는 가치에 대한 좋은 감(혹은 지각)이 절대적으로 중요하겠지만 이 또한 객관적인 평가가 쉽지 않다.

고객이 만족하는 좋은 서비스를 위해서는 변화하거나 증대되는 그들의 요구(demanding)와 기대를 명확히 이해할 필요가 있다.

이러한 정보기반이 조성될 때 이것을 기초로 해서 각 서비스 환경의 분석과 이에 부합될 서비스 대안과 제안 마련 차원의 각기 다른 특정 가격결정도 가능해질 수 있다.

그러자면 서비스에서 제공될 상품과 제공과정이 고객의 개별적 요구에 부합되도록 정확한 설계가 이루어져야 한다.

제품과 서비스가 고객에 대한 맞춤식 해법(solution)으로 제공될 수 있을 때 이를 통해 고객이 지각하는 가치에 부가요인이 기대될 수 있다.

또한 지속적인 고객관계를 통하여 학습된 정보들을 활용해서 다음 번 서비스에서는 지식기반 서비스의 수준을 더욱 제고함으로써 고객만족을 얻어낼 수 있어야 한다.

화폐가치 기준의 가격결정도 이처럼 고객관계와 접촉빈도에 의해서 직접 노출된 사항에 기초한 선호도에 따른 가격결정이 이루어지는 경우와 연구를 통해서 얻을 수 있는 시험적 시장기술에 의한 가격결정이 있다.

흔히 후자의 경우에는 그 신뢰성에 대한 회의적 측면도 크다(Debely, et al., 2008).

2. 가격결정 방법과 전략

메뉴가격 결정전략은 마진(margin) 확보를 위한 결정, 목표원가를 기준으로 하는 결정, 경쟁가격에 준한 가격결정 방법 등으로 구별해 볼 수 있다. 앞의 두 방법은 경쟁기업과 비교해 더 낮거나 높은 가격을 책정하는 것이고 후자는 유사한 수준에서 가격을 결정하는 것이다.

마케팅 지향적인 메뉴의 가격결정은 대체로 판촉가격 결정, 프리미엄 가격결정, 기대(expectation) 가격결정, 흡수(skimming) 가격결정, 시장침투(market penetration) 가격결정, 번들링(bundling) 가격결정 및 심리적 가격결정 등으로 구별해 볼 수 있다.

판촉가격이란 매출증진을 최고의 목표로 가격할인에 중점을 둔 가격결정 방법이고, 시장 선도자를 모방한 추종가격 외에 고급화를 통하여 고가격으로 차별화하려는 가격결정 기법도 있다.

또한 소비자들이 기대하는 수용범위 내에서 가격결정이 이루어질 때 가격에 대한 소비자의 민감도나 새로운 가격에 대한 소비자의 저항감을 감소시키고 신뢰감을 얻어낼 가능성이 커질 수도 있다. 점차 거품가격을 줄여나가는 흡수가격 결정도 제품 라이프사이클이 진행됨에 따라 적용 가능하다.

시장침투 가격은 시장진입을 최고 목표로 한 가격결정인데 번들링(bundling) 가격은 가령 호텔의 비수기에 객실, 체육관, 수영장 등에 조식이나 식사 한 끼니를 일괄 묶어 이에 대한 가격을 정하고 그러한 상품을 하나씩 이용하는 경우보다 훨씬 저렴한 가격을 제공하게 된다. 이로써 일정 매출수익의 확보 및 유지가 최대 관심사가 되는 수익발생 자산(profit generating asset)을 주된 상품으로 영업활동을 하는 호텔 등 기업에 있어서는 매출등락의 변화가 심화되는 여건에서 매우 효과적인 판촉방안으로 활용될 가능성도 크다.

3. 가격결정 시 고려할 소비자 심리와 가격결정 기술

1) 가격결정의 소비자 심리

외식사업경영에 있어서 경쟁, 원재료 가격변동, 혹은 천재지변 등에 의한 생산 불능사태나 식재료의 원활한 공급이 불가능하거나 어려워지는 경우 등 다양한 요인들에 의해서 가격변경이나 인상요인들이 제기될 수 있다. 기본적으로 가격변경의 폭은 외부의 식자재나 인건비의 인상요인에 기초하지만 그 결과가 보고 듣기에 따라서 사실보다 더 크게 인식될 소지가 없도록 새로운 가격결정에 대한 저항이나 구매행태 변화 등에 미칠 소비자들의 심리요인들을 고려해야 한다.

가격차이 요인이 클 때에는 대안제품, 대체재 등의 개발도 고려될 수 있지만 새로운 가격결정이나 인상요인 발생 시에는 가격대안들을 평가하는 과정을 필히 거쳐 최종가격을 결정해야 한다. 유사하거나 동일 가격이라도 소비자가 지각하는 가격차이가 클 수도 있다는 점에서 소리심리를 고려하여 소비자들이 무리 없이 가격을 수용할 수 있을 때 고객을 잃거나 매출감소를 피할 수가 있다.

외식소비자들은 동일한 외식사업체에서도 그들이 지향 또는 표방하는 수준(class)이나 특정 등급이나 격 등을 가격의 적정성 평가에 주요한 조건으로 고려하기도 한다. 또 개인적인 선호도가 달라 어떤 품목의 식음료에 대해서는 더 높은 가격을 기꺼이 지불하려는 의지를 갖기도 한다. 그러므로 사전에 이런 것들을 예상하면서 그 내용과 품질에 적중할 제품과 서비스 제고로 가격에 대한 소비자의 민감한 반응을 관리해야 한다.

경쟁사와의 가격경쟁력 유지에 있어서도 가격 외에 식음료의 품질, 서비스의 내용과 품질 및 이것이 고객의 사전기대나 기대 편익에 주는 효과, 이미지나 분위기, 업소 고유의 전통이나 문화 등 무형적 요소들도 중요하게 검토해야 할 고객의 가격평가 측면들이다.

4. 가격결정의 기술

1) 비용처리 계정에 관심있는 시장(expense account market)

이런 시장은 대체로 대규모 축하, 잔치, 이벤트성 행사개최를 많이 하는 축하시장(celebration market)이나 명사 시장(celebrity market)이 있다.

대형 이벤트에는 관계 있는 해외인사나 명사들도 대거 초대될 수 있으므로 호화로운 고급형 모임을 주문하는 경우도 많다. 그러므로 형식, 내용, 의전 모두 국제적인 수준에서 이루어지길 바라는 경우가 많고 일단 성공한다면 명성을 얻을 수도 있어 사업기회가 될 수 있다. 이런 경우 식음료의 준비나 서비스 및 행사준비에 대한 전문적인 지식기반 확충은 고객만족의 기본요인이 될 수 있다. 제품과 서비스의 차별성을 인정하게 된다면 기꺼이 차별적인 가격지불 의지를 실제로 실천할지도 모른다.

2) 가격탄력적인 고객시장

소비자들의 메뉴품목 선정이 가격탄력적일 경우 동일한 메뉴라도 가격이 비교적 저렴하다면 그곳으로 거래를 옮기려고 할 것이다. 그러므로 근소한 가격차이라도 소비자들이 숫자에 따라 받을 수 있는 심리적인 영향을 줄일 수 있는 가격결정의 기술적 측면이 고려돼야 한다.

다음은 소비자의 소비심리에서 나타날 수 있는 가격탄력적인 요소들을 열거해 본 것이다.

(1) 가격의 첫째 자릿수는 소비자의 가격판정에 절대적 영향을 미친다

가령 780원과 830원의 차이는 큰 차이는 아니지만 첫째 자릿수가 700원과 800원으로 다르고 소리도 달라 차이를 크게 느낄 수도 있다.

(2) 가격에 이용된 자릿수가 몇 개인지가 가격탄력적 고객의 의사결정에 영향을 미친다

980원과 1,020원은 불과 40원 차이지만 가격의 자릿수가 하나 더 증가됨으로써 가격인상이 많이 되었다는 느낌을 줄 소지도 있다. 그러므로 서양에서는 가격인상에 있어서 5^{99}나 99^{99} 등의 가격을 흔히 사용하는 것을 볼 수 있다.

(3) 소비자들은 여러 층의 가격을 대략 하나의 가격으로 인지하려는 심리도 있다

일단 합리적으로 결정되거나 산출된 가격이라도 큰 차이가 없는 한도 내에서 소비자의 호응을 받을 수 있도록 가격을 다소간 다듬을 수는 있다. 가령 1,230~1,350원은 대략 1,200원대의 가격이고 1,450~1,730원 정도는 대략 1,500원대 등으로 어림잡는다(Lyon, J., 1982). 그러므로 가격 영역이 다른 가격인상의 경우에도 이런 식으로 가격수용에 대한 태도가 완만해질 경우도 있다는 점에 유의해 볼 필요가 있다.

(4) 가격결정에 홀수를 사용하는 기술은 고객의 심리를 고려한 것이다

소비자들이 짝수로 끝나는 가격보다는 홀수로 끝나는 가격에 대해 더 호의적이라고 여기면서 외식사업의 가격결정에 많이 이용되어 온 가격결정의 기술 측면이다. 1, 3, 5, 7, 9의 홀수와 그중 5자나 9자가 많이 이용된다. 가격을 49전, 99전, 490원,

5,250원 등이 많이 이용되고 있다(Twedt, D. W., 1965).

제6절 가치창조적 메뉴의 설계 및 제작

1. 가치창조적 메뉴의 의의

메뉴는 식당이 판매하려고 의도하는 식음료 품목들을 고객이 잘 이해하고 구매할 수 있도록 촉진하는 데 충실한 역량을 갖춘 것이라야 한다.

메뉴는 이런 기능수행을 위해 설계되고 제작된다.

여기서 메뉴의 가치는 식당경영자가 고객에게 전달하려는 이미지 등 정보 메시지의 효과적인 전달과 소통(communicate) 여하로 평가될 수 있다.

드러커(Drucker, P. F.)는 사람들이 제품이 아니라 만족을 얻기 위해서 돈을 지불한다고 지적하는 한편 기업은 제품을 판매하는 것이 아니라 고객창출을 목적으로 마케팅 활동을 수행한다고 말한 바 있다.

외식사업이 경제적인 사업성과 달성을 목표로 하지만 이러한 재무적 성과는 고객의 선택과 의지에 따른 결과라고 할 정도로 가치에 대한 고객의 주장은 강해지고 있다. 그러므로 기업이 창조하려는 가치나 품질은 모두 '고객만족'을 지향한 것이다. 외식업의 노력은 물적인 제품만으로는 불완전하고 이것을 전달하는 공간과 인적인 서비스기능에 의해서 완성될 수 있을 것이다.

Carplan & Norton이 성과평가(BSC: balanced score card)를 개발하면서 이것이 경영성과를 재무적 성과로 제한하는 것은 이론적 타당성이 결여되고 진정한 성과 결정에 이르지 못한다는 지적을 하는 것도 같은 맥락에서라 하겠다.

메뉴 내용과 형식은 그 자체의 완벽한 내용보다는 표적세분시장의 고객 욕구충족에 대한 구체적인 수단으로서의 역량을 요한다.

가치창조적 메뉴란 통상적인 결점 보완에서 출발하고 전할 메시지를 잘 전달하고 구매의욕 자극 및 식음료, 서비스 및 식당고유 분위기 등 유형·무형의 재화로 고객을 즐겁게 하는 힘이 있어야 한다.

2. 가치창조적 메뉴의 내용과 역할

가치창조적인 메뉴란 다음과 같은 가치들을 담고 이런 목적에 기여할 수 있는 메뉴이다.

1) 사람들이 공감하는 메뉴

살아 있는 메뉴설계로 고객유형 등 시장정보를 기초로 한 메뉴결정을 통하여 소비자/사람들의 공감을 이끌어낼 수 있는 메뉴이다.

2) 외식문화 선도의 메뉴

기업 설정의 메시지 속으로 고객과 그들의 외식문화를 선도할 수 있는 고객의 입맛, 취향, 선호도와 기대를 반영한 메뉴이다.

3) 장소와 고유문화가 통합된 메뉴

사업체의 장소적 요인과 고유성향(personality)을 통합하여 계획되고 작성된 메뉴이다.

4) 고객유인의 역동적인 메뉴

고객유인의 활력과 생명력 있는 역동성을 지닌 메뉴이다. 설계를 거쳐 시각, 청각, 후각, 미각, 촉각 등 5감을 동원함으로써 보고, 듣고, 냄새 맡고, 맛보고, 느낄 수 있을 때 수록된 메뉴품목들은 더욱 매력적인 것이 된다.

5) 상품화에 기여하는 메뉴

소비자가 원하는 품목을 식당분위기와 조화시키고 어필되도록 상품화하는 데 기여하는 메뉴이다.

6) 직원과 시설에 부합되는 메뉴

서비스 직원과 시설에 부합되는 준비와 서비스 목적에 기여하는 메뉴이다.

3. 가치창조적 메뉴 메시지

1) 가치창조적 메뉴 메시지 내용 및 작성

(1) 누구나 읽기 쉽고 시각에 효과적인 메뉴

(2) 품명과 내용 이해를 도와주는 메뉴설계

(3) 단순한 표기방법에 의한 메뉴용어 선정

(4) 시대코드가 어필되는 이미지와 내용

① 과하지 않은 영양의 코멘트

② 체중절감 효과 기대나 신뢰의 내용

③ 웰빙건강 및 삶의 질 트렌드 반응

④ 애교 있는 미용제안의 매력성 시사

(5) 신축성 여지를 내포한 메뉴의 여유

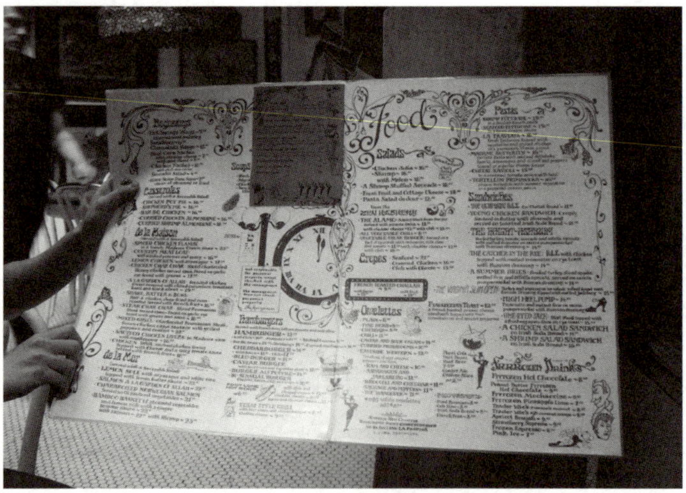

참고문헌

제1장

강병오(2013), 외식업을 미래 성장동력으로, 동아일보, 10월 16일자.

김광지(2012), 패밀리레스토랑에서 만족과 재구매의도 간 전환장벽의 조절효과, 관광연구, 27(2): 21-38.

박가나 · 김진강 · 정은성(2013), 외식소비자의 HEXACO성격유형 측정도구 개발, 관광연구, 28(5): 183-203.

박선아 · 이정자(2015), 허브라이프, 백산출판사, pp.135-137.

박영석 · 김태희(2005), 라이프스타일 유형에 따른 레스토랑 실내 이미지 선호도 차이에 관한 연구, 대한가정학회지, 43(10): 1-79.

서광열 · 김동수(2011), 외식업체 문화마케팅이 브랜드 신뢰 및 충성도에 미치는 영향, 관광연구, 25(5): 131-154.

이정자(1981), 식음료사업의 발전, 호텔식음료 원가관리, 형설출판사.

정환 · 이기국 · 최해수(2015), 외식창업경영론, 새로미.

하희정(2009), 외식업체의 서비스 품질이 고객만족과 재방문의도에 미치는 영향에 관한 연구-울산지역 패밀리 레스토랑 중심으로-, Tourism Research, 29: 129-150.

Kaku, R.(1977), The Path of Kyosei, *Harvard Business Review*, 1977, p.75.

Kotler, P., Bowen, A. J., & Maken, J.(1996), *Marketing for Hospitality and Tourism,* Prentice-Hall, pp.250-251.

Powers, T., & Barrows, C. W.(1999), *Introduction to management in the hospitality Industry,* John Wiley & Sons, pp.59-93.

Tannahill, R.(1995), *Food in History.*

제2장

김헌철 · 오홍철(2011), 컨조인트분석을 이용한 호텔연회 서양식정식 메뉴개발에 관한 연구, 동북아관광연구, 7(4): 151-168.

김현수 · 최웅 · 배혜숙(2014), 호텔뷔페 레스토랑의 메뉴관리 요인이 고객만족 및 재방문의도에 미치는 영향, 호텔리조트연구, 13(2): 183-203.

박선아 · 이정자(2015), 허브라이프, 백산출판사.

손대현 · 장희정(2012), 슬로매니지먼트, 조선앤북.

유무희(2014), 브런치 메뉴의 테이블톱5요소 스타일에 대한 선호 연구, 외식경영연구, 17(6): 73-95.

이정자 · 대암송(2016), 중국 레스토랑의 로하스이미지, 지각된 품질, 지각된 가치 및 태도 간 관계-성별 조절효과, 호텔경영학, 25(1): 79-95.

이정자(1981), 호텔 식음료 원가관리, 형설출판사.

이정자(1995), 메뉴관리-계획과 분석 · 전략 및 엔지니어링, 기문사.

이정자(1911), 호텔 및 외식사업을 위한 관리회계, 백산출판사.

이정자(1995), 메뉴에 의한 외식사업의 관리, 산업과 경제.

주민재(2013), 배반의 기호들에 대한 배분, 대학작문, 6: 259-266.

최수지 · 남궁영 · 신서영 · 양일선(2011), 에스닉 레스토랑의 식공간 연출 구성요소 분석-일반 레스토랑과의 비교를 중심으로, 호텔경영학연구, 20(6): 115-131.

Lee, Jung-Ja(1995), Foodservice management by menu, *Management Science*, Kangwon National University, pp.85-100.

Drucker, P. F.(1974), *Management-tasks, responsibilities and practices*, New York: Harper & Row.

Makens, J. C., & Bowen, J. T.(1973), Increasing restaurant profits with product merchandising, *Cornell Hospitality Administration Quarterly,* 37(1): 78-79.

Mills, S. F., & Riehie, H.(1993), Foodservice manager 2000, *Hospitality Research Journal,* 17(1): 85-98.

NRA(1975), Menu management, National Restaurant Association.

Tabaccim M. H.(1987), Targetting the health conscious consumer, *The Cornell Hospitality Administration Quarterly,* 28(3): 170-182.

제 3 장

이창국(2012), 호텔 레스토랑의 고객 불평요인이 종사원 직무스트레스 및 직무몰입에 미치는 영향, 강원대학교 대학원 박사학위논문.

Anderson, J. C., & Narus, J. A.(1990), A model of distributor firm and manufacturer firm working partnership, *Journal of Marketing,* 54(1): 42-58.

Bailey, M., Farrell, D., & Remes, J.(2006), A research manifesto for services science, *Communications of the ACM,* 49(7): 35-40.

Bernstein, P. L.(2009), Will too-rich bailouts prevent that from happening? *Harvard Business Review*(july-august) 101(hbr.org).

Bitner, M. J.(1990), Evaluating service encounters: the effects of physical surroundings and employee responses, *Journal of Marketing,* 54(2): 69-82.

Blinder, S.(2006), Offshoring: the next industrial revolution? *Foreign Affairs*, 85(2): 113-128.

Bolton, R. N., & Drew, J. H.(1991a), A longitudinal analysis of the impact of service changes on customer attitudes, *Journal of Marketing*, 55(January): 1-9.

Bolton, R. N., & Drew, J. H.(1991b), A multistage model of customers' assessments of service quality and value, *Journal of Consumer Research,* 17(4): 375-384.

Cronin, J. J., & Taylor, S. A.(1994), SERVPER vs SERVQUAL: Reconciling performance-based and perceptions-misnus-expectations measurement of service quality, *Journal of Marketing,* 58(1): 125.

Cross, R. G., & Dixit, A.(2005), Customer centric pricing, *Business Horizens*, 48: 483-491.

Cross, R. G., & Higbie, J. A.(2009), Revenue management's Renaissance -a relith of the art & science- *Cornell Hospitality Quarterly*, 50: 56-81.

Dougherty, D., & Murthy, A.(2009), What service customer really want? *Harvard Business Review*(September)(Hbr.org).

Enz, C.(2009), Hospitality strategic management concepts, and cases Handbook of applied hospitality strategy.

Ganesan, S.(1994), Determinants of long-term orientation in buyer-seller relationship, *Journal of Marketing*, 58(2): 1-19.

Grewal, D., Monroe, K. B., & Krishnan, R.(1998), The effects of price-comparison advertising on buyers' perceptions of acquisition value, transaction value, and behavioral intentions, *Journal of Marketing*, 62(2): 46-59.

Heskett, J. L., Jones, T. A., Loveman, G. W., Sasser, W. E., & Schlesinger, L. A.(1994), The service-profit chains to work, *Harvard Business Review*(March-April), pp.164-175.

Lovelock, C., & Young, R.(1979), Look to consumers to increase productivity, *Harvard Business Review*, 57(3): 168-178.

Normann, R.(1991), *Service management: strategy and leadership in service businesses,* Chichester, England, Wiley.

Parasurqaman, A., Zeithaml, V., & Berry, L.(1988), SERVQUAL, a multiple-item scale for measuring consumer perceptions of service quality, *Journal of Retailing,* 64(Spring): 12-40.

Quinn, Baruch, & Paquette(1987), Technology in services, *Scientific American*, 257(6)(December): 50-58.

Rechiheld, F., & Sasser, W.(1990), Zero defection: quality come to services, *Harvard Business Review,* 68(September-October): 105-111.

Rousseau, D. M., Sitkin, S. B., Burt, R. S., & Camerer, C.(1998), Not so different after all: A cross-discipline view of trust, *Academy of Management Review*, 23(3): 393-404.

Rust, R. T., Moorman, C., & Dickson, P. R.(2002), Getting return on quality: revenue expansion, cost reduction, or both? *Journal of Marketing*, 66(October): 7-24.

Shostack, G. L.(1977), Breaking free from product marketing, *Journal of Marketing,* 41(April): 73-80.

Smith, A.(1776), An Inquiry into the nature and causes of the wealth of Nations, re-recited from Academic Issues and Scholarly Reflections from *OM Researchers*, p.202.

Zeithaml, V. A.(2000), Service quality, profitability, and economic worth of customers: What we know and what we need to learn, *Journal of the Academy of Marketing Science,* 28(1): 67-85.

Zeithaml, V.A., Berry, L., & Parasuraman, A.(1996), The behavioral consequences of service quality, *Journal of Marketing*, 6(April): 31-46.

제 4 장

강규선(2006), 관광객의 사회심리적 웰빙수준이 여행소비행동에 미치는 영향, 경원대학교 대학원 박사학위논문.

김자경(2010), 로컬푸드시스템구축을 위한 제주도민의 식생활 현황과 먹을거리 의식에 관한 연구, 농촌사회, 20(2): 117-161.

김태희 · 박영석(2005), 라이프스타일 유형에 따른 레스토랑실내이미지 선호도 차이에 관한 연구, 대한가정학회지, 43(10): 69-79.

내추럴비즈니스연구소-KNBI(2006), 내추럴 마케팅 전략 컨퍼런스, 박휘섭 소장, 국내 LOHAS소비자 조사결과 보고 및 시장전망, pp.29-45.

노베기(2011), 로하스 소비의식의 로하스소비목적과 소비행동에 미치는 영향, 숭실대학교 대학원 박사학위논문.

박상희 · 박진환 · 오익근(2011), 실버층 소비자의 라이프스타일의 유형적 특성이 외식업체의 감성적, 기능적, 경제적 선택속성에 미치는 영향, 관광연구, 26(3): 149-170.

박선아 · 이정자(2015), 허브라이프, 백산출판사.

박지혜(2002), 라이프스타일에 따른 브랜드개성 선호에 관한 연구, 연세대학교 대학원 석사학위논문.

우문호(2010), 호텔레스토랑의 이미지와 지각된 서비스품질이 고객만족과 재참가 의도에 미치는 영향, 동북아관광연구 9(1): 165-181.

이애자 · 김홍빈 · 차석빈(2011), 한식의 로하스이미지가 지각된 품질, 만족도와 행동의도에 미치는 영향: 방한 중국 관광객을 대상으로, 관광학연구, 35(3): 133-153.

이연정 · 안기정(2015), 대학생 자녀가 지각한 어머니의 로하스(LOHAS) 성향과 건강식생활 태도와의 관련성 연구: 중국대학생을 중심으로, 한국조리학회지, 21(4): 101-120.

이유재(1995), 서비스마케팅, 서울: 학현사.

이정자(2016), 중국 레스토랑의 로하스 이미지, 지각된 품질, 지각된 가치 및 태도 간의 관계의 성별조절 효과, 호텔경영학연구, 24(7).

정동일(2012), 지역사회 개혁운동 혹은 소비자 운동? 지역사회학, 13(2): 195-228.

Ansbacher, H. L.(1967), a Life style: a historical and systematic review, *Journal of Individual Psychology*, 23: 191-131.

Bitner, M. J.(1990), Servicescape: the impact of physical surroundings on customers and employees, *Journal of Marketing*, 56(April): 57-71.

Bitner, M. J.(1991), The evolution of the services marketing mix and its relationship to service quality, *Service quality: A multidisciplinary and multinational perspective*, pp.23-37.

Bitner, M. J.(1992), Servicescapes: the impact of physical surroundings on customers and employees, *Journal of Marketing*, 54: 69-82.

Glanz, K., Kristal, A., Sorensen, G., Palombo, R., Heimendinger, J., & Pronbart, C.(1993), Development & validation of measures of psychological factors influencing fat and fiber-related dietary behavior, *Preventive Medicine*, 22: 373-387.

Hellevik, O.(1993), Postmaterialism as a dimension of cultural change, *International Journal of Public Opinion Research*, 5(3): 211-233.

Inglehart, R.(1990), *Culture shift in advanced industrial society,* Princeton University Press.

Kotler, P.(1988, 2000), *Marketing Management*, 9th ed., New Jersey: Prentice-Hall.

Lin, I. Y.(2010), The interactive effect of Gestalt situations and arousal-seeking ten- dency on customers' emotional responses: matching color and music to specific servicescapes, *Journal of Services Marketing*, 24(4): 294-304.

Mehrabian, A., and Russell, J.(1974), *An Approach to Environmental Psychology*, Massachusetts Institute of Technology, Cambridge, Massachusetts.

Powers, T., & Barrow, C. W.(1999), *Introduction to Management in the Hospitality Industry,* John Wiley & Sons, pp.59-93.

Veitch, R., Arkkelin, D.(1995), *Environmental Psychology*, New Jersey: Prentice-Hall.

제 5 장

박선아 · 이정자(2015), 허브라이프, 백산출판사.

이정자 · 대암송(2016), 중국 레스토랑의 로하스이미지, 지각된 품질, 지각된 가치 및 태도 간 관계 -성별 조절효과-, 호텔경영연구, 25(1): 79-95.

Alzheimer's Association(2008), Alzheimer's disease facts and figures, *Alzheimers Dement*, 4: 110-133.

Brookmeyer, R., Gray, S., & Kawas, C.(1998), Projections of Alzheimer's disease in the United States and the public health impact of delaying disease onset, Am. J. *Public Health,* 88: 1337-1342.

Chevallier, A.(2000), *Herbal medicine,* New York: Dorling Kindersley.

Christensen, H.(2001), What cognitive changes can be expected with normal ageing? Aust. N. Z. J. *Psychiatry,* 35: 768-775.

Dartigues, J. F., Helmer, C., Dubois, B., Duyckaerts, C., Laurent, B., Pasquier, F., & Touchon, J. (2002), Alzheimer's disease: a public health problem: yes, but a priority? *Revolutionary Neurology*(Paris), 158: 311-315.

Dorsey, E. R., Constantinescu, R., Thompson, J. P., Biglan, K. M., Holloway, R. G., Kieburtz, K., Marshall, F. J., Ravina, B. M., Schifitto, G., Siderow, A., & Tanner, C. M.(2007), Projected number of people with Parkinson disease in the most populous nations, 2005 through 2030, *Neurology,* 68: 384-386.

Gazzaley, A., Sheridan, M. A., Cooney, J. W., & D'Esposito, M.(2007), Age-related deficits in component processes of working memory, *Neuropsychology*, 21: 532-539.

Gilchrist, A. L., Cowan, N., & Naveh-Benjamin, M.(2008), Working memory capacity for spoken sentences decreases with adult ageing: recall of fewer but not smaller chunks in older adults, *Memory*, 16: 773-787.

Heo, J. H., Lee, S. T., Chu, K., Oh, M. J., Park, H. J., Shim, J. Y., & Kim, M.(2008), An open-label trial of Korean red ginseng as an adjuvant treatment for cognitive impairment in patients with Alzheimer's disease, *European Journal of Neurology,* 15: 865-868.

Ho, Y-S., So, K-F., & Chang, R. C-C(2010), Anti-aging herbal medicine-How and why can thery be used in aging-associated neurodegenerative diseases? *Aging Research Reviews*, 9: 354-362.

Holliday, R.(2006), *Aging is no longer an unsolved problem in biology*, Ann. N. Y. Acad. Sci. 1067: 1-9.

Harman, D.(1998), Aging: phenomena and theories, Ann. N. Y. Acad. Sci. 854: 1-7.

James, L. E., Fogler, K. A., & Tauber, S. K.(2008), Recognition memory measures yield disproportionate effects of aging on learning face-name associations, *Psychological Aging* 23: 657-664.

Jorm, A. F., & Jolley, D.(1998), The incidence of dementia: a meta-analysis, *Neurology,* 51: 728-733.

Kappri, V. K., Durejai, J., & Chdhaz, R.(2009), Herbals in the control of aging, *Drug Discovery Today*, Vol. 14-19/20, October.

Kawas, C., Gray, S., Brookmeyer, R., Fozard, J., & Zonderman, A.(2000), Age-specific incidence rates of Alzheimer's disease: the Baltimore Longitudinal Study of Aging, *Neurology,* 54: 2072-2077.

Kim, D. S., Kim, J. Y., & Han, Y. S.,(2007), Alzheimer's disease drug discovery from herbs: neuroprotectivity from beta-amyloid(1-42) insult. J. Alternative *Complement, Med.* 13: 333-340.

Lee, S. T., Chu, K., Sim, J. Y., Heo, J. H., & Kim, M.(2008), Panax ginseng enhances cognitive performance in Alzheimer disease, Alzheimer Disease Association Disord, 22: 222-226.

Luo, Q., Cai, Y., Yan, J., Sun, M., & Corke, H.(2004), Hypoglycemic and hypolipidemic effects and antioxidant activity of fruit extracts from Lycium barbarum, *Life Science,* 76: 137-149.

Mares-Perlman, J. A., Millen, A. E., Ficek, T. L., & Hankinson, S. E.(2002), The body of evidence to support a protective role for lutein and zeaxanthin in delaying chronic disease, *Overview Journal of Nutrition,* 132: 518-524.

Tanner, C. M., & Goldman, S. M.(1996), Epidemiology of Parkinson's disease, *Neurological Clinic,* 14: 17–335.

Vaillant, G. E.(2002), *Aging well*, New York: Little Brown & Co.

Wu, H., Guo, H., & Zhao, R.(2006), Effect of Lycium barbarum polysaccharide on the improvement of antioxidant ability and DNA damage in NIDDM rats, Yakugakud.

Zhang, Z. X., & Roman, G. C.(1993), Worldwide occurrence of Parkinson's disease: an updated review, *Neuroepidemiology,* 12: 195–208.

Zhao, H., Li, Q., Zhang, Z., Pei, X., Wang, J., and Li, Y.(2009), Long-term ginsenoside consumption prevents memory loss in aged SAMP8 mice by decreasing oxidative stress and up-regulating the plasticity-related proteins in hippocampus, *Brain Research,* 1256: 111–122.

제 6 장

강인규(2011), DEA모형을 활용한 문화관광축제의 효율성 평가, 전남대학교 대학원 석사학위논문.

강재희 · 강진희(2014), 전주 향토음식의 힐링후드 이미지가 인지도, 구매의도에 미치는 영향연구, 관광연구, 29(3): 181-203.

고장석(2011), 로컬푸드시스템과 학교급식의 연계성에 관한 연구, 한국경영공학회지, 16(2): 289-302.

국승용(2012), 로컬푸드와 지역농식품산업의 활로, 농업전망, 농촌경제연구원, pp.453-479.

권기대 · 김신애 · 권송 · 서장원(2012), 로컬푸드의 성공요인에 관한 탐색적 연구: 충청지역을 중심으로, 한국식품유통학회 동계학술대회 논문집, pp.31-55.

김상범 · 김문명 · 이수범(2012), 지역특산물 축제의 잠재적 영향 인식에 관한 연구, 관광연구, 27(2): 61-73.

김종덕(2008), 우리나라 로컬푸드 정책의 방향, 지역사회학, 9(2): 85-113.

김종덕(2009), 천안의 지산지소 운동에 관한 연구, 지역사회학, 10(2): 109-135.

김지웅(2014), 로컬푸드를 이용한 단체급식 메뉴에 대한 신뢰가 소비자만족에 미치는 영향, 관광연구, 29(5): 337-355.

김지웅(2014), 로컬푸드재료를 이용한 베이커리제품이 소비자구매의도에 미치는 영향, 관광연구, 29(2): 143-162.

김철원 · 서현숙 · 이태숙(2012), 지역주민의 삶의 질에 영향을 미치는 축제영향요인 인식연구, 25(6): 119-139.

김태곤(2005), 일본의 지산지소운동, 농정연구센터, 15: 63-82.

김현철 · 정인경 · 민상기(2009), 로컬푸드 도입 및 활용을 위한 학교급식지원체계 탐색적 사례분석, 관광학연구, 33(5): 99-121.

민계홍(2006), 전주지역 향토음식의 메뉴평가에 관한 연구, 한국조리과학회지, 22(1): 96-104.

민계홍(2008), 향토음식점 방문객의 향토음식 인식과 향토메뉴개발, 한국조리과학회지(*The Korean Journal of Culinary Research*), 14(4): 67-78.

박덕병(2005), 미국의 Local food system과 공동체지원농업(CSA)의 현황과 전망, 농촌사회, 15(1): 133-174.

박재형 · 나주몽(2014), 로컬푸드 구매동기가 사회적 자본 형성과 재구매의도에 미치는 영향에 관한 연구, 한국지역경제연구, 29: 29-53.

손대현 · 장희정(2015), 슬로시티의 행복, 조선앤북.

신현암(1999), 브랜드 자산의 가치와 구축방안, CEO information, 213호, 삼성경제연구소.

심상화(2010), 지역축제 서비스품질이 방문자의 만족과 재방문의도에 미치는 영향: 강릉단오제 방문자를 중심으로, 관광 · 레저연구, 22(4): 377-394.

윤병선 · 유학열(2009), 로컬푸드의 실태 및 충남의 실천과제, 충남리포트, 22: 1-29.

윤병선 · 허남혁(2007), 지역먹거리와 지역경제, 먹거리 종합정책에 관한 연구, 국회사무처, pp. 89-131.

이봉구 · 이충기(2004), 강원랜드 카지노 개발이 지역주민의 삶의 질에 미친 영향에 관한 연구, 관광학연구, 27(4): 289-309.

이정자(2011), 글로벌 CEO를 위한 호텔경영, 백산출판사.

이해진 · 이원식 · 김흥주(2012), 로컬푸드와 지역운동 네트워크의 발전-원주사례를 중심으로, 지역사회학, 13(2): 229-262.

장양례(2015), 6차산업화를 위한 로컬푸드 농가맛집 만족도 연구, 관광연구, 29(6): 221-239.

정동일(2012), 지역사회 개혁운동 혹은 소비자 운동?-춘천지역 로컬푸드운동이 프레임 변화와 그 현대, 지역사회학, 13(2): 195-228.

정유경 · 김맹진 · 송현주 · 이명은(2009), 농가맛집의 현황과 지역사회발전을 위한 활성화 방안, 한국식생활문화학회지, 22(1): 5-20.

정유진 · 김맹진 · 송현주 · 이명은 · 진혜란(2011), 농가맛집의 유형별 신메뉴개발 및 메뉴개선 사례연구, 한국지역사회생활과학회지, 22(1): 5-20.

정은미 · 정천섭(2012), 계층분석법(AHP)을 활용한 후원지속성 요인의 상대적 중요도 분석, 한국자치행정학보, 27(1): 205-222.

정은미 · 정천섭(2012), 로컬푸드시스템 기본계획수립연구, 농촌경제연구원.

정호균 · 김영태 · 최규환(2012), 관광객의 비계획 외식행동 영향요인에 관한 연구: 부산방문일본관광객 대상, 관광학연구, 36(7): 75-94.

조선배 · 진재수 · 현성협(2012), 지역축제의 매력성이 재방문의도에 미치는 영향-보령머드축제를 중심으로, 관광연구, 27(1): 333-353.

주상현(2015a), 로컬푸드 성공요인 분석과 정책적 함의, 지방정부연구, 19(3): 291-315.

주상현(2015b), 로컬푸드 연구의 동향과 정책적 함의 -RISS등재 학술논문 분석을 중심으로-, 한국비교정부학보, 19(2): 23-48.

한국농촌경제연구원(2014), 농업의 6차산업 활성화 방안.

허남혁 외(2007), 먹거리 종합정책에 관한 연구, 국회사무처.

허남혁(2011), 지역순환 농식품체계와 로컬푸드; 개념정립을 중심으로, 농정연구, 38: 113-140.

현의송 · 임혁백(2009), 대안적 농식품체계로써 신토불이 운동의 재해석, 농촌지도와 개발, 16(2): 305-335.

홍경환 · 김지영 · 김양숙(2009), 로컬푸드의 개념적 이해 연구, 대한경영학회지, 22(3): 1629-1649.

Aaker, D. A.(1991), *Marketing brand equity: capitalizing on the value of a brand name,* New York: The Free Press.

Budeanu, A.(2007), Sustainable tourist behaviour- a discussion of opportunities for change, *International Journal of Consumer Studies*, pp.499-508.

Cohen, D., & Prusak, L.(2001), In good company: how social capital makes authenticity or contrived post-modernity? In R. Butler & D. Pearce(eds.), *Change in Tourism People, Place and Processes,* New York: Routledge.

Corum , V., Rosenzwig, M. A., & Gibson, E.(2001), *The new farmers' market: farm-fresh ideas for producers, managers and communities*, Auburn, California: New World.

Ferienger, L., & Mandle, J.(2000), *Dimensions of gloalization,* Thousand Oakes, CA: Sage.

Flora, C.(2001), *Interactions between agroecosystems and rural communities*, Boca Raton, FL: CRC Press.

Fukuyama, F.(1995), *Trust: the social virtues and creation of prosperity*, New York: The Free Press.

Getz, D. A.(1991a), Urban foodsheds, *Permaculture Activist,* 7(3): 26-27.

Getz, D. A.(1991b), *Festival, special events and tourism*, New York: Van Nostrand Reinhold.

Hughes, E. M., & Mattson, R. H.(1992), *Farmers, markets in Kansas: a profile of vendors and market organization*, Manhattan: Kansas State University.

Ilbery, B., & Maye, D.(2006), Retailing local food in the Scottish-English borders: a supply chain perspective, *Geoforum*, 37: 352-367.

Lin, N., Cook, K. A., & Burt, R.(2001), Social capital theory and research, New York: Aldine de Gruyter.

Mankiew, N. G., Romer, D., & Weil, D. N.(1992), A contribution to the empiries of economic growth, *The Quarterly Journal of Economics*, 107: 407-427.

Mark, A. H., Lumbersa, M., Eves, A., & Chang, R. C. Y.(2011), Factors influencing tourist food consumption, *International Journal of Hospitality Management,* 31(3): 928-936.

Mentzer, J., DeWitt, W., Keebler, J., Min, S., Nix, N., Smith, C., & Zacharia, Z.(2001), Defining supply chain management, *Journal of Business Logistics,* 22(2): 1-25.

Morris, C., & Buller, H.(2003), The local food sector, *British Food Journal*, 105(8): 559-566.

Nahapiet, J., & Ghoshal, S.(1988), Social capital, intellectual capital, and the organizational advantage, *Academy of Management Review*, 23(2): 242-266.

OECD(1994), Tourism Strategies and rural development(On WWW. at http://www.oecd.org/dataoecd/31/27/2755218.pdf).

Putnam, R. D.(1993), The prosperous community: social capital and public life, *The American Prospect*, 13: 35-52.

Quan, & Wang(2004), Towards a structural model of the tourist experience, *Tourism Management,* 35(3): 297-305.

Sonnino, R., & Marsden, T.(2006), Beyond the divide: rethinking relationships between alternative and conventional food networks in Europe, *Journal of Economic Geography,* 6: 181-199.

Tomlinson, J.(1991), *Cultural Imperialism: a critical introduction*, The Johns Hopkins University Press, Baltimore: VA(187).

Trobe, H. L.(2002), *Local Food, Future Directions*, Friend of the Earth.

제 7 장

이정자(1981), 식음료원가관리, 형설출판사.

Zeithaml, V. A., Berry, L. L., & Parasuraman, A.(1996), *Service Quality and Journal of Marketing*,

60(April): 31-46.

제 8 장

박선아 · 이정자(2015), 허브라이프, 백산출판사.

이정자(1995), 메뉴관리- 메뉴의 계획과 관리 및 메뉴엔지니어링, 기문사.

제 9 장

박선아 · 이정자(2015), 허브라이프, 백산출판사.

제 10 장

이정자(1981), 음료의 원가관리, 호텔식음료원가관리.

Kummer, Corby(1995), The joy of colffee, Shelburne, Vermont, Chapters Publishing.

제 11 장

곽용환 · 서철현 · 김병국(2012), 관광경영연구, 25(8): 3127-3144.

김도훈(2016), 날뛰는 코끼리 위에 올라타려면 부품 · 소재 등 상류부문 공략해야, 나라경제(January), p.56.

김지웅(2014), 로컬푸드재료를 이용한 베이커리 제품이 소비자구매의도에 미치는 영향, 관광연구, 29(2): 335-355.

윤설민 · 이충기(2012), 청계천의 이미지, 지각된 가치, 만족도 그리고 행동의도 간 구조관계분석, 관광연구저널, 26(1): 41-57.

이영길 · 강종원(2015.12.1), 치유농업과 강원도, 강원발전연구소 정책메모, 515호: 1-10.

이재완(2012.8.4.), 삼척 이사부 축제의 현대적 창출과정, 한국이사부학회, 이사부와 동해, pp. 51-89.

조선배 · 진재수 · 현성협(2012), 지역축제의 매력성이 재방문 의도에 미치는 영향, 관광연구, 27(1): 333-353.

주상현(2015), 로컬푸드 성공요인 분석과 정책적 함의, 지방정부학회, 자방정부연구, 19(3): 291-315.

김지웅(2013), 로컬푸드에 대한 인식이 소비자 구매행동에 미치는 영향: 소비자 신뢰를 중심으로, 대한관광경영학회, 관광연구, 28(2): 225-244.

Barney, J.(1991), Firm Resource and sustained Competitive Advantage, *Journal of Management,*

17(1): 112.

Bolton, R., & Drew, J.(1991), A multistage model of customers' assessments o service quality & value, *Journal of Customer Research,* 17(4): 375-384.

Cronin Jr, J. J., & Taylor, S. A.(1997), SERVPERF versus SERVQUAL: Reconciling performance-based perception-minus-expectation measurement of service quality, *Journal of Marketing,* 58(7): 125-131.

Daniel, J., Hotel Finance: hotel bankruptcies: here Again but with New Rules, *Cornell Hospitality Quarterly*(August), p.50.

Dodds, W. B., & Monroe, K. B.(1985), The effects of brand and price information of subjective product evaluations, *Advances in Consumer Research,* 12(1): 85-90.

Enz, C. A.(2010), *Hospitality strategic management,* 2nd ed., New York: John Wiley & Sons.

Hall, R.(1992), The strategic analysis of intangible resource, *Strategic Management Journal,* 13: 135-144.

Hanson, B., Mattila, A. S., O'Neill, J. W., & Kim, Y.(2009), Hotel rebranding and rescaling: effects on financial performance, *Cornell Hospitality Quarterly*(August), 50: 360.

Hirschman, E. C., & Holbrook(1982), The experiment aspects of consumption, *Journal of Consumer Research,* 9(9): 132-140.

Holbrook, M. B.(1994), The nature of customer value, *Service quality: New directions in theory and practice,* 21: 21-71.

Kaku, R.(1977), The Path of Kyosei, *Harvard Business Review,* p.75.

Kim, W. C., & Mauborgne, R.(2009), Blue ocean strategy, *Harvard Business Review*(September), p.73.

Mills, P. K., Chase, R. B., & Margulies, N.(1983), Motivating the client/employee system as a service production strategy, *Academy of Management Review,* 8(2): 301-310.

Porter, E. M., & Kramer, R. M.(2011), Creating Shared Value, *Harvard Business Review,* Jan-Feb.: 62-77.

Porter, M. E.(1985), *Competitive Advantage,* New York: The Free Press.

Ryu, K., Han, H., & AJang, S.(2010), Relationships among hedonic & behavioral intentions in the fast-casual restaurant industry, *International Journal of Contemporary Hospitality Management,* 22(3): 416-432.

Woodruff, R. B.(1997), Customer Value: The next Source for Competitive Advantage, *Journal of* the *Academy of Marketing Science,* Vol. 25, No. 2: 139-153.

Zeithamal, V. A.(1988), Consumer perceptions of price, quality and value: a means-end model and synthesis of evidence, *Journal of Marketing*, 52(July): 2-22.

제12장

박인정 · 김영갑(2015), 외식프랜차이즈 기업의 경영이념에 관한 연구, *Journal of Foodservice Management Society of Korea*, 18(2): 85-105.

오세조 · 박진용(2003), 솜배업체와 공급업체의 신뢰 및 결속에 관한 연구, 유통연구, 4(1): 93-122.

윤지환(2003), 아이스크림 프랜차이즈 가맹사업자의 지원에 대한 가맹계약자의 만족과 재계약 의도, 외식경영연구, 6(3): 147-160.

이수호 · 강인호(2014), 외식업프랜차이즈의 브랜드이미지와 고객만족, 구매의도와의 관계연구, 동북아관광학회, 10(2): 159-179.

이자형(2005), 외식프랜차이즈가맹사업자의 통제와 지원이 동일성 유지에 미치는 영향, 경원대학교 대학원 박사학위논문.

이정자(1987), 프랜차이즈 회계에 관한 연구 -가입비 수익인식을 중심으로-, 단국대학교 대학원 박사학위논문.

장혁래(2014), 외식프랜차이즈기업의 조직문화, 임파워먼트, 조직시민행동 및 서비스품질 간 구조적 관계, 49: 301-332.

장혁래(2015), 외식프랜차이즈시스템이 가맹점 신뢰와 경영성과에 미치는 영향, Journal of Hotel & Resort, 14(2): 321-343.

조규호(2003), 프랜차이즈시스템에서 운영구조와 관계특성이 신뢰 및 몰입에 미치는 영향, 경영학연구, 32(5): 1265-1289.

조성호(2006), 외식프랜차이즈본부의 생산공급시스템에 대한 인식이 가맹점 주방업무 효율성과 만족도에 미치는 영향, 세종대학교 대학원 박사학위논문.

지식경제부(2010), 프랜차이즈 브랜드 실태조사.

한상호 · 배기철 · 이재한(2011), 외식프랜차이즈 가맹본부개점 전 지원서비스가 가맹점 관계품질과 경영성과에 미치는 영향, 한국프랜차이즈경영연구, 제2호: 152-171.

함성필(2009), 외식프랜차이즈 가맹점의 경영성과에 영향을 미치는 요인에 관한 연구, 관광 · 레저연구, 21(1): 231-247.

Anderson, E. W., & Sullivan, M.(1993), The antecedents and consequences of customer satisfaction for firms, *Marketing Science*, 12(2): 125-143.

Dwyer, R. F. Schurr, P. H., & Oh, S.(1987), Developing buyer-seller relationships, *Journal of Marketing,* 51: 11-27.

Federal Trade Commission(1966), Statement, Distribution problems affecting small business administration, *Hearings on Small Business Franchise Size Criteria*(March 10).

Freedman, A., & Fulmer, W. E.(1982), Last rites for pattern bargaining, *Harvard Business Review,* 60(March-April): 52.

Hunt, S. D., & Nevin, J. R.(1974), Power in a channel of distribution sources and consequences, *Journal of Marketing Research*, 23(November): 387-393.

Hunt, S. D.(1977), Franchising: promises, problems, and prospects, *Journal of Retailing*, 53(3)(Fall): 71.

International Franchise Association(1970), The impact of franchising on small business, *Hearings before the Subcommittee on Urban and Rural Economic Development,* Washington, D.C.: U.S. Government printing Office.

Keller, K. L.(1993), conceptualizing measuring & managing customer based equity, *Journal of Marketing,* 57(1): 1-22.

Khan, M. A.(1991), *Restaurant franchising*, New York: Van Nosrand Reinhold.

Kursh, H.(1962), *The Franchise Boom*, Englewood Cliffs, N.J.: Prenctice-Hall, p.4.

Michael, S. C., & Combs, J. G.(2008), Entrepreneurial failure: the case of franchisees, *Journal of Small Business Management,* 46(1): 73-90.

Stephenson, P. R., & House, R. G.(1982), A perspective on franchising, *Business Horizons,* 14(4): 36.

Stern, L. W., & El-Ansary, A. I.(1992), *Marketing Channels*, Englewood Cliffs, Prentice-Hall.

Thibaut, J. W., & Kelley, H. H.(1959), *The social psychology of groups*, New York: John Wiley & Sons.

Thompson, D. N.(1971), *Franchise operations and antitrust*, Lexington, Mass.: Health, p.37.

Wilson, D. T.(1995), An integrated model of buyer-seller relationships, *Journal of Academy of Marketing Science*, 23(4): 335-345.

제13장

이성호(2015), 새로운 메뉴엔지니어링의 탐색적 연구, 외식경영연구, 18(2): 175-190.

이정자(1995), 메뉴에 의한 식음료 경영, 산업과 경제.

이정자(1991), 메뉴엔지니어링, 기문사.

Dyer, D. A.(1971), *So You Want to Start a Restaurant?* Boston, Massachusetts: CBI Publishing Company.

Kazarian, Ed. A.(1975), *Food Service Facilities Planning,* Westport, Connecticut: The AVI Publishing Company.

Kreck, L. A.(1975), *Menu-Analysis and Planning,* Boston, Massachusetts: CBI.

Lee, Jung-Ja(1995), Foodservice management by menu, *Industry and Economics,* Kangwon National University.

Lundberg, D.(1971), *The Hotel and Restaurant Business*, Chicago, MIlos : Cahners Book Co.

Schroeder, J. J.(1985), Restaurant Critics Respond; We're Doing Our Job, *Cornell Hotel & Restaurant Administration Quarterly*, 25(4): 61.

Seaberg, A. G.(1973), *Menu Design, Merchandising and Marketing,* 2nd ed., Boston, Massachusetts: CBI, Inc.

West, B. B., Wood, B., & Harger, V. F.(1976), *Food Service in Institutions*, 4th ed., New York: John Wiley & Sons, Inc.

제14장

구원일(2015), 메뉴엔지니어링을 활용한 골프장 레스토랑 메뉴분석에 관한 연구, 관광레저연구, 27(2): 21-38.

김우곤(2000), 사례로 배우는 외식경영, 학현사.

김학준 · 정용해(2005), 메뉴엔지니어링에 의한 골프장 그릴 레스토랑 메뉴분석에 관한 연구, 호텔 · 리조트연구, 4(1): 89-102.

문재신(2001), 외식산업의 메뉴엔지니어링에 관한 연구, 청주대학교 대학원 석사학위논문.

양일선(1996), 메뉴엔지니어링, 국민영양, 9월호: 2.

이성호(2015), 새로운 메뉴엔지니어링의 탐색적 연구, 외식경영연구, 18(2): 175-190.

이은정 · 이영숙(2006), 메뉴엔지니어링 기법과 CMA 기법을 이용한 메뉴분석에 관한 연구, 한국 식생활문화학회지, 21(3): 270-279.

이정실(2005), Kasavana & Smith의 메뉴분석방식과 Pavesic의 메뉴분석방식의 비교연구, 관광연구, 20(1): 21-32.

이정자(1980), 식음료 관리 연구, 산학연구재단 용역보고서.

이정자(1981), 메뉴가격결정관련 연구, 한국관광학회.

이정자(1981), 호텔식음료원가관리, 형설출판사.

이정자(1995), 메뉴관리-메뉴엔지니어링, 기문사, pp.145-227.

이정자, 메뉴가격결정관련 연구, 한국관광학회.

이준혁 · 박헌진(2012), 이태리 레스토랑의 메뉴분석을 통한 메뉴경영전략에 관한 연구, 호텔경영학 연구, 21(5): 175-194.

이혜숙 · 이경연 · 오석윤(2006), Miller의 메뉴분석방식과 Pavesic의 메뉴분석방식의 비교, 외식산업 학회지, 2(2): 87-102.

진양호(1997), 호텔레스토랑의 메뉴엔지니어링에 관한 연구, 경기대학교 대학원 박사학위논문.

Clulow, V., Gerstman, J., & Barry, C.(2003), The resource-based view and sustainable competitive advantage-the case of a financial services firm, *Journal of European Industrial*, 27(5): 220-232.

Hayes, D. K., & Huffman, L.(1985), Menu analysis: a better way, *the Cornell Hotel & Restaurant Administration Quarterly*, 25(4): 64-70.

Kasavana, M., & Smith, D.(1982 & 1985): *Menu engineering; a practical guide to menu analysis*, Lancing, MI: Hospitality Publication.

Khan, M. A.(1991), *Concepts of Foodservice Operations and Management*, 2nd ed., New York: Van Nostrand Reinhold.

Lyon, J.(1982), Pricing considerations in menu expansion and new product development, *Product Development*(speech to National Restaurant Association Market Research Group), New Orleans, September 24.

Miller, J. E.(1980), *Menu: Pricing and Strategy,* CBI Books.

Pavesci, D. V.(1985), Prime numbers: finding your menu's strengths, *the Cornell Hotel and Restaurant Administration Quarterly,* 26(3): 71-77.

Pavesic, D. V.(1983), Cost-margin analysis: a third approach to menu pricing and design, *International Journal of Hospitality Mangement,* 2(3): 124-134.

Pavesic, D. V.(1988), Cost-margin analysis: a third approach to menu pricing and design, *International Journal of Hospitality Management,* 2(3): 127-134.

Twedt, D. W.(1965), Does the 9 fixation in retail pricing really promoted sales? *Journal of Marketing,* 29(October): 55-65.

Uman, D.(1983), Pricing for profits, *Restaurant Business,* 1(April): 157-168.

찾아보기

가

나

바

사

아

자

차

카

타

파

하

§ 저자 소개

이정자

강원대학교 경영대학 관광경영학과 교수(현)
단국대, 연세대, 경기대 등 대학원(호텔, 외식) 강의, 한양대(원가관리) 강의
한국호텔외식관광경영학회 회장 역임(현 고문)
한국관광학회 외 다수 관광관련 학회 창설 멤버
한국외식경영학회 초대 부회장 역임
대한관광경영학회 · 지속가능과학회 · 한국경영경제학회 부회장 역임
한국경영학회, 한국회계학회, 한국윤리경영학회 이사 역임
동계아시안게임 급식관리위원
평창올림픽 IOC평가대비 숙박 · 외식분야 프로젝트 수행
정부 관광자문(교통부, 문화체육관광부, 국무총리조정실) 및 강원도 관광자문
호텔식음료원가관리(형설출판사, 1981)
메뉴관리-계획과 관리, 메뉴엔지니어링(기문사, 1995)
글로벌시대 CEO를 위한 호텔경영(백산출판사, 2010)
호텔 및 식당사업을 위한 관리회계(백산출판사, 2011)
허브라이프(공저, 백산출판사, 2015) 외 저서 다수

교육부 국민교육헌장기념 유공 표창(1982) 받음
관광학 및 관광산업유공 국무총리표창(2006), 대통령표창(2015) 받음

외식산업서비스관리론

2016년 2월 10일 초판 1쇄 인쇄
2016년 2월 15일 초판 1쇄 발행

지은이 이정자
펴낸이 진욱상 · 진성원
펴낸곳 백산출판사
교　정 편집부
본문디자인 오행복
표지디자인 오정은

등　록 1974년 1월 9일 제1-72호
주　소 경기도 파주시 회동길 370(백산빌딩 3층)
전　화 02-914-1621(代)
팩　스 031-955-9911
이메일 editbsp@naver.com
홈페이지 www.ibaeksan.kr

ISBN 979-11-5763-181-0
값 22,000원